政治发展比较研究丛书·调研系列

跨越城市化治理藩篱

——基于中国东中西部的案例调研

陈承新等 著

中国社会科学出版社

图书在版编目（CIP）数据

跨越城市化治理藩篱／陈承新等著．—北京：中国社会科学出版社，2014.4

ISBN 978-7-5161-4236-3

Ⅰ．①跨…　Ⅱ．①陈…　Ⅲ．①城市化—研究—中国②城市管理—研究—中国　Ⅳ．①F299.2

中国版本图书馆CIP数据核字（2014）第082347号

出版人　赵剑英
责任编辑　王　茵
责任校对　任晓晓
责任印制　王　超

出　　版　中国社会科学出版社
社　　址　北京鼓楼西大街甲158号（邮编100720）
网　　址　http://www.csspw.cn
　　　　　中文域名:中国社科网　　010-64070619
发 行 部　010-84083685
门 市 部　010-84029450
经　　销　新华书店及其他书店

印　　刷　北京君升印刷有限公司
装　　订　廊坊市广阳区广增装订厂
版　　次　2014年4月第1版
印　　次　2014年4月第1次印刷

开　　本　710×1000　1/16
印　　张　14.25
插　　页　2
字　　数　217千字
定　　价　48.00元

序　言

做无愧于时代的真学问

手中这份厚厚的书稿是同事陈承新的一部新著。陈承新同志是中国社会科学院政治学研究所的一位年轻学者，她勤奋好学，十分努力，近年来出了不少研究成果。这本书是我所近年来研究中国工业化、城市化进程中城镇治理问题的一部专门著作。在一定程度上，它反映了我所当前在这一领域中的学术研究水平。一个年轻的科研工作者能做到这一点是很不容易的。

读完这部书稿，有三点给我留下了很深的印象。

第一，作者具有较宽的视野。作者研究的是城市化进程中的社会治理问题，这也许是当前世界最为宏大而色彩斑斓的社会历史画卷。中国以其在当今世界上最大规模人口、广阔的幅员、复杂多样的地方特色与差异，构成人类历史最大规模、最快速度的工业化、城市化的现代化进程。要准确地观察和描述这样一幅宏大、多彩的历史画卷其难度可想而知！我们年轻的学者敢于接受这样的挑战，一次又一次地走出去，用自己的双脚去丈量祖国的大地，用自己的眼睛去直接观察迅速变化的中国，从东到西，由南到北，选取了代表着工业化、城市化不同发展阶段的江苏、浙江等东部沿海经济发达地区，也深入到中部、西部正在经历中国工业化“第二波”的河南、云南等正处于工业化、城镇化快速发展的地区，尽可能地去了解中国工业化、城镇化发展的全貌及其主要历程，使自己的研究形成于一个更多地是依靠自己的直接观察和感受建立起来的经验系统之上。

第二，在方法论上，开辟了一个新的研究视角。在国内相关主题的研究中，就事论事的、基本属于描述性的成果已经有了一些。进一步的研究工作亟待深入和推进。而侧重从某一角度，运用某种方法进行专题性的研究，就是深化治理问题研究的一种。陈承新在她的研究中主要选取治理文化的角度综合解读城市化中的治理问题，试图从文化因素中去寻找治理制度的内在机制、寻找形成诸多治理难题的文化背景及根源。这一探索为人们认识和进一步破解现代治理中的一些困难和问题，提供了一定的启示。

第三，学以致用。在广泛观察和深入思考的基础上，作者进一步聚焦当前中国城市化进程中那些比较突出的社会治理难题，探讨解决问题的对策思路和建议。这样就在一定程度超越比较单纯的学术研究经常会存在的那种“述而不作”的态势，不仅描述问题，而且在深入思考的基础上提出作者自己的解决问题的见解，甚至是政策性的建议。作者在研究中提出有关克服全面深化改革的阻力、解决城乡二元结构的目标定位以及提升治理效率、促进社会整合、中国城镇化的策略选择等10条具体的思路和政策建议，还是颇有新意和参考价值的。

当今中国正处于一个大发展、大变革、大转折的时代，这个阶段是前无古人的。既然如此，我们这一代社会科学工作者面对的是巨大挑战和学术创新的历史机遇。在我们这样一个快速发展、迅速转变的时代，以往的一切知识都是不够用的。今天的知识分子是不能像以往一些时代的前辈们那样用从传承中学到的知识就能服务社会了。有以往的知识，往往不能够直接运用于现实、服务于社会。躺在已知上甚至会耽误事。现在的知识分子、现在的社会科学工作者必须走出书斋，走进社会、走近实践，必须首先对时代感兴趣，认真细致地观察中国与世界，深入了解和总结当代社会发展的实践经验，并且在足够的直接观察和经验总结的基础上进行抽象和归纳，逐步提出理论性的观点，最终形成反映时代特征、反映实践经验和具有指导实践意义的理论与学术。简而言之，当今时代的学问大多是要依靠直接观察才能做出的。不同的时代做学问有不同的方法，不同时代的学问也有不同的范式，而当今时代是一个注重经验性、实证性研究的时代。

两千多年前的华夏大地也经历过一场社会大动荡、大变革。那个时代的智者先贤们给今人做出了榜样，至今仍启示着后学们。墨子曰："志不强者智不达，言不信者行不果。"孟子言："故天将降大任于斯人也，必先苦其心志，劳其筋骨，饿其体肤，空乏其身，行拂乱其所为，所以动心忍性，增益其所不能。"此乃为时代变革之际学之本真。

合上书稿，9年前第一次见到陈承新同志的情形历历在目。在招聘会上，我循例问了她一个问题："你为什么愿意来政治学所工作？"她给了一个和其他应聘者不大一样的回答，她说："一直记着入党时领导和老师的嘱托——要报答多年所受国家的养育和教育，要报效祖国。"这些年无论是在研究生复试还是录用招聘时，听到年轻同志的志向大多是，要提升自己，要干一番事业云云。这本不错，但殊不知，要提升自我、要干一番事业毕竟还不是人生真正的目的。在我看来，人生真正的目的与意义还在于服务于人民，造福于社会，有利于他人。为此目的，一切皆平台也。进研究所也好，进高校也罢，评上高级职称或获得某种职务，一切都是你更好服务人民、造福社会、有利他人的条件和手段。而且无论这些条件和手段多与少、高与低，其实为人民服务这件事都是可以做起来的。我想陈承新同志这些年应是本着这个信念一路走来的。为了城市化进程中的社会治理问题的研究，身为助理研究员的陈承新同志先后组织了8次调研活动，参加者多达120人次，调研涉及国内多个省市，大量走访了工厂、村庄、城市社区以及居民家庭。这样的工作态度和研究方法是值得肯定的，是大有前途的。

今天年轻的一代学者赶上了好时候。大变革、大发展的时代为青年学者的成长提供了难得的历史性的机遇，只要怀着一颗真心，只要有毅力肯吃苦，只要用心钻研，做出无愧于时代的真学问、大学问只是时间问题。本书作者能有新著问世是一件可喜可贺的事情，但这对一位年轻学者来说毕竟才刚刚开始。希望陈承新以及更多的新生代的年轻学者，跟上时代步伐，用"脚底板做学问"，行万里路读万卷书，勤读大地之书、社会之书、人性之书，为我们的国家和人民做出真学问，做出大贡献。

房　宁

2014年4月

目　录

导论　直击城市化进程中的治理难题 …………………………… (1)

第一章　自由迁徙离我们还有多远?

——基于云南开远户籍制度先行改革调研 ……………… (6)

一　户籍制度改革与城市化中的社会治理 ……………………… (7)

(一)户籍制度改革与城市化前后的社会治理 ……………… (7)

(二)户籍制度的问题根源与城市化的推进 ………………… (8)

二　开远户改:统一框架,创新管理 ……………………………… (8)

(一)开远户籍制度改革的基本做法 ………………………… (9)

(二)开远户籍制度改革的初步成效 ………………………… (11)

三　户籍制度改革中存在的问题及对策建议 ………………… (13)

(一)开远户籍制度改革中存在的问题 ……………………… (13)

(二)对于开远推进户籍制度改革的对策建议 ……………… (15)

四　开远户改对于中国全面深化户改的启示意义 …………… (17)

(一)户改思路怎么突破? ……………………………………… (17)

(二)户籍制度改革之后怎么办? ……………………………… (19)

第二章　徘徊在乡村和城市之间的村改居社区治理

——以河南X市村改居社区为例 ………………………… (37)

一　城市化与村改居社区的产生及出现的问题 ……………… (40)

(一)缺少工业化和农业发展的城市扩展 …………………… (40)

(二)村改居社区,徘徊在城市和乡村之间 ………………… (43)

（三）村改居社区面临的主要问题 ……………………………………（44）
二 村改居社区的治理 …………………………………………………（46）
（一）地方政府支持度不足 ……………………………………………（46）
（二）制度化的治理机构及其问题 ……………………………………（46）
（三）非制度化的隐形治理者 …………………………………………（49）
（四）制度化和非制度化治理组织之间的合作与对立 ………………（52）
三 村改居社区走向良治的路径选择 …………………………………（54）
（一）国家对治理机构的支持及社区治理体制的创新 ………………（55）
（二）激发社会组织活力，促进国家与社会良性互动 ………………（58）
（三）公民权利的发展 …………………………………………………（58）
（四）加强党在村改居社区治理中的领导 ……………………………（59）
四 小结 …………………………………………………………………（60）

第三章 城市化，农村基层党建如何应对？ ………………………（76）
一 农村基层党组织在城市化进程中的地位和作用 …………………（77）
（一）推动农村全面发展的功能 ………………………………………（77）
（二）全面服务群众的功能 ……………………………………………（78）
（三）预防和化解社会矛盾的功能 ……………………………………（79）
二 城市化对农村基层党组织的新挑战 ………………………………（80）
（一）农村基层党组织的适应性面临挑战 ……………………………（81）
（二）农村基层党组织建设面临的挑战 ………………………………（82）
（三）其他组织对农村基层党组织凝聚力的挑战 ……………………（83）
三 以制度创新促进基层党组织功能实现方式的转变 ………………（85）
（一）以组织功能的更新强化，回应基层党建实际需要 ……………（85）
（二）以三个“全覆盖”，促进组织功能实现方式转变 ………………（89）
（三）以建章立制，推进各类组织规范运行 …………………………（94）

第四章 大数据时代的网络社会管理新动向
——以网络社会管理的“镇江经验”为样本 ……………………（108）
一 信息网络管理制度建设的虚拟社会背景 ………………………（109）

（一）虚拟社会的实质 ……………………………………………… （109）
（二）虚拟社会的主要特征 ………………………………………… （111）
二　网络社会管理"镇江经验"的主要内涵及其体现 ………… （118）
（一）科学构建网络管理制度体系 ………………………………… （118）
（二）建立互联网突发事件应对机制 ……………………………… （119）
（三）发动网民参与创新，拓展网络互动平台 …………………… （121）
（四）培育主流群体，扶持自发性网络活动 ……………………… （123）
三　网络社会管理体制建设中存在的顽疾 …………………… （124）
（一）虚拟社会综合治理格局体制尚需完善 ……………………… （124）
（二）互联网信息安全管理立法工作急需跟进 …………………… （125）
（三）互联网监管力量严重不足 …………………………………… （125）
（四）虚拟社会参与主体的自律性不足 …………………………… （126）
（五）信息网络安全面临严峻的技术挑战 ………………………… （127）
（六）网络违法犯罪危害日趋严重 ………………………………… （127）
四　加强信息网络安全管理、维护社会稳定的对策建议 ……… （128）
（一）以用促管，实现信息网络安全管理理念的转变 …………… （128）
（二）加强统一领导，建立更高效的工作协调机制 ……………… （128）
（三）加快推进地方立法，构建互联网诚信体系 ………………… （129）
（四）建设综合防控体系，建立信息共享平台 …………………… （129）
（五）实施分级预警预案，建立突发事件处置机制 ……………… （129）
（六）加强社会组织建设和引导，填补网络监管权力真空 …… （130）
（七）向基层社区延伸管理，搭建网上服务平台 ………………… （130）
（八）加强网管队伍建设，加大网络安全执法力度 ……………… （130）

第五章　如何在混合治理中促进社会组织发展？
——基于温州社会组织发展的政策创新分析 ………… （139）
一　混合治理与社会组织发展 ………………………………… （140）
二　地方混合治理的探索：政策实践与社会组织发展空间 …… （142）
（一）温州模式、新温州模式与温州治理的新格局 ……………… （142）
（二）认同混合治理，创新社会组织发展政策体系 ……………… （144）

三 混合治理的意义与地方创新的限度:两个层面的反思 …… (148)
(一)混合治理在目前社会组织政策创新中的意义 ………… (149)
(二)社会组织发展的政策创新限度 ……………………… (151)

第六章 求解城市化治理中的信任困境 ……………………… (154)
一 差序格局和信任结构 ………………………………… (155)
(一)依然存在的差序格局 ………………………………… (155)
(二)中国社会现有的信任结构 …………………………… (156)
二 团体信任和制度信任 ………………………………… (160)
三 当今中国社会治理的困境 …………………………… (166)
(一)特殊信任和互害社会 ………………………………… (166)
(二)制度的碎片化和双重社会 …………………………… (169)
四 小结 ………………………………………………… (171)

第七章 城市化、可再生能源与治理
——基于太阳能板的案例 …………………………… (173)
一 引言:理解城市化 …………………………………… (173)
二 圣弗朗西斯科河谷地区背景概述 …………………… (174)
三 圣弗朗西斯科中部各市在普及电能中推进城市化 ……… (177)
(一)联合国千年发展目标的城市化和民主化理念 ………… (180)
(二)希克希克市和巴拉市的千年发展目标 ……………… (183)
四 小结 ………………………………………………… (186)

结语 城市化治理难题破解 ……………………………… (207)

书稿课题研讨侧记 ……………………………………… (209)
一 "城市化进程中的社会治理"课题改稿研讨侧记 ……… (209)
二 "城市化进程中的社会治理"课题定稿研讨侧记 ……… (210)

后记 …………………………………………………… (216)

导　论

直击城市化进程中的治理难题

中国共产党第十八届三中全会首次提出：“全面深化改革的总目标是完善和发展中国特色社会主义制度，推进国家治理体系和治理能力现代化。”一时间，大河上下、长城内外，纷纷对这一提法表示振奋并作出自己的解读。那么，建构国家治理体系，提升国家治理能力的现代化究竟该如何入手？在问题积重累牍、改革步入深水的全面深化改革阶段，直面当下城市化进程中不断涌现出的各类社会治理难题，并提出有效应对举措，怕是跨越治理藩篱一项紧要的任务。创新社会治理能力、提升社会治理绩效一直是民众生活品质提升和社会保持动态稳定和谐的基石，也是当代学者推进现实问题研究的一个重要视角。当代中国正处于快速城市化进程中，社会治理领域出现了许多前所未有的新情况、新问题。同时，各地在应对城市化进程中的社会治理难题也探索了不少创新性举措和实效机制。这些举措和机制是否真正切实有效？身处全面深化改革特殊时期，各地在探索城市化中的社会治理新思路的过程中有否遇到具有普遍性征状的治理难题？

带着上述疑问，“城市化进程中的社会治理”课题组奔赴江苏镇江、云南开远、山东临沂和河南某市等地，采用访谈、座谈、日志撰写、文献搜集等方法开展实地调研。本次调研具有两大特点：第一，基于今日中国的城市化不同阶段同时空呈现的特征，课题组尽量利用有限可调度资源，选取覆盖面尽可能广的调研点。第二，着重聚焦当前中国城市化进程中突出的社会治理难题，探讨其现实挑战和对策思路。

江苏镇江、浙江温州和山东临沂属于我国东部地区，又属于东部处于不同发展层次的地区，在当地调研发现的网络管理新思维、社会组织发展政策体系、基层党组织功能实现方式的转变问题都属于城市化程度较高情况下出现的新问题应对。河南属于我国中部地区，在其X市的村改居社区难题对于行政力量主导推行城市化所带来的治理挑战也具有一定的代表性。云南开远属于我国西部地区经济发展水平一般的样本，其先行的户籍制度改革则给其他地区提供了落后地区如何推进改革、延长“人口红利”的崭新思路。此外，城市化进程中的信任困境是有关治理文化和治理环境的一项较为普遍和突出的新难题。巴西城市化中的可再生能源治理问题的调研也为“城市化进程中的社会治理”这一主题调研提供了域外经验的参照。本书正是对上述实地调研报告进行进一步调整、充实、完善后的成果。

具体而言，西部地区开远户籍制度改革是云南开远围绕“创新农村社会管理和公共服务”的试验主题，先行先试得以展开，通过统一设定户改政策框架、创新社会治理内容和方法，开远户改在缩小城乡差别、完善户籍体系、保障农民权益、激发社会活力等方面取得了初步成效，但还存在政策措施落实不到位、农户入城积极性不高等问题和外部各省政策不统一造成的改革桎梏。研究发现：第一，一些改革从经济欠发达地区推进阻力较小。第二，作为全面深化改革和推进城市化进程中的关键一步，旨在延长“人口红利”的户籍制度改革步伐的迈出只是开始，根本解决城乡二元结构问题应立足于缩小传统农业生产方式和现代化工业生产方式的差距。第三，人的城市化是户籍制度改革最终成功的标志。人的城市化，不仅是农业转移人口与城市居民一样享有在城市户籍之上的医疗、教育等各种社会福利制度，更是指转移人口在城市获得归属感和心理认同。

中部地区河南X市的村改居难题则代表了部分地区由行政力量推动城市化所带来的困境，包括土地的城市化超过人的城市化以及许多非城非乡的村改居社区。村改居社区治理中，制度化治理机构治理能力的弱化，非制度化组织对村改居社区治理的干扰，造成村改居社区治理效率低下。要实现村改居社区的有效治理，首先，地方政府要以法制和制度作为治理的基石，提供必要的支持和帮助，以利于推动协商民主制在村改居社区的发展，保证村改居社区的公开、公平与公正。其次，要激发社区社会组织的活力，让其积极参与到社区治理中来，通过不同社会组织对村改居社区治理的参与，提高治理的参与度、民主性和透明性。再次，保障农民公民权利的实现及进一步发展。最后，也是最重要的是加强基层党组织建设。基层党组织是党执政治国的重要基础，加强村改居社区党组织在社区治理的领导能力、协调控制能力对村改居社区来说至关重要。通过这些新的举措，实现村改居社区的良善治理，为城市化的健康发展打下坚实的社会基础。

东部地区的镇江、温州和临沂则回答了城市化快速推进过程中，如何应对由治理环境变化带来的互联网治理、混合治理和党组织参与治理等创新社会治理的新疑难问题。党建与社会治理的关系涉及治理的主体更新问题。农村基层党组织是贯彻落实党的方针政策的战斗堡垒，在城市化进程中发挥着推动农村发展、全面服务群众、预防和化解社会矛盾等功能。在推进城市化、提高社会治理现代化的过程中，农村基层党组织也面临着极大的挑战：村集体经济的薄弱制约了村级事务的正常开展，党组织引导和推动农村经济发展的能力面临挑战；农村社会结构发生显著变化，导致利益整合的难度加大；行政村设置的撤并调整限制了党组织覆盖面的扩大；基层党组织自身也存在思想认识不到位、组织设置和队伍结构不合理等问题；村民委员会对党组织的权威带来影响，其他社会组织替代党组织的部分功能，宗族、宗派、宗教和黑恶势力给基层党组织建设带来极大工作压力。农村基层党组织要应对城市化带来的挑战，积极稳妥地推进城市化进程，提高社会治理能力，必须以党组织建设创新推动社会治理的创新。处在长三角与环渤海两地的“经济洼地”的山东临沂通过民营主力、大城市拉动、产业集群带动、文化强势推动等特色途径，走出了一条有地方特色的发展道路，其基层党建工作也通过创新治理体制，强化利益表达和综合功能、扶持落后农村党组织、强化服务功能，及时调整自己的功能向服务型党组织转变；通过推行党组织自身在组织设置、教育管理、服务体系的网格化，扩大党组织覆盖面；加之及时反映和协调处理群众各方面各层次利益诉求，推动社会治理能力向现代化方向发展。

互联网治理着重于治理技术的变化。互联网的快速发展，深刻改变了我国的社会舆论环境和信息传播格局，给政府的执政理念和管理方式带来了新的挑战。镇江市在创新网络管理实践中进行了一系列示范性探索与尝试，包括：科学构建网络管理制度体系，积极探索用网、管网新模式；出台互联网应急预案，建立突发事件应对机制；发挥网络凝聚民心的积极作用，创新拓展网络互动平台；培育积极向上的主流群体，因势利导扶持自发性的网络活动。鉴于虚拟社会综合治理格局尚未真正形成，互联网信息安全管理立法严重滞后于互联网发展，虚拟社会已经成为维护社会稳定的主战场，互联网监管力量严重不足，网络参与主体多元化但各主体自律性严重不足，维护信息网络安全的技术挑战日益严峻，违法犯罪活动大肆向网上蔓延等挑战，课题组建议以利用促管理、寓管理于运用，实现网络安全管理理念的转变；建立更高效的统一领导工作协调机制；加快推进互联网管理地方立法，构建互联网诚信体系；开展虚拟社会综合防控体系建设，建立信息共享平台；实施分级预警预案，建立突发事件处置机制；加强社会组织的建设和引导，填补网络监管权力真空；推进互联网管理向基层社区延伸，搭建网上服务平台；加强网络安全管理队伍建设，加大网络安全执法力度。

温州的混合治理则关涉治理的体系格局调整。现代社会多元治理的发展已经逐渐出现了混合治理的局面，即各治理主体形成一种交叠、互嵌与竞争的关系，并由此提高治理绩效。混合治理有助于理解地方治理创新的复杂性。温州在推进社会组织发展的政策创新中呈现出了类似混合治理的格局，这种治理格局既是目前体制路径依赖的产物，也顺应了现代治理发展的方向。但社会组织的发展和混合治理的多主体良性互动是一个渐进的发展过程，因此需要理性认识地方政府在推进社会组织的发展中政策运用的作用和限度。

城市化中的信任困境也成为制约社会治理的精神藩篱。为此，本书也注意从政治文化和制度的视角综合思考和整理上述实地调研的所得，发现当今的中国社会结构在城市化进程中仍然是差序格局。中国社会治理的困境就在于一方面有着无数的成文规章制度，另一方面人们因为对这些成文规章制度的不信任而在实践中仍然按照传统的情感、道德和惯例来处理与熟人和陌生人之间的关系，这种民间社会的人格化规则与政治社会的正式成文规则之间的巨大裂缝导致了各种严重社会问题的出现。弥合这条裂缝的出路在于差序格局向组织化社会转型，使包容人格化规则的成文规章制度体系成为社会治理的首要价值选择和行为规范。

能源与环境的治理也是城市化深入到一定阶段之后面临的社会治理难题。巴西的康吉达教授在与本书课题组交流之后，表示出主动参与案例交流的兴趣和热情。巴西同样正面临着城市化中诸多社会治理问题的挑战，同时又对诸多问题中的环境治理问题有过多项创新性举措。调研选取巴西东北部地区自治市的太阳能板项目为对象展开，Barra 和Xique - Xique 是两个仅隔一条圣弗朗西斯科河的自治市，两市又都是典型的既寻求地方发展又希望居民留在本地的自治市，都倾向于采取措施避免人口流动到大城市。而城市化使得城市和农村的问题互相交织不可分割，当可再生能源被视为改善生活质量的必然途径之一时，可再生能源就成为城市化过程的内在要求。这进一步引发了可再生能源投资途径的讨论，可再生能源可以通过投资当地的公共卫生系统和教育系统获得，能源投资也能促进不同地域市场之间的相互作用和整合。巴西这一案例说明，城市化未必意味着人口向城市特别是大城市迁移，通过可再生能源的投资运用、邻近地区的互助合作等途径，提高当地生活质量，也能达到城市化的目的。

全书始终围绕“城市化的社会治理”这一主题，分地域、分层次开展了相关调研，对今日中国处于城市化不同阶段的地区的社会治理难题进行了案例剖析和研究性解读，并提出了相应的政策建议和理论思考；同时，也注意关注域外城市化中的社会治理的新动态，为客观全面认识这一新时代的治理问题提供了参考性意见。

第一章

自由迁徙离我们还有多远?
——基于云南开远户籍制度先行改革调研

内容提要：基于户籍制度改革与城市化中的社会治理的矛盾运行的背景，云南开远围绕“创新农村社会管理和公共服务”的试验主题，先行先试户籍制度改革。通过统一设定户改政策框架、创新社会治理内容和方法，开远户改在缩小城乡差别、完善户籍体系、保障农民权益、激发社会活力等方面取得了初步成效，但还存在政策措施落实不到位、农户入城积极性不高等问题和外部各省政策不统一造成的改革桎梏。笔者对于户籍制度改革中存在的问题进行分析并提出了相应的对策建议，对户改思路的突破和改革之后的户籍制度未来作了进一步探讨。

关键词：户籍制度；城市化；社会治理

中国共产党十八大报告中提出，“加快改革户籍制度，有序推进农业转移人口市民化，努力实现城镇基本公共服务常住人口全覆盖”。紧接着于2013年11月召开的十八届三中全会上，执政党基于对户籍制度改革难度的考虑，再次对深化户籍制度改革作出了战略部署，提出“创新人口管理，加快户籍制度改革，全面放开建制镇和小城市落户限制，有序放开中等城市落户限制，合理确定大城市落户条件，严格控制特大城市人口规模”。为何执政党的决策层在中国社会全面转型、改革进入“深水区”的紧要关头提出加紧户籍制度改革的要求和部署？户籍制度改革的难度究竟有多大？

一　户籍制度改革与城市化中的社会治理

户籍制度改革与城市化治理问题几乎形影不离，谈户籍制度改革必然涉及城市化，谈城市化必然虑及户籍制度改革。事实上，当代中国户籍制度改革具有一个显著特点，即其存在的基本问题较为清晰，已经在各界达成共识。

（一）户籍制度改革与城市化前后的社会治理

户籍制度改革是推进城市化的关键一环。诚然，户籍制度是社会治理的一项基础性制度和有效治理方式，自古以来一直在社会治理中占据重要地位。据传上古之时，禹划天下为九州就有了户籍制度的萌芽，它最初只是用来作为统计人口、征发兵役的一种手段；到了春秋战国时期，户籍又被与兵籍、赋籍、地籍连在一起，以作为征收赋税，征发徭役、兵役的依据。把户籍制度军事化，作为控制人口流动、防止社会动乱的手段，则始于秦国商鞅的“什伍连坐法”[①]。此后改朝换代，户籍制度虽有所变更，但其主要内容大同小异。新中国建立后的户籍制度，与高度集中统一的计划经济连在一起，开始承载较多的衍生性社会功能，不仅包括户口登记、注册及限制农村人口流入城市的规定，而且包括定量粮油供给制度、劳动就业制度、医疗保健制度等辅助性配套措施，还涉及接受教育、专业安置、通婚子女落户等方面衍生出的许多具体规定，大大增加了人们对户口的依附关系。但是，工业化推进带来城市化的快速跟进，社会人口的流动随着资源、环境等要素的变化而不断加快，曾经有效的社会治理方式面临着调适自身以适应城市化进程的挑战。城市化的推进需要供应产业发展的劳动力资源，也需要拉动消费内

① 秦国“什伍连坐法”大意为：“民五家为保，一家为连。一家有罪，如不举发，则十家连坐。”

需的人口资源，出于资源优化配置和城市发展的需要，城市化的推进必然带来社会人口的大量流动。原来用以限制人口流动、方便社会控制的户籍制度在造成身份认同、促进社会流动等方面与城市化产生了尖锐矛盾，对推动农民转户自由、均衡城乡公共服务、统筹城乡社会保障等多个方面造成了制度障碍。

（二）户籍制度的问题根源与城市化的推进

现行户籍制度存在的很多问题又来源于城市化的推进。首先，在高歌猛进的工业化和不断推进的城市化进程中，各类生产要素集聚城市，架起城市产业的持续性支撑；各类优秀人才集聚城市，形成优势人力资源；教育、医疗、住房、各类社会保障和福利也随之被优先保证提供给城市居民。优势资源在城市化的推进下不断向城市汇聚，相形之下，农村传统的农业生产方式和数量有限、附加值低的土地等生产要素在竞争力上相形见绌，城市与农村在资源配置和生活方式等方面的差距进一步拉大，这大大加剧了二元户籍人口之间的生活差距和心理隔阂。其次，中国城市化的启动是在工业化推动和政府行政强制干预的共同作用下进行的，存在较大的人为因素，城市公共资源有限，城市化至今无论在量上还是质上依然滞后于工业化。在此前提下，现有的城市化水平无法满足户籍制度改革必然带来的人口流动和城市居住人口增加所需的生产生活资料和基本公共服务，毋宁言城市生活品质的提升了。不少地区的户改探索就因此夭折。例如，河南省 X 市的户籍制度改革就曾经因为城市公共资源的有限，于 2004 年 8 月被中断。

可见，现行的户籍制度缔造了当代中国城市与乡村之间的二元壁垒，严重阻碍了城市化的进程；反之，城市化的滞后发展又延缓、限制了现行户籍制度的改革进程。

二　开远户改：统一框架，创新管理

开远市户籍管理制度改革的进一步推进就是在上述户籍制度与城市化中的社会治理这一矛盾运行的背景下展开的。开远市于 2012 年 1 月被列为云南省唯一的全国农村改革试验区后，按照“先行先试、封闭运行”的要求，紧紧围绕“创新农村社会管理和公共服务”的试验主题，积极探索、率先实践，不断创新农村社会管理和公共服务相关体制机制。

（一）开远户籍制度改革的基本做法

鉴于户籍制度改革“牵一发而动全身”的特点，开远户籍制度改革立足于统一政策框架展开。开远市围绕农村改革试验区方案，于2011年1月成立了户改领导小组及办公室，全面统筹、综合权衡，研究出台了《中共开远市委　开远市人民政府关于户籍管理制度改革的实施意见》及相应配套实施细则，在云南省率先探索实施户籍管理制度改革，促进农业转移人口转变为城镇居民。

其政策框架可概括为“123456”，含义如次：

“1”——“一好”原则：原城镇居民和农村居民享受的好的现行政策性待遇一概不变。

“2”——“两自由”原则：鼓励进城、自由下乡；转户后可以在现行的城乡政策待遇中自由选择享受。

“3”——“三个标准”：实行城乡统一的户口登记、户口迁移、人口分类标准。

“4”——农村居民转户入城后“四个不变”：农村土地承包经营权、农村宅基地使用权、林权制度改革政策、农村集体资产产权不变。

“5”——“五个享受”：农村居民转户入城后，享受城镇居民的教育、最低生活保障、社会保险、住房保障相关政策、原户籍所在地农村居民连续的生育政策。

“6”——“六个统一”：统一城乡就业服务政策、机关事业单位职工死亡后遗属生活困难补贴标准、“三属”抚恤标准、城乡医疗救助及临时救助标准和方式、城乡退役士兵安置政策、职中学生资助政策。

在这一政策框架下，开远人在城乡两地的自由迁移条件放宽：第一，实现市内城乡双向迁移。只要具备“合法固定住所”、“稳定生活来源”和“稳定职业”之中任何一条即可自由迁移。鼓励农村居民转户入城，可以享受农村居民待遇和城市居民待遇的叠加；城市居民转户下乡自由，可以享受农村的基本公共服务，但村中特定组织的经济权利不得享受。第二，同时实现市内市外双向迁移。一方面，迁出自由、无限制条件。另一方面，从市外迁入市内只要具备以下条件之一即可随时落户：①婚嫁；②有合法住所；③有稳定生活来源；④有稳定职业；⑤投资创业；⑥属引进人才；⑦投靠直系亲属。

在科学制定出台户改政策基础上，开远通过开展全方位宣传动员、开设转户入城“绿色通道”、提供免费上门服务、配套农村综合改革等措施，有力推动农业转移人口转户入城。截至 2013 年 9 月底，全市已办理农业转移人口转变为城镇居民手续 53957 人，本市城镇居民户口转入农村的有 189 人（其中，2012 年 3 月前户口性质由城镇户口转为农业人口的 102 人；城镇户口性质不变但户口转入农村居住的有 87 人），城镇化率 71.69%。

此外，为顺应和推动新形势下社会管理的新要求，开远就户改之势，率先探索实行了实有人口管理“一卡通”和新型人口分类统计。开远为每个居住在开远的公民办理一张“卡”（户籍在开远的市民办理“市民卡”，在开远居住 30 日以上的流动人口办理“居民卡”）。在实行实有人口管理“一卡通”工作上，主要是开发了实有人口信息采集“一卡通”综合管理系统。以开远市实有人口“一卡通”综合管理信息系统为平台，以卡为载体，以公安人口信息为基础，融合计生、人社、卫生、住建、民政、教育、残联、交通、统计、工商、税务、金融等 12 个部门的信息资源，将开远实有人口的基本信息、市民待遇信息、务工信息、社会信息等全面录入“一卡通”综合管理信息系统，建立人口基础信息库，利用 VPN 虚拟局域网技术建立独立网络，实现各相关职能部门间的信息互通、资源共享。目前已进入数据录入阶段。人口分类统计体系建设中，主要是在打破城乡“二元结构”的农业人口和非农业人口分类统计的基础上，探索建立新型人口统计制度：在横向上，实行按居住地划分的“一元化”城乡居民人口统计；在纵向上，根据一、二、三产业分布，按职业分类进行人口统计和管理，推动人口管理和开远社会管理进一步向人性化、现代化创新转变。

（二）开远户籍制度改革的初步成效

开远初步实现城乡居民双向自由有序流动。开远户籍管理制度改革按照“鼓励进城、自由下乡”的理念促进城乡居民自由迁徙。自2011年1月出台户籍制度改革政策以来，截至2013年8月底，全市已办理农业人口转变为城镇居民手续35108人，其中城中村转户23214人，已征用土地未转城人员6408人，进城经商、务工人员7100人，农村籍大中专毕业生392人，农村籍退役士兵551人，农村集中供养对象307人，重点工程移民127人。全市城镇居民占户籍人口的比重达50%，比户改前提高了12.2个百分点。本市城镇居民转入农村94人。

1. 依附于户籍上的城乡差别待遇进一步缩小

开远的户籍管理制度改革从根本上消除了“身份歧视”的历史问题，在同一行政区域的城乡居民体现“平等性”特征：身份平等、权利平等。特别是户籍管理制度改革中统一城乡就业服务政策，统一机关、事业单位职工死亡后遗属生活困难补贴标准，统一“三属”抚恤标准，统一城乡医疗救助和临时救助标准和方式，统一城乡退役士兵经济补偿安置政策，统一职中学生资助政策。“六个统一”的实施，使城乡居民的差别待遇进一步缩小，在开远统计的城乡居民经济、政治、社会、其他4大类41项权利差别中，有18项已基本实现平等，其余正在加速解决之中。

2. 完善的户籍配套制度体系基本形成

开远户籍制度改革着眼于依附在户籍上的城乡居民的差别待遇，着力于制度突破和政策创新，由相关15个职能部门共同研究制定出台了《开远市统筹城乡户籍管理制度改革实施细则（试行）》文件，从户口迁移政策、城市待遇政策、农村土地处置利用政策、保留农村权益政策等方面，对转户条件和享受的各项权益进行了明确，淡化户籍分配公共资源的功能，形成基本完善的制度体系。相关部门组团开展了政策宣讲活动，制定转户及户口待遇申请的规范表格，并在办理窗口开设绿色通道，为群众提供错时服务、上门服务、代办服务、网上服务。

结合户籍管理制度改革需要，开远创新开发了实有人口信息采集“一卡通”综合管理系统，以公安人口信息为基础，融合计生、卫生、民政、人社、教育、残联等12个部门的信息资源，将开远实有人口的基本信息、市民待遇信息、务工信息、社会信息等全面录入系统，建立人口基础信息库，促进各相关职能部门间的信息互通、资源共享。目前，信息采集模块的开发工作已完成，下一步将积极争取上级部门的支持并开始录入相关信息，逐步告别传统户籍管理方式，实现人口管理的数字化、电子化和网络化。

3. 农民权益得到充分保障

为消除农村居民转户入城的后顾之忧，使其更好地融入城市生活，开远采取了保持“四个不变”、给予“五个享受”的做法，不仅不让转户入城农民“脱衣服”，还为他们增添了社保、教育、就业、住房、医疗保障“五件新衣”，使其不仅享受与城镇居民同等待遇，还保留了其原来享有的一切好政策和待遇，给予了充分的平等与尊严。截至2013年6月底，在开远“农转城”所涉及的59个重点村11984户农户中，所有农户的承包地和林地的确权、颁证工作全部完成，并鼓励流转，已签订了承包地流转合同412份、流转土地8605.78亩；完成宅基地地籍调查10322宗，登记发证5433宗，其余正在进行审查；有11户申请了公租房和廉租房，正在审批；享受与城镇学生同等待遇，按照就近入学的原则就读城市学校，有115名学生继续享受中高考加分政策，138人获中高考奖励；有13人选择参加了城镇居民基本医疗保险，33210人继续参加新农合；开发就业岗位15287个，有1048人享受就业、创业扶持政策，技能培训294人（次）；有34人参加了工伤保险、30人参加生育保险、3人参加失业保险，有306人选择参加了城镇居民养老保险，有99人参加了新农保；有1259户1545人已按照城市低保的申请审批程序和标准纳入城市低保，人均领取低保金181元。

4. 激发农村发展活力，促进社会和谐融洽

为推进户籍管理制度改革，开远配套实施了农村土地管理制度、农村金融体制改革等综合改革，从根本上打破长期依附于户籍上的不平等权利和待遇，农民获得了前所未有的平等与尊严，进而激发调动了农村

的巨大发展活力。农民专业合作社蓬勃发展到217家，农民“土专家”、农民经纪人、农民企业家不断涌现，农民开始了现代转型，农村内在发展活力空前迸发。2012年，开远农业总产值达21.2亿元，增长7.3%，是2008年的1.64倍；农民人均纯收入达7607元，同比增长18.2%，是2008年的1.63倍。

自从开远户籍管理制度改革使农村居民与城市居民一道获得了最基本的平等权利、待遇、自信和尊严之后，开远的各种主要社会关系随之变得更加和谐。曾被上级党委政府列为社会治安重点监控区的开远连续6年没有发生群体性事件，各种治安案件、刑事案件大幅度下降，成为“云南省先进平安（县）市”、“云南省社会管理创新试点县市”。

三　户籍制度改革中存在的问题及对策建议

要突破户籍制度和城市化中的社会治理之间的逻辑怪圈绝非一朝一夕之功，开远户籍制度改革中存在的问题也给周边和其他地区的户籍制度改革提供了借鉴。从保护和推进改革的角度出发，我们尝试针对改革中存在的问题提出政策性建议。

（一）开远户籍制度改革中存在的问题

作为西部地区的户改先行者，开远的户籍制度改革在推行过程中仍不免困难重重。

1. “一好两自由”政策落实不到位

开远在户改中创新实行“一好两自由”政策，但在具体执行中，受以下因素影响，并未完全落实到位。第一，国家的许多惠民待遇政策都是以户籍为依据，按照城乡户籍人口数来安排项目和配套资金，同时在制定出台一些新的惠民政策时仍以城乡户籍为依据，造成了新的城乡二元差别待遇。各相关职能部门在落实转户人员待遇时，不得不层层上报、请示、批准，加之个别部门人员对政策不理解、不熟悉、解释不到位等原因，出现了政策落实不到位、不及时等问题。第二，按照全省推进“农转城”工作的要求，省公安厅限制城市居民转户下乡、限制转户进城农民回迁，开远提出的“自由下乡”政策因之受阻。第三，由于目前依附于户籍上的政策待遇太多，涉及的政府职能部门又较广，而从上级层面未出台推进“农转城”的实施细则，使条块分割造成各项政策衔接、落实困难。目前开远的“农转城”人员信息尚未实现联网共享，仅能依靠户口本上加盖的印章、公安部门或街道办、村委会出具的证明等与原住城镇居民、原“农转非”人员进行区分，给农转城人员在办理落实待遇时带来了不便。落实社会保障政策时，城镇职工养老保险由劳动保障部门管理，农村养老保险由民政部门管理；新型农村合作医疗由卫生部门管理，城镇居民医疗保险由劳动保障部门管理。因此，相关职能部门若不能共同进行配套改革，则农村居民转户后自选城乡待遇难以落到实处。

2. 农民主动转户入城的积极性不高

虽然开远在户改中出台了“四个不变”、“五个享受”、“六个统一”的政策，但是由于涉及的各种政策待遇尚未从国家、省级角度统一制定可行的实施细则，部分农民担心转户入城后，国家政策变化使过去能享受的政策不能持续享受，影响了转户入城的积极性，加上近年来开远持续改善社会民生，农民在就学、就业、就医等方面与城镇居民享受同等待遇，并可享受国家惠农政策，农民的待遇甚至略高于城镇居民，因此，出现了城中村整体实行“农转城”的人员对能否持久享受原有政策待遇忧心忡忡、长期居住在开远城区经商务工的农民始终不愿将户口迁入城市，甚至有部分户改前已“农转非”的人员想把户口重新迁回农村等问题，人户分离情况仍然普遍存在。

3. 配套改革措施的落实不到位

实施户籍改革必须配套推进农村产权制度改革、村集体经济股份制改革，才能真正保障农民的权益，使改革取得实效。虽然开远已配套出台了农村产权制度改革等工作方案，但目前农村土地、宅基地（农屋）的确权、颁证工作进展较慢，村集体经济成员资格认定工作尚未开展，试点村集体经济股份制改革尚无明显成效，城中村大部分村民已转为城镇居民户口，却仍按村委会建制进行管理，因此，必须进一步加快配套改革措施的落实，使农业转移人口主动、真正融入城市。

4. 各省政策不统一带来的制约

作为一项“牵一发而动全身”的制度的改革先行者，难免面临更大范围内的政策困扰。由于绝大部分省、市、区尚未启动户籍管理制度改革，致使很大一部分在开远务工、创业的外地农业人口不愿将户籍迁入开远。

此外，户籍制度改革给基层民主建设带来新的课题。户籍制度改革打破了城乡身份限定，人口的自由迁徙，给村（居）民自治领域带来一些新的课题。例如，何谓本村（社区）村（居）民？选民资格如何界定？其属地条件是什么？等等。目前，开远位于城中村的大部分村民已基本转为城镇居民户口；但尚未实行社区化改革，村委会建制仍然保留、村集体经济组织仍然存在，有少部分村民仍然保留农村户籍。在2013年的村两委换届中，转户村民保留选举与被选举权，与国家有关法律对选民身份的认定发生冲突。

（二）对于开远推进户籍制度改革的对策建议

针对上述改革中的问题，我们给出如下政策性建议：

1. 给予一定的政策倾斜

开展新型人口统计工作。突破按农业人口和非农业人口“二元”结构分类的人口统计方法，纵向按中心城、中心镇、中心村和自然村分类，实施按居住地划分的“一元化”城乡居民人口统计，横向按行业、职业、生产要素、生活方式、公共服务惠及人口、社区分类，实施对应的六项人口统计。

建议上级相关部门鉴于开远户籍改革先试先行的实际，给予政策倾斜，准予开远市将“农转城”人口按农村人口统计上报，给予相应的惠农政策配套资金支持，确保开远“农转城”人员自由选择享受原有待遇的政策得以落实，避免因待遇不能落实引起社会不稳定问题；对符合开远户改政策的自愿转户到农村居住的市民，开放联网办理窗口，给予办理相关手续；对开远探索建立人口管理“一卡通”信息系统给予支持。

2. 支持社区化管理改革，使农转城人员真正融入城市生活

城中村社区化是中国城市化进程中的一个必经阶段。鉴于开远农转城人员中66%为城中村村民的情况，建议在认真总结评估3个农村社区化改革试点工作的基础上，尽快实施城中村的“村改社”工作，组建社区居民委员会，开展村集体经济成员资格认定，进行城中村的村集体经济产权制度改革，将村集体经济组织改制为股份制企业，实行现代化经营管理，实现社会职能与经济职能的剥离。同时，加大城中村规划建设力度，不断完善各类基础设施配套建设，充分保障城中村居民在就业、就医、就学、社会保障和社会管理等方面和城镇居民享受一样的待遇，让城中村居民获得足够的社会认同和自我认同。

3. 在全国、全省范围推行农村产权制度改革，让农民放心转户入城

建议从中央、省级层面出台保障农民财产权利的具体政策或法律法规，对自愿转户入城农民的房屋、土地承包经营权、宅基地权属、林权、集体资产产权等权益进行确权登记、颁证，保证其合法权益，放宽和统一省内外来务工人员进城落户的政策，从制度层面消除农民进城的后顾之忧。

4. 在顶层政策设计时，按城乡居民同权同利要求尽量避免产生“新二元”

由于国家在制定出台一些新的惠民政策措施时，对城乡户籍仍然区别对待，造成了一些新的城乡二元差别待遇（主要有最低生活保障、失业保险、养老保险、医疗保障、大病补充医疗保险、医疗救助、住房保障、就业技能培训、农村义务教育学生国家营养膳食补助、义务教育阶段学生生均教育经费、农村寄宿生生活补助、临时困难救助、家电下乡补贴等），给户改带来人为的新制约。因此，建议中央、省级在顶层政策设计时尽量避免造成依附于户籍之上的“新二元”待遇，对确实需要支持的地区，应按地域或是否从事农业生产的标准来界定政策资金支持力度，而不应以户籍身份来界定。

四　开远户改对于中国全面深化户改的启示意义

开远的户籍制度改革胆大心细，既敢于率先“下刀”，又周全配套政策，堪为户籍制度改革先行先试初战告捷的见证，其对于中国全面深化户籍制度改革提供了重要启示。

（一）户改思路怎么突破？

1. 一些改革从经济欠发达地区推进阻力较小

选择容易突破的地区切入改革无疑是明智之举，这在面对利益关系错综复杂、与其他改革联系紧密的改革领域时更是如此。意欲在地区发展极不平衡、经济发展差距显著的当代中国全面深化改革，先易后难也是基本法则。通过对户籍制度改革的调研，我们发现，确实存在一些地区的一些种类的改革，例如户籍制度改革，从经济欠发达地区推进，阻力较小，胜算更大。在经济较发达地区，城市和乡村之间的经济发展水平和生活差距都比较大，要推开户籍制度改革，倘若财政支持和转移支付力度不大，则农村基本公共服务和社会保障等仍然无法达到城市居民享有的水平，农村人依然会产生受歧视和不公平感；倘若改革力度大，相应的财政支持和转移支付力度也大，则在改善农村社会公共服务供给和社会保障等的同时，又会使得城市居民感受到原有空间被挤占和原有权利被剥夺的不公平感。相形之下，中西部等欠发达地区城市的发展水平还没有达到非常现代化的程度，城市和乡村之间的既有差距也尚未达到非常夸张的地步。在这一情况下，通过财政倾斜和改善政府管理，通过户籍制度改革、注重均衡城乡之间的基本公共服务，能够比发达地区更快地拉近城乡之间的差距。一方面，可以使得农业转移人口自由转户入城，并且感受到社会保障和社会福利的水平有显著提升，基本公共服务有显著改善，生活质量日渐提高；另一方面，也可以让城市居民自愿下乡，并且没有既有城市生活品质大幅度下降的感受。

因此，像户籍制度等领域的改革从大的层面而言可以从中西部地区先行先试，改革遇到的阻力会小一些，成功的概率也会更大一些。

2. 户籍制度改革应当与城市化进程形成良性互动

谈及户籍制度改革，首先应当承认，户籍制度是社会治理的一项基础性制度，或者至少曾经是社会治理的一种有效方式。户籍制度在古代不同朝代有多种形式为大家耳熟能详，无论是基于基层地域的保甲制，还是每户几个男丁抽服徭役等的人丁制，抑或明代百姓未经路影批准不得流动的路影制，都不约而同地证实，古代政权的社会治理绩效以制度能影响控制多少人为评判依据。那么，时至现代，与时俱进，现代政权的社会治理绩效当以制度能激发出多少人的生产效率或对社会的贡献为评判依据，以制度能否提升民众幸福感和认同感为评判依据。在当代中国，城市化的推进必然带来社会人口的大流动大迁移，技术革命的兴起必然导致工农业差距扩大，此时，通过限制人员流动，对民众尤其是农民隐含身份制约，并使之无法共享工业化成果，无法参与社会收入再分配。进一步讲，以户籍管理制度为基石，长期以来中国工业的发展都是建立在对农业的盘剥基础之上，通过掠夺农村的资源（包括物力和人力）、形成“剪刀差”，中国工业化发展得以完成其资本的原始积累，获得了长足迅猛的提升。与此同时，城市化却处于被压制状态，陷入低迷发展。

因此，在新时代选择户籍制度作为万全之道，似为简单粗暴的权宜应对，让户籍制度承载了过多的附加功能。不同于诸多其他国家的户籍制度，户口不涉及根本性利益差别和身份差异，中国户籍制度改革的实质是城乡同权同利的制度调整，当前户籍制度改革的关键不在于废止户籍制度，而在于革除该制度背后附着的身份和利益。从开远户籍制度改革看，户籍制度改革尤其需要政府政策向农民倾斜，保障在城乡二元结构下处于相对弱势的农民群体的利益。然而，鉴于户籍制度与城市化中的社会治理的矛盾关系，更加重要的在于实现户籍制度改革与城市化进程的良性互动。城市化需要供应产业发展的劳动力资源，也需要拉动消费内需的人口资源，如何将户籍制度改革与城市化的需求相结合，转入并稳定转户农民，是户籍制度改革的研究重点之一。户籍制度的障碍一直是城市化问题的瓶颈，开远市宽松的入籍制度之构设，尝试将钳制城市化进程的关节进一步打通，促使农村居民不断转化为城市居民，逐步扩大城市的规模、容量，这种城市化路径，是兼顾关怀民生与现代化发展的科学路径，值得各地展开研究与借鉴。

（二）户籍制度改革之后怎么办?

户籍制度改革是全面深化改革和推进城市化进程中的关键一步，但从各种因素反观，户籍制度改革步伐的迈出只是开始，这仅仅是全面深化改革迈出的第一步。

1. 户改后生产方式的根本性转变问题

户籍制度改革这一问题在纳入全面深化改革的第一时间，判断其改革从哪里切入、改革成效究竟将如何，首先当以生产力水平作为衡量依据。与其认为当代中国农业生产的产品或者提供的资源本身是落后的，不如认为我们现有的农业的生产方式，比如承包责任制或者家庭生产，还不足以达到现代社会一般意义上对生产力和生产关系的要求。十八届三中全会对于户籍制度改革的分地域分步推进，正是意味着，现有的制度在一定时期内还要坚持，正是说明，我们农村的生产状况，在生产力水平上还处在一个比较低的层次，农业生产对资本和资源的现代化利用还存在很多条件上的不足。这个是当前的农业，或言之尚未完成工业化的农业，与现代工业化或社会化大生产之间的差距，也是造成城乡二元结构的深层次的社会条件的原因。

那么，当前要解决城乡二元结构，当然要以改变这种差距为根本目标或者最终目标，因为只有实现这个改变，城乡二元结构的经济和生产力基础才能真正被取消；以消除户籍制度二元化为体现的政治上的举措，才能真正得到稳固的落实和基础性支撑。

现在在户籍制度上进行的改革尝试，其本身是一个有益的尝试，至少它是在思想意识上对城乡二元结构的一种扭转，但欲达到实现户籍改革的真正目的，即解决城乡二元结构，还只能说是第一步，甚至不能说是最主要的一步。

诚如前面所言，现在要做的是缩小城市工业化与相对依然传统的农业生产方式在生产力上的差距，这就需要以调整经济结构和农村的产权结构为最核心的出发点，户籍制度改革在这里的意义将体现在，通过促进城乡之间的人员流通，为农村发展创造更加有力的资本和人员。一言以蔽之，户籍制度改革应当为农村改善资源流通创造条件。

当然由于户籍制度改革涉及的“补课”内容实在太多，在这个转变过程中，采取一种可逆的方式（从开远户改的做法中可以发现其主要体现为，农民转换为市民，相对得到市民保障的力度更大，同时还有机会保留原有的对以土地为核心的农业产权的利益，而市民转变为农民，在权利和利益上则受到相对更大的限制），这实际上是为了保证在这样的实验（社会实验）出现问题的时候，能够最大限度降低社会矛盾产生的可能（留下后路）。但是从另一个角度说，对于促进资本和人员向农村流动，提高农村和农业对城市人口、资本、资源的吸引力，其实并不十分有利，也就不可能尽快地实现农村产业结构的调整。城乡二元结构的根本问题在于传统农业生产方式和现代化工业生产方式的差距。城乡二元结构的根基还没有被触动，对政府保障的资源要求又会提高，所以说可能有造成“新二元”结构的隐忧。

2. 户改后人的城市化问题

中央近期提出的“农业转移人口市民化”是衡量城市化进程的一个主要标志。人的城市化，首先是农业转移人口与城市居民一样享有在城市户籍之上的医疗、教育等各种社会福利制度；但人的城市化，更是指转移人口在城市获得归属感和心理认同。

政府主导户籍制度改革，引导农民进城，解决他们的医疗、教育问题相对容易，但是，解决他们的住房与工作问题，让他们安居乐业，颇为不易。政府政策可以再倾斜，投入再增加，但是优质资源是有限甚至稀缺的。在户籍制度改革实现农民自由转户入城之后，如何实现这部分人群的就业，保障其拥有可持续的收入来源？如何保证城市产业的调整转型和农业转移人口再就业的工种潜能相适应？如何解决社区和谐问题，保证其真正融入当地社区？就业、教育、社会保障等与市民息息相关的举措的滞后，会使得农民的边缘化演变成为市民再度边缘化。正如北京的温州村等类似现象在当代中国十分普遍，他们是城市经济发展的有力推动者，然而，为了在利益上和本地人竞争有限资源，极易抱团行动，处理不当就容易引发群体性事件。那么，又该如何增加这类群体的心理归属感？

从表面身份判断，无论是通过政府主导的农转非、农转居还是个体主导的农民工，这种社区的居民大都完成了从农民转为城市市民的身份转换，完成了农村户口向商品粮户口的改变。但是，囿于该群体的特殊性，无论是知识结构、综合素质还是生活方式，都与城市之间存在着差距。[①] 文化的磨合需要一个长期的过程，对于转户入城的人们而言，户籍的改变只是一个开始，真正地融入当地并推动实现有效的社会治理，还有很长的路要走。

3. 社会治理改善与传统文化的对接问题

中国传统文化的物质基础的主导方面和支配力量是在自然经济轨道上运行的农业，因此属于一种建立在农业生产经济之上的农业文化。居有定所，耕有定时，安土重迁便理所应当地成为一种固有的传统观念。《汉书·元帝纪》云："安土重迁，黎民之性；骨肉相附，人情所愿也。"[②] 如此，在工业化突飞猛进、城市化开始加快的今日中国，社会大流动、人口大迁移成为必然产物，是否该将安土重迁的文化意识作为封建文化的糟粕和工业化、城市化的桎梏而摈弃呢？

笔者认为绝非摈弃，而是要寻求对接。摈弃意味着人为的忘却。安土重迁的文化意识曾经在中国几千年的封建社会中对中国经济发展的传承具有重大的稳定作用。现代社会城市化进程带来的人口流动的必然惯性和不断加强的法治建设也使得安土重迁的文化意识不可能过分僭越伸张，社会生产方式的变迁使得安土重迁等文化观念在逐渐淡化，更多的现实可能是，安土重迁以情感纽带的形式帮助建立互相扶持、稳定发展的社会秩序。中国的市场经济要有中国的特色，中国的城市化和社会治理同样要有中国的特色，要结合自身实际、发扬自身优点实现发展。因此，包括户籍制度改革在内的一切城市化进程中的社会治理活动都应当试图寻求与安土重迁等中国传统文化意识和文化观念的对接，传承和利

① 唐克、杨汇泉：《户籍制度改革与城市化进程的反思》，《安徽农学通报》2006年第12卷第11期，第13页。

② 班固：《汉书》，中华书局2007年版。

用好先人的文化遗产，为现代社会实现人的全面发展做出贡献。

笔者相信，只要从实现人的全面发展出发，从基于本土文化传承的制度创新出发，当代中国的户籍制度改革之路必将越走越好，自由迁徙之梦必将不再遥远。

附：

（一）“城市化进程中的社会治理”课题组赴云南调研活动纪要

2013 年 10 月 16—19 日，“城市化进程中的社会治理”课题组部分成员随中国社科院政治学所课题组一行赴云南开远进行实地调研。

课题组于 10 月 16 日当晚考察了开远市“幸福大草原”的市民广场和“幸福小站”等开远特色城市建设，并与邻近石屏籍外来居民冯云美等随遇访谈。

10 月 17 日上午，课题组成员在开远市行政中心 440 会议室参加了开远市统筹城乡综合改革大型座谈会，对于开远着力推进的户籍制度、基本公共服务均等化、农村产权制度、农村金融制度、农村社区化管理机制、社会保障制度等六大方面的改革进行了全面了解，并对改革困境、农村经济组织的多地比较、土地流转等相关问题作了进一步交流。10 月 17 日下午，课题组考察了以社区禁毒为突出特色的雨露社区，对于开远通过创新社会管理方式、破除地区性顽疾有了一定的直观认识。参观结束后，课题组还和社区居民代表、家属代表进行了座谈。

10 月 18 日上午，课题组在开远中和营镇跃进社区和红土高原合作社等实地调研城市化进程中的现代农业发展和农村党建等相关问题。下午，在开远二中观摩农民城市化进程中的教育改革情况，在羊街乡的老燕子村、乐白街道的旧寨社区等乡镇社区体会当地以特色兴村的发展思路。10 月 18 日晚，课题组成员邀请政治学所部分学者和开远市职能部门有关同志在开远南苑宾馆举行了一次小型讨论会，对于调研中的发现和疑问进行了进一步交流和讨论。

10 月 19 日上午，课题组在开远市移民局同志的带领下调研城市化进程中具有典型性的移民动迁工程，考察走访了小龙潭煤矿矿区和五期二批搬迁工程安置地云龙社区。小龙潭五期二批搬迁工程是新中国成立以来小龙潭矿务局18次搬迁中涉及人数和村寨最多的一次，自今年5月宣传开始，有99%的搬迁安置群众已经搬迁或正在搬迁到云龙社区。下午，课题组一行在开远市行政中心会议室分别与开远市相关同志举行了主题座谈，对于开远市党建与社会管理、开远市经济社会发展与城乡统筹的问题作进一步交流和讨论。

（二）“城市化进程中的社会治理”课题组赴云南开远访谈日志（部分）

2013年10月17日 周四

2013年10月17日星期四上午，“城市化进程中的社会治理”课题组部分成员在开远市行政中心440会议室与开远市委、市政府各职能部门参与了开远市统筹城乡综合改革座谈会。座谈会伊始，李存贵书记介绍了双方参会代表，并表示欢迎。杨泓副书记主要就开远市统筹城乡综合改革的工作做了情况介绍。

据悉，开远市至2012年的国内生产总值为124亿元，人均GDP 30800多元，财政收入16.6亿元，人均可支配收入19900多元。在此基础上，开远市至今已实施民生工程120项，连续6年无群体性事件发生。这些在很大程度上归功于统筹城乡综合改革的着力推进。

开远市统筹城乡综合改革可以分为两个阶段，2006—2010年“十一五”时期为打基础阶段，解决行路难等“17难”问题，紧接着第二阶段为综合改革阶段，重在打破制度壁垒。开远从三个方面推进六类改革、一个完善：

第一方面，城乡居民同权同利：

1. 户籍制度改革

全面消除城乡身份歧视，鼓励进城、自由下乡。农村居民转户入城之后，原有权利待遇一概不变，城镇居民待遇样样享受；城镇居民转户下乡，不鼓励不限制，下乡后不能享受经济组织的特定权利，能享受农村基本公共服务。至上月底，完成农转非近54000人，城转农189人。

2. 公共服务均等化改革

开远市着重在教育、卫生和文化方面推进城乡基本公共服务的均等化。医疗方面，至2010年，城乡居民医药报销同比例，农村居民报18万元，高于城市；城区医院与农村乡镇卫生院挂钩托管，实现了农民可就地在市级医院就医、廉价享受医疗资源。教育方面，城乡信息化教育全覆盖，建立农村幼儿园57所，建立从幼儿园到博士的奖励补贴制度，派遣优秀校长到农村，在农村教学中引入参与互动式教学、高中小班制教学。文化建设方面，推广自然村的文化活动室等四位一体活动阵地建设，向村委会发放5000元文化补助，平均一个自然村有2支以上文艺队，完成24村村史访谈记录等生态保护工作。

3. 社会保障制度改革

开远社会保障制度改革主要从医疗保障、养老保障和住房保障三方面重点突破。1000多万元国家财政专项转移支付用于医疗保障，基本实现城乡居民医保全覆盖并享受平等待遇；提高新农保试点，实现城乡居民养老全覆盖；在城市已建5000多套住房、在建7000多套住房，到2014年在建1万多套住房，实现全覆盖，在乡村推行“美丽家园”计划。

第二方面，建设城乡要素市场：

1. 农村产权制度改革

第一，公地、林地、住房、宅基地的确权、登记和发证；第二，建设产权交流使用平台；第三，允许、鼓励农民的土地和房屋流转；第四，集体经济制度的改造，包括身份认定、资产合资、重新界定以及有条件地改造。截至目前，已经办理农村土地承包经营权证39205本，规范和签订土地流转合同2216份，承包土地流转面积8.2万亩；林地确权面积126.3万亩，颁发林权证11380本，颁证面积122.3万亩；农村宅基地确权颁证10860宗，颁证3480户，流转16户。今年政府与中介商定，涉及农村房屋、宅基地的产权交易，政府退出。

2. 农村金融制度改革

研究建立了以5项机制和4个平台为主要内容的“三农”金融服务体系，通过金融下乡、贷款、政府担保等扶持。允许农村民房、承包经营权、林权抵押；创新金融服务产品；创新“政府+银行+担保公司+农村专业合作社+农户”的融资模式；成立村镇银行，申报成立农村资金互助合作社。

第三方面，完善农村基层治理机制：

1. 社区化管理机制改革

开远从3个试点开始，将农村社区的公共服务、经济管理和自治三项职能分开；裁减市级机关公务员编制配置到乡镇社区，每个社区不少于1名公务员，对其考核中民众意见占60%、乡镇占40%；提高农村公务员收入，达到公务员平均水平；把社区公共管理经费纳入市财政预算。

2. 集体经济制度完善

主要在村小组一级理顺集体产权关系、成员关系，推进集体经济改造。

李书记谈道，开远的发展一不靠房地产，二不靠招商引资大项目，以全民创业的思路，激发民间生产力，则资源枯竭也能找资源。中小企业提供的财税收入远远高于电厂、水泥厂、解化厂、红烟厂等贡献的财税收入，现在量在增加、比重则在下降，约占40%左右。因此，政府的工作就在于创造条件保障好。

他还提到开远的改革，搞创新把“本”丢掉，比如年年有创新指标，就流于形式了。创新不能变成折腾，围绕根本谈创新才能历久弥新。一开始，开远改革没有想过引起关注。干了5年，思路才逐渐清晰。他离开10年之后再来开远当市长，被当地城乡反差之大所震撼，当时开远城乡差距在邻近县市中最差。开远农村人口12万，5万人没水喝，而红河州规定2015年才有相关政策惠及开远；440多个自然村中，83个自然村是土路，州规定到“十一五”末解决，而通一条路需要2万—3万元，全市需要200多万元；百姓自采草药、久病成医，也不是好事。这些都下决心基本解决。“农村自然资源最丰富，却最穷；最辽阔的土地，基础设施却最差；最多的人口，素质却最低。所有的城市人都是从农村出来的，有农村人的基因，所以农村人不差。农村贡献于工业化、城市化，说明农村力量大。最发达的地方往往是‘三农’问题解决得最好的地方，比如东部。国外很多地方的资源不如我们，素质不如我们，但百姓生活得好。1%的城市产生‘中国模式’，那么

98%以上的农村如何共荣发展?”城乡反差实质不是农村问题，而是城市问题。城乡制度、等级制度先天不公，剥夺了农村、农民的权力，遏制了农村文明和农村生命力。全国很多地方的问题是一致的，根本问题在于使城乡居民同权。农村市场本质是游离于市场经济之外的，没有产权安全，资本是逃离的，城市则依靠产权健全、发展起来。其中最根本的权利是财产权，有产权才能交易。所以开远的改革打破了二元制度，核心是产权制度改革，改地权、房权、林权和水权。

他重申了开远改革的三段论。第一阶段是解决民生，第二阶段是纵深突破、整体提升。6年改革后进入第三阶段，即全域发展、全民共享。改革是一个系统，例如户籍制度改革就必然涉及产权制度。改革不是革命，中国的既得利益者是过去体制造成的，合法但不公正、不合理，是历史的、合法的、非个人的，非法所得不等于既得利益，因此，开远改革更突出增量改革，既得利益者既往不咎，只注重增加社会其他人的权益。开远改革能开阔致远，上级的坚定支持也起间接作用，顶尖级专家学者的启迪互动也内化为实践的动力。李书记也表示，他觉得开远改革的创造性、超前性还总结得不够，改革也存在不少困难。

课题组成员对开远统筹城乡综合改革情况作了提问和回应，并就农村经济组织的多地比较、土地流转等问题与开远方面的同志进行了提问交流。

2013年10月17日下午，课题组一行考察了雨露社区。

雨露社区是开远市的一个“既普通又特殊”的社区。这是开远市的一个正式社区，同时其居民又都是曾经的吸毒人员。这些完成了强制戒毒的社区居民在雨露社区中生活和工作，以逐渐适应正常的社会生活，并为重新融入社会作准备。

课题组一行在下午2点半到达雨露社区。开远市戒毒所所长兼社区居委会主任宋丽娜带课题组一行参观社区。在参观的同时，也有其他社区管理人员向课题组一行介绍社区的相关情况。根据介绍，雨露社区建立的原因是吸毒者所遭遇的社会排斥。根据2003年的一项调查，85%的吸毒者都不能被正常社会所接受，只能互相聚集。他们的生活状况恶劣，同时也伴随着偷抢的犯罪行为。但是在当时，对于完成强制戒毒的人，缺乏法律措施来帮助他们重新融入社会。为此，雨露社区在2005年建立，并得到了国家和社会各界的大力扶持。

在社区内，包括工厂、居民宿舍和各项活动设施。在工厂区域，能够看到各类生产企业，其产品包括各类箱包、塑钢组件、金属制品、编织袋、打火机等。其中，有些产品甚至是供出口。从现场来看，工厂的生产很忙碌，工作中的雨露社区居民们也都很专注。根据介绍，这些工厂都是由开远市政府专门引入，并提供相关的土地和税收减免。这样，就可以为社区居民提供稳定的工作岗位。通过与现场工人的交谈，了解到初级工人的月工资在700元左右，技术工则可以达到1500元。

在宿舍区域，主要是中高层的居民楼，包括在建的第三期楼宇。这些居民楼都非常整洁漂亮，周边绿化等环境也很到位。这些居民楼的性质一般都是廉租房，由政府投资建设或者由社会捐助建设。比如在一栋“安居楼2号楼”的标牌介绍中，可以了解到该楼竣工于2011年6月，并由中国禁毒基金会和侨福集团所捐建。根据介绍，社区居民可以租住这些宿舍，其房租是每月每平方米5角。课题组一行还进入楼内，参观了几套住房的内部情况。这些房子都是套房，内部装修和布置都不错，很有家庭氛围。工作人员介绍说，社区内一共住了超过1000人，包括103对夫妇。其中，居住时间最长的达到8年。

在居民楼旁边，则看到食堂、菜场、商店以及文体娱乐设施等。根据介绍，目前社区内有比较齐全的配套设施。但是，也有特定的管理方式。比如说，由于菜贩不能进入，社区居民需要“订购”菜品，并统一送到菜场供居民购买。社区内有医疗机构，是由市卫生部门专门派人进驻。但是，幼儿园的设置就还在筹划之中。根据管理规定，雨露社区是一个“半封闭”的社区，外人不能随意进入。同时，社区居民可以请假外出，并且定期接受家人亲属的来访。

课题组一行还参观了社区的管理单位，即居委会办公地点。雨露社区实行双重管理体制，居委会成员均是由戒毒所干警兼任，负责社区管理工作。同时，社区居民通过选举产生协管委员会，负责日常的社区自治事务。此外，社区组织内也建有比较齐全的工会委员会、青年工作委员会等机构。

参观完之后，课题组一行和社区居民代表、家属代表进行了一次座谈。参加座谈的居民代表包括社区协管委的成员，杂志《雨露心声》的一位编辑，几名女工，以及几位家属。他们介绍说，自己作为曾经的吸毒人员，能在雨露社区生活是一种幸运。在这里，他们能够过上正常的生活，更能够找回“曾经失去的自己”。课题组一行也问了一些相关问题。比如，既然居民能够在这里结婚，那么能否有孩子？其中一位居民回答说，小孩子是不建议在这里成长的，因为相关的医疗条件还不够。因此，有了孩子的夫妇都会选择离开。又比如，在这里会一直待下去吗？一名女性协管委成员回答说，现在年纪大了，出去找工作更难，还是希望待在这里。但年轻的女工则说，希望能读书，这样可以出去找工作，回归社会。几位家属也讲了讲。其中一位提到，自己的孩子戒毒10年不成，觉得再没法管了。后来看到雨露社区清洁整齐，觉得有吸引力。于是，就把孩子送到这里，终于有了改变的机会，自己也不用再忧愁。同时，他们也希望社区领导严格要求，让孩子成为好公民。到下午5点半左右，整个调研活动结束，课题组一行离开雨露社区。

2013年10月18日　周五

2013年10月18日，课题组一行重点走访考察开远市乡镇社区建设和农业经济发展状况。

10月18日上午，课题组一行参观中和营镇，重点考察农村农业合作社发展等情况。

第一站，上午10点参观中和营镇三七繁殖基地。接待人是中和营镇书记、镇长、三七繁殖基地农村信用社社长。大家集体参观三七养殖场，询问三七育苗、养殖、销售情况，房宁所长询问三七育苗盒成品的价格。曹社长介绍农村合作社情况：2010年农村合作社初创阶段，开远市只有约20家农村合作社，目前农村合作社数量已经达到200多家，在农村生产经营中发挥重要作用。集体参观的该农村信用社入社农户300余户，在两个大队基础上成立，在农村合作社组织下，农户夏天种菜，冬天种马铃薯，主要走的是反季节种植的道路。

曹社长及中和营镇书记、镇长介绍土地流转探索情况，目前，主要有三种形式：第一，短期土地承包，农民将拥有土地使用权的土地按年份以亩为单位承包给大户或其他经济组织，土地租金收益率较低，农民离开土地进城务工。第二，农民以家庭为单位入社，土地自我生产经营，农村合作社为农村提供服务和市场讯息，架起分散的农户与外部市场之间的信息桥梁。农村合作社也可能与外部企业合作，拿到订单，分散给农户定期生产。第三，合作社与龙头企业合作，农民土地归合作社，以集体形式入股，农民土地参与企业利润分红。农民个体或离开土地进城务工，或以农业产业工人身份加入龙头企业，领取工资。

第二站，上午 10 点 40 分在羊街村参观高原特色农业示范区。原特色农业示范区由 31 个合作社组成，区域内 70% 的农户已入合作社，有 3 个大型龙头企业。示范区年综合产值 3 亿元以上。在生产经营方面，借鉴日韩“一村一品”模式。示范区还引入日本专家前来授课。

第三站，上午 11 点 10 分参观“跃进社区”。“跃进社区”由 3 个自然村合并，成为开远市农村社区建设的示范点。跃进社区示范点：农村社区为公共服务的组织依托，农村合作社则为经济发展的组织依托。中午在跃进社区午餐，与社区干部和村民交流。

10 月 18 日下午 2 点半开始，课题组一行继续走访了几个乡镇社区和学校。

首先是开远二中，参观互动课堂教学。开远二中是一所乡村中学，有 70 多年的历史。互动课堂教学是一种适用于小班规模的新型教学模式，其主要特点是加强学生之间、老师与学生之间的互动，从而增强学生的学习兴趣、协作能力和自信心，同时也提高老师的教学水平。在二中，课题组一行看了几个课堂，包括语文、英语和自然课。在课堂上，课题组一行看到学生的座位排列就很特别，不是传统的向着讲台，而是围成几个圈，让学生们彼此面对面。在上课过程中，则是老师提出一系列问题，同学们即时作答。然后，让一名学生自己上台来讲解，并与其他同学相互交流。比如，在语文课上，一名学生讲解生字的注音，别的同学则进行评价。如果答得好，大家就一起有节奏地鼓掌，给予鼓励。看得出来，同学们都比较积极地参与其中。

接下来，二中的杨校长及开远市教育局的王局长和课题组一行作交流。杨校长介绍说，学校现有 1172 名学生，70 多名老师。在 2009 年，他觉得乡村学校要发展，必须有突破口，因此进行了教学改革。当时的思路就是把课堂的主导权交给学生，并形成这样的互动教学模式。这一模式有几个好处，一方面老师可以成长，其业务素质提高得快。更重要的是，农村孩子变得不再胆怯，自信心增强，表达能力与合作能力更是提高。他还说，开远的其他中学也派老师来交流学习。教育局长介绍说，二中接下来会进一步扩建校区，互动教学模式也会进一步发展。

第二站是羊街乡的老燕子村。该村是一个小村，有232人。该村经济发展很快，人均年收入超过2万元。村民主要依靠农业产业致富，特别是优质稻合作社。课题组一行参观了村容村貌，比较了村民的旧屋和新居。村里50多户人都盖了新楼，非常漂亮。接下来，课题组一行参观了村上的“卧龙谷荣祥优质米厂”，包括优质稻的生产线。该村的村主任姓李，他最早成立了这个优质稻生产企业，并带动其他村民。村里成立了优质稻的经济合作社，7个村民小组都在种这种优质稻。优质稻的产量比较低，但是质量非常好，价格更是可以高达每斤60元。

第三站是乐白街道的旧寨社区。这一站的特点是农村社区化改造。旧寨社区是开远市农村社区化的改革试点，由6个村合并形成，包含1100户总共4078人。旧寨在2011年8月建成社区居委会，其改革内容主要包括建立社区制度，社区公务员制度，提高社区干部待遇和增强社区公共事务。课题组一行参观了社区状况以及居委会办公地。从社区外貌看，相关街道、设施、绿化等都很出色，非常接近城市社区的水平。居委会里，课题组一行看了一部《全国农村改革试验区情况汇报》的专题片，了解相关的农村改革背景。在居委会还可以看到详细的社区事务公开，包括完整的现金收支明细表。可以看出，相关的村务公开制度仍然在继续运行。此外，旧寨的一个特色产业是乡村旅游，尤其是主打“知青”品牌。旧寨在当年是一个重要的知青点，并且保留了一个比较完整的革委会旧址。这个旧址目前被改造为一个知青文化陈列室，里面保存了相关展品和资料，包括许多雕塑、报纸等当时的实物。到下午5点45分，这一站的考察结束，课题组一行回开远市内。

晚间，课题组成员聚在一起，对前几日的调研所得进行了梳理和讨论。

2013 年 10 月 19 日 周六

2013 年 10 月 19 日星期六，课题组一行在开远市移民局同志的带领下考察走访了小龙潭煤矿矿区和五期二批搬迁工程安置地云龙社区。

据移民局王局长介绍，小龙潭煤矿是全国最大的露天煤矿，已探明褐煤储量 10.95 亿吨、石灰石 8000 多万吨。小龙潭坝原来地肥水丰，水利资源充沛，有 99 个龙潭，为了煤矿开采服务国电，自解放初期开始已有 1 万人进行了搬迁。

小龙潭矿务局五期扩建工程是实施“西电东送”战略和云南省煤电能源建设的重点工程，关乎开远化工、煤炭、能源建设和经济社会发展。小龙潭五期二批搬迁工程涉及该镇 3 个村委会、12 个自然村 1400 余户 4800 余人，是新中国成立以来小龙潭矿务局 18 次搬迁中涉及人数和村寨最多的一次。自 2013 年 5 月宣传开始，有 99% 的搬迁安置群众已经搬迁或正在搬迁到云龙社区，至 8 月约余 9 户未搬。

在参观了小龙潭煤矿矿区后，课题组一行又来到专为安排云龙社区子女就学问题而投资兴建的泸江小学，大家参观了校园设施环境，并对五二搬迁情况进行了进一步讨论。

针对我方学者对于如何成功搬迁的疑问，王局长和小龙潭镇李春兰副书记谈道，由于国土资源的有限和城市化进程的不断加快，这次五期搬迁不同于以往的邻近为农安农、农耕生产生活方式不变的做法，是将村民迁往城市的易地安置，政府搬迁工作的方式也需要随之变革。动迁指挥部规定人均套内面积 45 平方米免费，希望更大面积住房者可以成本价选择加购 15 平方米；村民人均得 65000 元安置费，加补搬迁运输等费用，合计人均不低于七万二三千元。

对于农民失地后如何生活的问题，一方面，动迁部门给予村民每人 256 元月生活补助，年轻上学的或参加职业培训的人可以再补助一部分；进城子女上学学费减免，第一年 2 方半水费免费、次年一半；迁出后新出生的小孩，其家庭可在一年内得到每月 256 元补助；商铺折价卖给集体，村民可抽签分得。另一方面，也让一些企业帮助吸纳就业或鼓励自己创业，要求做到消灭零就业家庭。搬迁后，村内原有的贫富差距缩小了。

百姓在此次搬迁中最顾虑的问题在于搬迁后的土地传承问题，土地政策30年不变，有土地可以留给子孙，自己搬迁后，后代无地可依。对此，动迁指挥部着力权衡，向村民指出人均耕地二分、产值不大，大的天灾人祸有国家发展才有防范保障，搬迁后能够享受城市好资源、提高教育等，给予百姓梦想。

此次搬迁的一大政策亮点是规定到2013年8月31日前搬迁的村民进行分级奖励，此时达到婚龄但未结婚的村民再补助3万元，避免了有人为房子假结婚的情况。

小龙潭五期二批搬迁工程是城市化进程中具有典型性的移民动迁工程，其在攻克和化解利益冲突、政策冲突、观念冲突、人群冲突和就业冲突方面的努力和挑战值得进一步研究借鉴。

2013年10月19日下午，课题组随同中国社科院政治学所一行与开远市委组织部和各乡镇社区的党组织书记一道在开远市行政中心会议室举行了主题座谈会。

座谈会在吴华昊部长书面介绍开远市组织工作情况的基础上展开。

据悉，截至2013年6月30日，开远全市共有基层党组织1102个，其中党（工）委29个。党总支125个，党支部948个。党员16281人。共有科级以上干部420人，副厅级1名，正处级3名，副县级25名，正科级154名，副科级232名。人才27242名。人才资源占人力资源的10%。

组织工作方面，第一，加强规范化组织建设，夯实基层党建基础。包括规范党员发展，规范班子配备，规范阵地建设，规范活动开展。第二，构建网格化管理格局，促进城乡党建统筹发展。包括建好用活联系网，实现城乡党建五大统筹；共建共管互动网，创建基层党建四大模式。第三，完善立体化服务体系，搭建党员干部作用发挥平台。包括建立干部大包保制度，深化党代会常任制工作，实施“第一书记”计划，建立“五包两区三联”工作体系。

干部工作方面，第一，探索科学化管理改革，在干部人事工作上求“活”。包括实施竞争性选拔，完善干部管理制度，一线实践培养锻炼干部，外派干部挂职增强履职能力，开展组织部长“双向”谈心谈话。

第二，完善无缝化监督机制，在干部监督工作上求“严”。主要是建立干部监督联席会议制度，对干部实行联合监管、动态监督、实时监控。第三，扩展多元化培训形式，在干部教育工作上求“广”。丰富学习渠道，提升培训层次。充实培训师资，拓宽学习领域。开展需求调查，实行效果评估。

人才工作方面，编制了《开远市人才中长期规划纲要（2010—2020年）》，建立市级专家库，从规划设计、政策支撑、制度保障上建立健全开远市人才工作管理体系。在人才引进、人才培养、人才使用、人才激励等方面采取措施。

开远市统计局普树华局长介绍了开远城乡发展数据情况：2012年开远的GDP是124.4亿元，居全省129个县中第39位。从绝对数量上处于第22位，从增长速度上处于第81位，从增量上高于全省的平均增量。人均GDP是38181元，超过了6000美元，在全省排第10位，在红河州是第1位。规模以上的固定资产投资是第25位，投资增长是第56位。财政总收入排在全省第24位，增长率排在第57位。城镇居民人均收入超过19000元，排在第42位，增长率排在第37位。农民人均纯收入7600元，排在第20位，增长率排在第83位。

基础设施条件得到改善，2005年17个自然村没通土路。2006年442个自然村全部通公路。2007年村委会通公路，2008年进村道路全部硬化。实现了4.4万户的农村电网改造，实行同网同电价。水利投入2006年是6.8亿元，“十一五”期间，增长31.6%，包括河道、小型水利和人居饮水安全。通自来水的自然村有320多个。城镇保障房的建设上，人均住房面积近40平方米。

金融对统筹城乡发展的促进作用明显。2012年贷款84.5亿元，27.74亿元的个人贷款，农户贷款11亿元，支持了城乡建设。有13个农村合作社获得了贷款2770万元。发展产业的贷款6000多万元。总体上，获得贷款更容易了，这是了不起的进步。

关于开远全面建成小康社会的程度，2012年达到83.75%，比全国水平略低。2005—2010年是小康进程提升最快的时期，高于同期云南省和红河州的水平与速度。从经济发展、社会和谐、生活质量、教育程度等方面都有很大程度的提升。比如，经济发展程度达到80.1%；社会和谐程度达到89.1%。

关于开远城乡居民收入的比例，2012年开远市的城镇与农村收入之比是2.61∶1，而红河州的比例是3.6∶1，云南省的比例更高。所以开远市的城乡收入差距低于省、州的情况。与全国的3.1∶1的差距相比，开远市的城乡收入差距也是较小的。与其他省的一些县市相比，这个差距也是比较小的。

课题组成员随即与开远市职能部门以及乡镇、街道的部分干部主要从以下几个方面进行了交流：

1. 户籍制度改革的困难是什么？

答：2010年开始，开远5.3万人转成了城镇居民。在城镇化率上提高了18.2%。由农民转成城镇居民，不仅是户口性质上的变化，还有依附在户口上的各种利益。所以，在市民化的推进过程中也遇到了很多问题。

一些农民担心农转非之后土地没有了，土地的收益消失，现在想用“一卡通”的方式解决。另外，各地政策不统一，在开远市农转非的人，如果迁徙外地，有一些政策矛盾，例如农机补贴、子女入学等问题。2013年比较困难，城郊接合部的土地还没有征用。所以最大问题是在政策落实上，需要解决政策的统一性、协调性问题。

开远市结合长期城市规划的范围内集中转户，包括城中村和城市的郊区农民转城镇居民，这有3万多。结合重点工程搬迁工作进行转户，例如小龙潭煤矿的五二搬迁工程等，这有5000多人。结合美丽家园建设进行转户，有1.3万多人。还有一部分是外地人转来的。从转户的群体来看，最大的问题就是户口转了，但仍然生活在原来的农村。所以需要农村集镇建设的跟进，需要生活环境的改善；生产方式的转变，包括第二和第三产业的发展。从真正意义上让这些人市民化。在城镇化中的投入，基础设施建设的跟进，结合土地流转等进行，所以最大的问题是资金的问题，目前的投入始终不够。

户籍制度改革就是个伪命题，附着在上面的权利条件不平等问题，给的政策待遇不变的话，根本解决不了。户籍政策还涉及农村补贴等一系列补贴政策，土地是农民最大的权利。若转成城市户口，上级政策给农村拨款时就不会给了，就给少了。

2. 中共十八大报告中明确提出的基层党组织党内民主的三种形式，即党员定期评议基层党组织领导班子、党员旁听基层党委会议和党代会代表列席同级党委会议，实行得如何？

答：在乡镇一级，党代表列席乡镇党委会议。党代表往往就是村干部。通过列席会议，反映下面情况，表达意见，参加乡镇政策调研。党代表列席同级党委会的制度，给村干部参与乡镇工作提供了条件。对于乡镇的大的工程，党代表、人大代表参加视察，参与研讨。在村组一级，会议开得不那么规范。党代表年底评议乡镇干部。

乡镇党代会上，代表们关注的问题、提出的意见建议与人大会议上提出的差不多，一般都是基础设施建设、发展党员等方面。在乡镇一级，党代会常任制有效果，存在的问题是党代表经费有限，党代表调研等活动的开支主要由乡镇支付有困难。

3. 合作社和农村经济发展的最大难题是什么？

答：产权明晰是基础。对集体经济组织成员的界定是一个基础性问题，这是深入推进统筹城乡发展的改革共同面临的一个问题。在产权改革、股份的分配、产权关系明晰方面，县级人大没有立法权。这是需要上级政策与法律来解决的。

4. 行政村、自然村带头人是企业家、致富能手等能人的现象是否普遍？这些能人如何看待自己的企业家和党组织书记的双重身份？

答：这种现象普遍。这些人一般都要为人好、有一定财力。村干部都不是大的企业家，只是有一点产业。他们不觉得企业家身份与党组织书记的身份有矛盾。

5. 在开远市，村委会成员选举竞争是否激烈？

答：城市化背景下，新农村建设利益交错，经济最发达的村和最穷的村，村委会选举最激烈。最后都会形成两个人竞选的态势。在正常情况下，政府给村委会主任、党支部书记每月补贴达到1700—1800元，这对于经济发展落后村有吸引力。另外，荣誉也是参选村委会的重要动力。这在经济较发达的村表现比较明显。

6. 选举村委会主任，政府和竞选者各自需要花费多少经费？

答：市级投入60万元。主要用于选举的劳务费和餐费。给每个乡镇划拨2万元。乡镇自己还要投入三四万元。每个乡镇大约开销五六万元。

7. 50岁的科级干部退出领导岗位的规定，对干部队伍产生什么影响？有什么解决方法？

答：这也是我们困惑的一个问题。一方面，这些干部有精力、有经验，另一方面，如果他们不退出来，年轻干部就起不来。他们只是退出领导岗位，收入待遇不变。我们的方法是，鼓励他们离开原来工作单位，去企业，去合作社，帮助工作。如果本人愿意做事，他们在企业、合作社也能做得很好。总体上，效果不是很好。

这些干部仅是退出领导职务，原则上，所有的管理规定都适用他们，但是，实际情况是，他们和接替他们担任领导职务的干部都存在矛盾心理，他们担心做事影响新任领导，新任领导则不好意思给他们分配任务。实际上，双方应该互相理解，给他们提供适合的工作平台，目前还在探索发挥这些干部积极性的机制。有的单位，派这些干部去企业、农村做党建工作指导员，效果很好。这样的干部，目前全市有55个。

8. 工业化、城市化下，私营企业主阶层影响地方党政决策的渠道是什么？私营企业主阶层中中共党员比例？他们更喜欢加入民主党派、社会组织还是中共？

答：主要是政协，市里主要的私营企业主都是政协委员。同时，他们跟市里领导也熟悉，非正式的影响也很重要。私营企业主党员比例数字待查后告知。私营企业主较多的是加入工商联下属的各种协会、行会。

课题组成员还参与了政治学所其他学者提出的关于公推直选、差额选举、党代会常任制、农村集体经济产权等问题的讨论。

第二章

徘徊在乡村和城市之间的村改居社区治理

——以河南X市*村改居社区为例

内容提要： 中国的城市化主要是在行政力量推动下进行的，特别是地方政府所推动的城市化。行政力量所推动的城市化不是在工业化基础上渐进发展的一个过程，而是以超越工业化的速度快速推进，造成土地的城市化超过了人的城市化，以及许多非城非乡的村改居社区。这些社区非城非乡的特性，决定了其治理的复杂、混乱和困难。在村改居社区治理中，制度化治理机构治理能力的弱化，非制度化组织对村改居社区治理的干扰，造成村改居社区治理效率低下。如果不改进村改居社区的治理，不仅影响社会的和谐稳定，而且也影响城市化的进一步发展。要实现村改居社区的有效治理，首先，地方政府要积极主动地介入村改居社区治理中，推动村改居社区治理体制创新，要以法制和制度作为治理的基石，提供必要的支持和帮助，以利于推动协商民主制在村改居社区的发展，保证村改居社区的公开、公平与公正。其次，要激发社区社会组织的活力，让其积极参与到社区治理中来，通过不同社会组织对村改居社区治理的参与，提高治理的民主性和透明性。再次，保障农民公民权利的实现及进一步发展。最后，也即最重要的是加

* 应调研对象要求，全书将该市名称作了处理。

强基层党组织建设。基层党组织是党执政治国的重要基础，加强村改居社区党组织在社区治理中的领导能力、协调控制能力，对村改居社区来说至关重要。通过这些新的举措，实现村改居社区的良善治理，为城市化的健康发展打下坚实的社会基础。

关键词：村改居社区；治理；体制创新

中国的城市化主要是在行政力量推动下进行的，特别是地方政府所推动的城市化。这与欧美国家的城市化路径有着显著的不同，欧美国家在城市化进程中基本是工业化在前，然后才是城市化的跟进。欧洲的许多城市就是工业革命时期的工厂、矿山等地逐步发展起来的，这是现实逻辑的必然。中国是发展中国家，赶超意识和战略使中国不由自主地要加快现代化进度。工业化、城市化发展在以经济建设为中心的政策的支持下，在中国当下的势头可谓如日中天。随着现代化的深入，城市化的洪流以势不可当之势滚滚向前，它不仅在城市的周边区域扩展，也冲向以前曾经封闭、安静、祥和的小村庄。早在19世纪，置身于工业化和现代化进程中的马克思在《政治经济学批判》中就敏锐地指出："现代的历史是乡村城市化，而不像古代，是城市乡村化。"① 作为现代化进程中的国家，中国现在的城市化因应了马克思的说法。从欧美现代化过程来看，城市化和工业化基本是相伴而生，也是现代化的两个重要特征。"第一次、第二次城市化浪潮的动力完全靠工业化推动，第三次浪潮是工业化和全球化，而我国的城市化同时伴随着工业化、信息化、全球化和市场化，城市化动力与前两次相比更为复杂。"② 但中国的城市化，特别是内陆地区，却是在没有同等规模工业化的前提下，也没有顾及当地农业发展状况下进行。它以城市土地扩展的方式进行城市化，也就是民间俗称的"摊大饼"城市化。这种城市化没有同等规模的工业

① 《马克思恩格斯全集》第46卷（上），人民出版社1979年版，第480页。

② 仇保兴：《应对机遇与挑战：中国城镇化战略研究主要问题与对策》，中国机械工业出版社2009年版，第14—15页。

化陪伴，没有当地农业生产率的提高，没有人的城市化。这种城市化造成了许多问题，如农民难就业，土地资源浪费，新建城镇社区治理混乱等。

首先，土地是农民得以安身立命的根基，虽然经过了几十年市场大潮的冲击和洗礼，但农民的小农性质和地位并没有完全得到改造，失去了土地的农民，就像离开土地的庄稼一样，马上萎靡不振起来。没有学历、没有技术和一技之长，农民的就业在城市里变得困难重重，更别说创业发展了。其次，由于没有工业化，城市仅靠卖地的收入，财政上仍然捉襟见肘，所以对失地农民的补偿，以及对失地农民的安置和保障都不能有效进行。最后，也是最重要的，没有工业化的城市化是无本之木，无源之水，是不可能长久持续的，也必然是不健康的。这种因城市区域扩展而被动地卷入城市的村庄就有了一个中国特色的名字“村改居”社区，居住在城市社区却不是市民，也不享有市民所获得的国家提供的各种保障。作为居住在城市的农民，生活在祖先耕作了几千年的土地上，却再也没有一寸土地可以让他耕耘、播种、收获，享受农耕之乐。这就是村改居社区和它的居民，非农非工，非城非乡，徘徊在城乡之间的社区和它的居民。这种复杂性也必然使这种类型的社区治理既不同于乡村社区的治理，也不同于城市社区的治理。社区的性质决定着社区的治理方式，村改居社区的复杂性，决定了治理的困难性。因此，要实现村改居社区的有效治理，首先，地方政府要积极主动地介入村改居社区治理中，推动村改居社区治理体制创新，要以法制和制度作为治理的基石，提供必要的支持和帮助，以利于推动协商民主制在村改居社区的发展，保证村改居社区的公开、公平与公正。其次，要激发社区社会组织的活力，让其积极参与到社区治理中来，通过不同社会组织对村改居社区治理的参与，提高治理的民主性和透明性。再次，保障农民公民权利的实现及进一步发展。最后，也即最重要的是加强基层党组织建设。基层党组织是党执政治国的重要基础，加强村改居社区党组织在社区治理中的领导能力、协调控制能力，对村改居社区来说至关重要。通过这些新的举措，实现村改居社区的良善治理，为城市化的健康发展打下坚实的社会基础。

一　城市化与村改居社区的产生及出现的问题

X 市是河南省南部的一个以农业为主的地级市，工业基础之薄弱自不待言。X 市在 1998 年建市之初仅有两个市辖区，但在整个国家城市化发展大潮的影响下，2003 年又新建了一个新城区，市委和市政府机关基本上全部迁入新城区。自此，X 市的城市化发展拉开帷幕，掀起了轰轰烈烈的“造市”热潮。

（一）缺少工业化和农业发展的城市扩展

2006 年 2 月 15 日的《大河报》报道，X 市已构想了一个雄心勃勃的城市规划，并得到河南省政府批准。根据河南省政府批准的 X 市城市总规划（2004—2020 年），X 市城市性质被确定为鄂豫皖交界地区的重要交通枢纽与物流中心，工贸旅游综合发展，具有山水园林风貌的区域中心城市。4 年后该市主城区人口规模将达到 60 万人左右；到 2020 年，该市城区人口规模将达到 100 万人，建设用地规模将达到 100 平方公里。省政府批复同意，X 市城市结构由行政中心组团、龙山组团、老城组团、湖东组团、工业仓储组团、教育科研组团等 8 个组团构成。未来 10 年，X 市将努力把该市建设成为鄂豫皖三省交界地区的区域中心城市，成为资源节约、环境优美、经济繁荣、社会和谐的现代化大城市。由于政府有了明确的城市发展意图，并得到了上级的批准，X 市的城市发展就势在必行。在政府的大力推动下，X 市的扩展大规模展开，X 市的村改居社区也就不断涌现。与 X 市的大规模城市化进展相比，X 市的工业化进程却是在低位游移。从其现有的工业结构来看，没有高科技规模性行业，只有一些农副产品加工业、黑色金属冶炼和非金属加工。这样的工业规模并不足以支撑这样的城市化发展。2006 年 X 市的工业总产值见表 2—1。①

① 2012 年河南省 X 市统计局提供的档案材料。

表 2—1　　2006 年 X 市规模以上工业总产值表

工业行业	总产值（万元）	位次	工业行业	总产值（万元）	位次
农副食品加工业	652363	1	纺织服装、鞋、帽制造业	40401	17
黑色金属冶炼及压延加工业	638607	2	电气机械及器材制造业	38172	18
电力、热力的生产和供应业	353565	3	石油加工、炼焦及核燃料加工业	35605	19
化学原料及化学制品制造业	272599	4	金属制品业	32610	20
非金属矿物制品业	266413	5	橡胶制品业	25329	21
非金属矿采选业	219925	6	食品制造业	20619	22
医药制造业	141301	7	有色金属冶炼及压延加工业	20375	23
饮料制造业	112306	8	造纸及纸制品业	15874	24
交通运输设备制造业	110717	9	家具制造业	12410	25
纺织业	104786	10	黑色金属矿采选业	11243	26
专用设备制造业	102026	11	有色金属矿采选业	10921	27
皮革、毛皮、羽毛（绒）及其制品业	86189	12	塑料制品业	7872	28
木材加工及木、竹、藤、棕、草制品业	77165	13	水的生产和供应业	7158	29
通用设备制造业	71530	14	印刷业和记录媒介的复制业	4258	30
仪器仪表及文化、办公用机械制造业	48120	15	通信设备、计算机及其电子设备制造业	1850	31
工艺品及其他制造业	40666	16			

经过六年的发展，到 2011 年，全市全部工业总产值达到 1724.34 亿元，其中规模以上工业总产值 1373.25 亿元，占全部总产值比重达 79.6%。虽然从数字上看工业产值有了很大发展，但扣除通货膨胀因素，工业值增加的主要的贡献是服务业的发展。X 市因为工业化程度低，所以，环境洁净优美，山清水秀，粮食蔬菜都可以称作绿色食品，堪称河南的小江南。因此，吸引了与它毗邻的大城市武汉、郑州的许多人到 X 市休闲娱乐，服务行业欣欣向荣。对工业化发展水平的判断，有一个钱纳里标准，见表 2—2。

表 2—2　　钱纳里人均 GDP 水平变动所反映的工业化阶段

	经济发展阶段	发展时期	人均生产总值（1970 年美元）	人均生产总值（2011 年美元）
1	农业经济阶段	初级产品生产时期	140—280	978—1750
2	工业化阶段	初期	280—560	1750—3500
3		中期	560—1120	3500—7000
4		后期	1120—2100	7000—13125
5	发达经济阶段	初级阶段	2100—3360	13125—21000
6		高级阶段	3360—5040	21000—31500

对照钱纳里标准模式，采用 2011 年美元对人民币平均汇率为 6.44 计算，2011 年 X 市人均 GDP 为 20603 元（人民币），折算美元约 3199 美元，表明 X 市处于工业化初期阶段。城市化与工业化之间相互联系、相互促进、相互制约，工业化是城市化发展的经济支撑，城市化是工业化发展的空间形态。

城市化的发展，不仅需要工业化的带动和铺垫，也需要以农业的发展为基础。20 世纪 60 年代中国在工业化发展中，不重视农业发展，结果造成了农民生活贫困、农业发展停滞，农村社会衰败的不良后果。那么在今天的城市化进程中，必须重视城市化与当地农业发展的关系。从 X 市农业发展现状来看，除部分特色农业外，整体农业发展缺乏集约性、规模性，农业现代化的发展仍需做出很大努力。X 市是农业人口大市，外出务工人员很多，是劳动力输出大户。发展现代农业，让农民离土不离乡，才能为农业现代化和城市化进一步打好基础。

城市化的发展必须以农业的发展为基础，促进农村社会分工的深化，“会大大促进我国农业劳动生产率的提高，进而推动城市化的高速发展”①。习近平总书记在中央城市化工作会议上指出，城市化要有利于释放内需巨大潜力，有利于提高劳动生产率，有利于破解城乡二元结

① 辜胜阻：《非农化与城镇化研究》，浙江人民出版社 1991 年版，第 128 页。

构，有利于促进社会公平和共同富裕。如果在城市化进程中不能做到这四个“有利于”，就不能急于推进城市化，要等条件成熟后再进行城市化。要走新型城市化之路，新型城市化是以人为核心的城市化，逐步提高城市人口的数量，减少农村人口的数量。

城市化过快，会造成许多不利的后果。在资源有限的条件下，城市化进程过快，消耗的资源过多，投给工业和农业的资源必然不足，工业化、农业现代化及经济发展就会受阻，公共服务和社会建设方面的投入必然也要受到影响。国内外有识之士都在呼吁，中国就别再“造房子”了。（对中国大部分内陆地区来说，在城市郊区，甚至一部分乡村地区造房子就是城市化）从 2012 年 X 市统计局提供的数据来看，该市城市化超前于工业化的发展。这样的城市化造成了财政紧张，就业岗位不足，征地补偿款不能及时到位，以及连锁的被征地农民上访、村改居社区治理混乱、村改居社区居民非工非农等问题。

（二）村改居社区，徘徊在城市和乡村之间

城市化进程中，农村土地产权归村落的集体所有，在城市化进程中，国家可以征用作为生产资料用地的农用地用于城市扩展，但作为农民生活资料用地的宅基地却难以征用。所以在城市化进程中，作为宅基地和农村集体房产用地仍属集体所有。土地的集体所有和国家所有在拆迁补偿和后续的社区管理上会有很大差别。X 市由于大规模的城市建设，郊区农民的土地基本被征用，但征地补偿全国基本上是一样的，就是给予青苗补偿费、农转非户口和安置招工。这些昔日对农民具有吸引力的东西，在小城镇户口放开，安置招工的企业多属朝不保夕的衰败企业和私营企业为主的情况下，对今天已见识过不少“大世面”的农民来说已毫无吸引力。此外，还有一些村集体用房用于商业运作，农民更是不愿放弃作为农民的“资格”，因为作为农民的村民是这些村集体企业的天然股东，意味着每年年终还有一笔不大不小的收入。因此，他们绝对不愿农转非而放弃自己作为股东权利资格的村民资格。农民们宁为村籍而死，也不愿为新的市民而生。农民的小农性格在这里暴露无遗。与农民和市民问题紧密相连的就是社区的治理问题，根据中国的有关法

律制度，城市社区由作为基层政府派出机构的街道办事处管理，一切管理费用由政府财政负担。由城市化转化而来的村改居社区因为居民拒绝成为市民仍然属于农村社区。而农村社区由作为村民自治组织的村民委员会和村党支部管理，其一切管理费用由村集体负担。村集体的产业能否持续健康发展并带来赢利真正关心的人其实不多，大家只关注眼下如何获得红利。而对于未来的种种危机考虑不多，即使考虑了也觉得无可奈何，只好走一步算一步。而这种无工业化的城市扩展首先造成的一个问题就是耕地的消失，这意味着农业的终结，这种城市化彻底干净地消灭了农业。在没有来得及实现工业化的时候就完成了“去工业化”。绿色农业就在灰色建筑工地的机器轰鸣中终结了。没有了农业，也就没有了真正的农民。原来的村民或打工，或经商，或无所事事，成了一群只有农民身份而无农民意义的农民。农民在农业的终结中也终结了，和农业、农民同时终结的就是村落。

（三）村改居社区面临的主要问题

首先是国家的缺位，表现为“征地补偿分配制度缺位。目前国家在关于征地补偿费用具体如何分配的问题上，还没有形成一个全国统一的、合理的制度性说明”①。所以在征地补偿款的分配问题上出现了很多问题，比如中间截留，甚至还有村干部的贪污、挪用。国家的缺位还表现在对村改居居民的社会保障的缺位。X 市村改居居民虽然在户籍上转成了非农业户口，但并没有享受到市民应有的待遇。如他们的医疗保险仍然要参加新农合医疗保险，社会保险也是参加新农合社会保险。在村改居社区中，由于 X 市财政能力的限制，村改居社区居民无法享受城镇居民应该享有的失业救济、医疗卫生保健、教育等社会保障。按民政部统计数据，河南城镇居民低保在全国基本上是处于低位，X 市在河南省又处于低位（见表 2—3）。X 市城镇居民低保尚且捉襟见肘，更不用说新加入城市的失地农民了。村改居社区居民在基本保障不稳定的

① 王道勇：《国家与农民关系的现代性变迁》，中国人民大学出版社 2008 年版，第 80 页。

表 2—3　　2013 年 7 月 X 市城镇居民低保状况

地区	城镇居民最低生活保障人数(人)	城镇居民最低生活保障家庭数(户)	城镇居民最低生活保障累计支出(万元)	人均支出水平(元)
全国	20934833	11011044	3525392.00	238.08
河南	1334412	719850	186468.50	199.63
X 市	132046	80487	17604.90	195.2

情况下，在社区治理的许多方面不和有关治理者配合，甚至由于很小的治理失误就会导致一些居民的上访或者闹事。因此，政府应提供一定的制度救济。比如，农民就业技术培训制度、基本医疗保障制度、最低生活保障制度等。通过这些办法减缓村改居社区居民的生活保障焦虑，保持社会的稳定有序。如果政府不提供最低社会保障金，失去土地后，没有多少城市谋生技能的村改居居民在面向未来时只能是一片茫然。其次，村改居社区党组织建设滞后，新党员发展困难，因为 X 市是农业大市，外出务工人员较多，村改居社区 40 岁以下党员几乎为零，三年内大部分村改居社区没有发展新党员。基层党支部领导人员文化水平低、年龄大，除个别上级下派的党支书外，90% 以上只有初中文化且平均年龄都在 55 岁以上。这种组织状态和领导人员素质肯定跟不上形势发展，使党在社区治理中的领导地位和能力受到影响，居委会人员的知识结构和年龄结构和党支部差不多。再次，村改居社区的治理者治理方式和观念落后，治理能力不足。治理者的知识水平和领导素质决定社区治理水平，致使农民无法享受到应该享受的发展成果，这是村改居社区治理面临的主要问题。最后，村改居社区居民的公民权利意识逐渐觉醒，要求保障和发展他们的民事权利、政治权利和社会权利。“农民公民权问题的日益凸显也是中国城市化的必然产物，随着改革开放以来城市化的不断推进，越来越多农民身份的进城者得以在城市化提供的比较情境中获知自身权利的缺失并开始追求自身的公民权。”①

① 易成志：《城市化、国家建设与当代中国公民权问题研究》，中央编译出版社 2013 年版，第 250—251 页。

村改居社区呈现出居住社区化、生活城市化、职业非农化的特点。这种不伦不类的状态不可能长期下去，城市管理者正努力采取各种措施促使其向城市社区转型。但从村委会转为居委会，需要什么条件，经过什么程序，《村民委员会组织法》和《城市居民委员会组织法》并没有作出详细明确的规定。即使有一般性的文件规定，也不按规定执行。因此，在村委会改为居委会的过程中，虽然社区的名称改了，但新瓶装老酒，治理的结构和治理的方式没有多少改变，这是村改居社区治理效率低、效果差的主要原因。

二 村改居社区的治理

按照相关的法规和政策，在上级部门的帮助和指导下，村民投票表决，同意撤村建居，新的社区建立。在村落变成社区的同时，原来村落治理结构解体，社区的治理结构应运而生。

（一）地方政府支持度不足

党的十八届三中全会提出，要深化财税体制改革，转变政府职能，建立服务型政府，发挥中央和地方两个积极性，建立事权和支出责任相适应的制度。一方面通过财税制度改革，给地方政府提供更好的财政支持，使地方政府有多大的责任，就有多大的权力，达到权责一致。另一方面，各级政府要积极转变政府职能，从管理型政府转为服务型政府，提高为民众服务的水平和意识。在村改居社区治理中，地方政府没有给村改居社区居民提供相应的社会保障就和地方政府的财政能力和职能意识有很大关系。说到底，就是财政能力不足，服务民众的意识不足，政府的基本职能还没有转变到服务上来。所以，造成了村改居社区居民的生活保障跟不上，影响社区治理的基础。

（二）制度化的治理机构及其问题

因为形式上已具备城市社区的特质，尽管这只是表面上的存在，但村改居社区的治理结构也必须城市化。村落时代的治理结构是村委会和党支部，村里的集体经济组织一般由党支部和村委会中的骨干成员兼任，由农村村落变成城市社区后，村委会变成了居委会，村党支部变成了社区党支部，村集体经济组织变成了股份公司。形成了以居委会、党支部和董事会这三个组织为核心的制度化治理结构。随着市场经济的发展和社会结构的变化，社区中也出现了物业公司和业主委员会等社会组织，但村改居社区由村落演化而来，社区居民多为原来的村民，这些原来的村民之间的地缘和血缘关系错综复杂，因此，居委会、党支部和董事会仍是社区治理的主要制度性机构。表面上是三套班子，其实是三位一体。因为内陆地区政治文化的保守性，社区治理中更多地延续了原来的治理观念、模式和价值。党支部在整个社区的治理体系中仍然有不可动摇的权威。党支部书记一般由村落的大家族中的人担任，有一定的能力、威望，还能得到上级政府的肯定和支持，居委会主任由年纪稍小一些的另一大家族的人担任，虽说是选举产生，但能力和资历都比支部书记稍逊一筹。董事会主席一般由支部书记兼任，董事会成员在支部书记综合权衡之后任命。另一个对党支部书记有利的大形势是，按照《城市居民委员会组织法》规定，村改居后社区居委会只负责社会管理，不再兼有经济管理职能。同时社区居委会更多地受制于街道办事处，事实上成了街道办事处的一个行政辅助机构，集体经济组织的管理大权被党支部书记牢牢掌控。从其历史发展来看，“由于乡村党组织系统较为健全，组织性强，长期的历史形成了权威势能以及国家所赋予的权威动能，这就使得党组织在领导和管理村级事务上并不只是提出建议，更主要的是直接作出决策”[①]。在社区的治理方面，由于惯性使然，党组织系统仍居主导地位，但它不是以服务为主，而是“行政指令性地控制和掌管居民事务，缺乏服务社区居民的工作意识，存在比较严重的官本位现象”（村改居社区的党组织是原村党支部的直接延伸）。[②] 这不仅招致村民的不满，也和居委会产生了矛盾。对村改居社区来说，党支部和

① 祝灵君：《授权与治理：乡镇政治过程与政治秩序》，中国社会科学出版社 2008 年版，第 197 页。

② 张红云：《“村改居”后基层党组织的现实困境与职能重构》，《理论导刊》2012 年第 9 期。

居委会的矛盾其来有自。在村落时期，虽然党支部处于强势，但村委会依仗其权力直接来源于村民的授予，因此具有更高的合法性。同时有关法规和制度也规定，党支部主要是提出建议而不是做决策，二者之间一直是矛盾摩擦不断，主要还是争夺权力，表现在三个方面。“一是争公章持有权……二是争财务签字权……三是争重大村务决策权。”① 变为村改居社区后这种矛盾与摩擦并没有实质性的减少，只不过居委会不能涉及财权，只能对党支部多做让步罢了，但二两者之间的问题并没有解决。居委会和党支部的不和，直接影响社区治理效率和成效，也影响到基层治理组织和党组织的形象，非常不利于社区的进一步发展。中国特色社会主义民主的一个重要特点就是党领导和支持人民当家作主，没有党的领导和支持，中国特色的社会主义民主的发展就不能顺利发展。党的基层组织建设滞后，必然影响基层社区的治理。基层组织建设滞后首先表现在党员发展方面，由于青壮年人口大部分都出去打工，党员发展和培养就成了问题，在笔者调查的 5 个村里，有 3 个村 2 年内没发展一个党员，另外两个村在 2 年内每村只发展了一个党员。由于没有“新鲜血液”的输入，这些乡村党员的平均年龄都在 50 岁以上，5 个村支书都是接近 60 岁的人，村党支部成了名副其实的“老年人俱乐部”。党员发展是组织建设的重要方面，没有新党员的加入，组织的战斗力、影响力和领导力都会大打折扣。和新党员发展不力相连的就是党支部成员文化水平低的问题，这个年龄段的党员大部分都是小学毕业或文盲。由于年龄偏大，所受教育水平低，所以，他们治理观念的落后也是必然的，观念的落后是导致社区治理不善的主要原因。制度建设落后，面对已经改变的大环境和小环境，仍采用村民自治时期的一套制度来应对村改居的治理，自然会导致更多的矛盾和问题。归结起来，村改居社区党组织的问题主要就是领导能力弱化、开拓创新能力不强、协调组织能力不足、思想观念保守。

居委会的情况和党支部的情况差不多。

---

① 刘友田：《村民自治：中国基层民主建设的探索与实践》，人民出版社 2010 年版，第 105—106 页。

在这种状况下，村改居社区的治理成效不理想是肯定的。居委会和党支部之间在某些问题上争执不下时，问题的最终解决不是依靠上级行政部门和上级党组织，而是通过原来村里大家族中德高望重的人——另一个隐形的治理机构来出面解决。

（三）非制度化的隐形治理者

由于毛泽东认为“政权、族权、神权、夫权代表了全部封建宗法的思想和制度，是束缚中国人民特别是农民的四条极大的绳索”①，所以，毛泽东及其所领导的中国共产党对于这些东西是一定要打倒的。新中国成立后，现代国家建设快速推进。“在中国，现代国家建构所面对的是一个高度分散的乡土社会。作为政治单位的农民社会与国家政权体系是离散的，相对独立的。如何将散落于乡土社会的权力集中于国家，同时又将集中于国家的权力渗透到乡土社会，从而改造、组织传统的乡土社会……便成为现代国家建构的重要任务。”② 经过几十年的国家建设，特别是在改革开放前的社会主义革命时期，乡村宗族势力几乎被摧毁殆尽。伴随着政权下乡，政党下乡，行政下乡，政策下乡，法律下乡，国家极大地加强了对乡村的控制。但是在改革开放后，随着国家权力从乡村的部分退出，家族势力也逐步抬头。农村家族的复兴是农村集体经济向家庭经济回归的产物，“大部分农村在非集体化后，村级正式组织所能控制的权力资源减少，在农村公共产品和服务供给不足的同时，农民的负担有增无减，导致干群关系紧张。这就在客观上促使农民求助于传统家族力量，来抗衡那些不受欢迎的政策”③。农民在恶劣的生存环境中已经学会了一套非常实用的生存方法，当他们不能从国家的正式组织获得生存和安全保障的时候，他们首先就会想到和转向家族，在农村，地缘和血缘关系远比其他关系可靠，即使在现代化浪潮冲击下，只要不是社会发生根本性的变化，这种农民中存在的思想意识很难

① 《毛泽东选集》第1卷，人民出版社1991年版，第31页。

② 徐勇：《现代国家乡土社会与制度建构》，中国物资出版社2009年版，第203页。

③ 郭正林：《中国农村权力结构》，中国社会科学出版社2005年版，第89—90页。

改变。除家族精英外，乡村社会中还有那些率先致富，手中有一定的经济和社会资源，并且有能力带动村民共同致富的经济精英。“乡村社会政治舞台上的权力角色之间的互动主要表现为体制内精英、宗族经验和经济精英之间的互动。”① 事实上，那些能在村庄发挥影响力的经济精英必须有一定的家族背景，没有家族背景的经济精英往往受到体制内外其他精英的排斥，甚至受到暴力的冲击。内陆地区乡村政治舞台上的权力拥有者都有一定的家族背景，实质上对乡村权力产生影响的隐形治理者就是那些有家族支持的宗族精英和经济精英，在现实中二者基本上两位一体，一般握有一定的社会和经济资源。“非体制精英的权力就是建立在这些资源之上。非体制精英由于握有优于一般村民的经济社会资源，可对普通村民形成支配关系，而逐步具备对体制精英的挑战能力。”② 体制内精英的权力来源于国家授予，目前的压力型体制使得乡村体制内精英处境艰难。他们必须想办法完成上级部门交给他们的任务，而这些任务有时并不和村民的利益相一致，这必然导致村民对体制内精英的不满，并进而对其进行抵制，而这些抵制在私下里受到了非体制精英的组织和支持。为了给自己少添麻烦，维持稳定局面，乡村的上一级管理者宁可选择强势家族管理村庄。“靠山较弱的村官不容易管理村庄事务，而闹得整天跑乡政府寻求帮助，让乡镇政府工作人员左右为难。”③ 村改居社区既由乡村改制而来，家族对社区的治理影响不可避免。强势家族在社区居于垄断地位，使社区的各种资源向该家族集中，其他群体的利益必然受到侵蚀。表面上是制度化的治理机构进行社区治理，实质上是非制度化的组织进行社区治理，体制内的治理者服从和服务于其家族利益，甚至听命于家族中掌握资源最多的人，制度化的治理机构组成人员基本上就是强势家族的人员。宗族已成为乡村治理和基层民主建设中的主要障碍。在中西部地区，大部分村落都是聚族而居，一

① 朱炳祥：《村民自治与宗族关系研究》，武汉大学出版社 2007 年版，第 103 页。

② 贺雪峰：《村民自治与宗族关系研究：转型期乡村社会性质研究》，中国社会科学出版社 2003 年版，第 123 页。

③ 肖唐镖：《农村宗族与地方治理报告：跨学科的研究与对话》，学林出版社 2010 年版，第 292 页。

到两个大姓在村中居支配地位，村民宗族观念也非常强。中西部地区虽不像南方建有宗祠，但无形中还是有一种自然黏合力。在笔者调查的10个村改居社区中，10个社区的居委会主任和书记都是大姓宗族担任。[①] X市除较穷的村落外，一般村落90%的“村官”都是大姓担任。以X市S区肖唐村改居社区为例，社区党支部书记和村委会主任基本上由肖姓和刘姓两大宗族担任。在社区居委会主任投票选举中，具有投票权的1050人，在外务工人员基本都回来的情况下，进行投票选举，有效票数803张。（见表2—4、表2—5）

表2—4　　X市S区肖唐社区居委会主任选举情况

肖××	403票
刘××	310票
姜××	60票
许××	30票

在社区党支部书记选举中，除31个50岁以上的党员外，村民还选出了70个非党员代表，共计101人来选举。

表2—5　　X市S区肖唐社区党支部书记选举情况

党员推荐		非党员村民代表推荐	
肖×威	15票	肖×威	41票
刘×	10票	刘×	20票
陈×玉	4票	陈×玉	5票
姜×	2票	谭××	3票
许×金	0票	许×金	2票

在中西部聚族而居的乡村，非常讲究投桃报李。人家给你投票了，你在日常生活中就要考虑照顾人家。在不违反法律和原则的情况下，基

① 姜姓和许姓是村里的小宗族。

本上是本家人照应本家人。故而，在党组织建设不力，居民现代意识不强的村改居社区，居委会和社区党支部都受到宗族势力的影响。

除宗族影响村改居社区的治理外，宗教组织近年来也非常活跃。宗教是人在困苦无援时寻求心灵慰藉的一种有效方式。在内地村落社区，村子里的留守人员多为老人和儿童，在正式组织不能解决他们生活困难问题的时候，他们自然就转向了宗教。X 市宗教组织比较活跃，基督教、佛教、伊斯兰教、天主教都很活跃，在农村地区信徒也比较多。宗教组织虽然不会明显地干预村改居社区治理，但它的影响也不容忽视。宗教组织“削弱农村基层组织的影响力和凝聚力、影响农村村民自治的建设、部分非法宗教组织扰乱社会秩序危害社会安全、乱建寺观庙宇教堂，给村民带来经济负担和管理困难”①。非制度化的组织参与甚至主导社区治理会产生两个不利的后果，“一是它导致了体制内权力的弱化……二是民间组织对村庄治理的体制外参与可能导致村庄的不稳定”②。家族和宗教组织对社区的治理的干扰使公权力私有化，权力的公益性大打折扣，社区稳定实质上是一种脆弱的稳定，社区的民主发展迟滞不前。

（四）制度化和非制度化治理组织之间的合作与对立

在社会转型时期，世事风云变幻。某些家族虽然在某一时期内能呼风唤雨，但在市场经济突飞猛进，民主知识逐步普及，个人权利意识一步步增强，社会多元化逐步提高的今天，不断有“能人”利用国家和社会资源强大起来，并逐渐吸引一部分人聚拢在自己周围，在村改居社区内形成一种不可忽视的新兴力量，使村改居社区制度化和非制度化治理结构重新组合，制度化和非制度化组织的关系变得更复杂。村改居社区内不再是一个家族主导，也不是两个家族甚至更多家族的对抗，而变成了不同力量之间既对立又合作，各种力量互相牵制，从而使社区成员

---

① 张永明：《农村基层宗教组织与农村治理研究——以浙江为例》，《前沿》2011 年第 12 期。

② 金太军：《村庄治理与权力结构》，广东人民出版社 2008 年版，第 232—233 页。

的利益进一步公平化。民主必须建立在权力分化的基础上，在多元主义民主的条件下“表达、组织、陈述政治偏好的机会越多，可能在政策制定中被代表的偏好和利益越多，越具有多样性”[①]。这样的话，大多数人的利益得到了保护，主要是弱势群体的利益得到了很好的保护。如果仅有一个组织且过分强大的话，“组织可能利用这种机会增加不公正或使之永久存在而不是使之减少，利用这种机会助长其成员的狭隘个人主义而不关心广大公众的利益，甚至削弱或毁坏民主本身。这样，组织也应当像个人一样拥有一些自治，同时也应该受到控制”[②]。自治可以自由地表达自己的意见，通过相关法律制度和组织之间的牵制，达到对某一组织的控制，使其不能走向独断，这有利于公平的实现和保护民主的成长。在X市的一个村改居社区，原来唐姓和刘姓是两大家族，唐姓家族控制着党支部和居委会的主要权力，后来，社区中人数较少的王姓出了一个比较能干的年轻人，原在机关工作，后下海经商，成为当地有影响的商人。在家族人的多次劝说下，他开始利用其在政界和商界的关系参与社区事务，他比较智慧，没有只靠自己王姓家族的人，而是和刘姓家族的人结盟，形成超越唐姓的力量。这样唐姓家族在涉及社区的利益分配时，不像以前那样可以忽略王姓家族。在涉及整个社区的利益时，表面是党支部和居委会出面保护社区的利益不受损失或为社区争取利益，实质上是三个家族合作共同对外，这是以唐姓家族为代表的制度化组织和以刘、王两个家族为代表的非制度化组织合作的一面。对立的一面是涉及内部的利益分配时，刘姓和王姓家族需要通过不断的讨价还价，甚至威胁要上访，才能争取到想要得到的利益。实际上，社区中还有一些弱势群体的利益并没有得到很好的保障，尽管相比以前有进步。这种从乡村改变过来的社区，仍极大地延续着村落时期的治理习惯和小农习气，村改居社区的民主发展依然是路漫漫其修远兮，但民主的萌芽已破土而出，只要坚持，肯定会逐步走向成熟。村改居社区在市场经济

---

① ［美］R. A. 达尔：《多头政治：参与和反对》，谭君久、刘慧荣译，商务印书馆2003年版，第37页。

② ［美］R. A. 达尔：《多元主义民主的困境——自治与控制》，尤正明译，求实出版社1989年版，第1页。

的大潮和国家基层民主的建设推动下已呈现出新的气象，“创业能力、经营业绩、视野、文化程度、市场和法律知识、理性计算和对外交往能力等等，都越来越为村民所看重，尽管深层的血缘、亲缘、宗缘等村落社会关系网络还在村落权力配置中起着重要作用，尽管能够摆平村落各种利益关系和驾驭村落各种势力，还是村落最重要的领导素质和权威来源”①。基层自治不等于完全和国家脱离，国家在场是基层自治发展完善的关键。“村民委员会虽然是基层群众自治组织，但实际上他与社会政治体制结合得十分紧密，成为社会政治体制的延伸部分，直接以公共权威为后盾。”② 基层自治必须在国家的领导、帮助和支持下进行，在国家的帮助下，不断完善村级制度化组织建设，使其树立起真正受到基层群众信任的权威，同时鼓励和规范其他社会组织对基层治理的参与，抽象的民主规则才能变为具体的治理良策，保持基层社会的稳定和繁荣。

三　村改居社区走向良治的路径选择

村改居社区从本质上讲，仍是一个村落社区。社区居民的政治思想中仍充斥着浓厚的小农意识，村改居社区的发展仍需要国家的帮助与支持。农村在发展中国家的政治中占有重要地位，因为“农村的作用是个变数，它不是稳定的根源，就是革命的根源”③。改造农民的小农意识，培养农民的公民意识，将农民纳入国家政治制度化的轨道中，是中国现代化的主要任务。创新村改居治理体制，以协商民主制带动社区治理体制的创新。“发展公民的权利，是现代国家的一项基础性能力。没有国家的积极作用，公民权的发展是不可想象的。”④ 加强基层党组织

① 李培林：《村落的终结：羊城村的故事》，商务印书馆2010年版，第116页。

② 王沪宁：《当代中国村落家族文化：对中国社会现代化的一种探索》，上海人民出版社1991年版，第156页。

③ ［美］亨廷顿：《变革社会中的政治秩序》，王冠华等译，生活·读书·新知三联书店1989年版，第266—267页。

④ 张英洪：《农民、公民权与国家：1949—2009年的湘西农村》，中央编译出版社2013年版，第357—358页。

建设，提高基层党组织的领导能力、开拓创新能力、组织协调能力，使党组织能统筹社区治理的领导。

（一）国家对治理机构的支持及社区治理体制的创新

前已述及，国家权力在乡村中的部分退出，造成制度化治理机构权力的弱化和异化，宗族权力和其他社会权力在基层治理中的不当滥用。基层治理虽是社会自治，但离不开国家的帮助、支持，基层治理呼唤国家的回归。"现代国家的乡村治理是纵横交错的。纵就是国家权力一直延伸到国家地域的各个部分和领土单位。横就是社会成员可以通过各种组织表达和反映自己的意见和要求，行使公民权利……国家权力下沉到乡村，乡村社会自治组织的生长，这是现代国家建构中乡村治理的双向趋势。"① 对村改居社区治理，国家要提供必要的帮助和支持。首先，在征地补偿方面国家应制定民主参与制度，扩大政府行动的透明度，让失地村民代表全程参与其中，保证征地补偿金能用于村民的生存和以后的发展；其次，政府要制定相应的财政制度，把村改居社区的基础设施建设和公共服务纳入政府预算之内；最后，政府要制定相应的技能培训制度和针对村改居居民的社会保障制度，使村改居居民学有所长，以利于谋生、治病和老有所养，以打消生存的顾虑。人心稳，则社会稳，和谐、安宁、有序的局面才能形成。

"协商民主是指协商主体通过自由平等的协商参与公共决策，求同存异，合作、参与、协商，以最大限度地包容和吸纳各种利益诉求。"② 党的十八届三中全会《决定》指出要推进协商民主广泛多层制度化发展，在党的领导下，以经济社会发展重大问题和涉及群众切身利益的实际问题为内容，在全社会开展广泛协商，坚持协商于决策之前和决策实施之中。协商民主是我国社会主义民主政治的特有形式和独特优势，是

① 徐勇：《乡土民主的成长：村民自治 20 年研究集萃》，华中师范大学出版社 2007 年版，第 29—30 页。

② 党的十八届三中全会《决定》学习辅导百问编写组：《党的十八届三中全会〈决定〉学习辅导百问》，党建读物和学习出版社 2013 年版，第 104 页。

党的群众路线在政治领域的重要体现。社区居委会、党支部，在进行决策和管理时，要积极主动地与社区业主委员会、社区物业管理公司、社区群团组织及社区其他合法的社会组织进行充分协商，让社区居民把自己的利益、想法充分表达出来。没有社区居民充分的利益表达，治理者就无法正确理解群众的利益是什么，为群众的利益做什么，为群众的利益怎么做的问题。在充分协商基础上，有利于解决复杂的问题和矛盾。构建合理的协商制度和程序，深入开展决策协商、治理协商、民主协商、社会协商。使社区治理走向民主法治轨道，达到公平、公开和透明。在以往的治理中之所以出现问题、矛盾，主要是缺少透明度，某些人或小团体说了算，造成个别管理者的贪污、群众利益受损失、干群矛盾。通过协商民主制度，在决策时和决策实施过程中，让利益相关者参与其中，增加治理透明度，让利益相关方的诉求充分表达，加强对管理者的监督。

在这个过程中，公民个体的制度化参与非常重要。村改居社区公民权利意识的觉醒及提高，是社区居民制度化参与的重要前提，也是社区治理方式创新的表现。在小农意识占主体地位的时期，农民为维护自己的权益往往采取“闹”的方式，即上访、暴力对抗、成立非法组织等非制度性政治参与。农民的非制度性政治参与和他们利益表达的制度渠道不通畅及对自己权利认识不清有关。“当制度结构出现失衡，农民无法从中获取利益或利益受到损害时，就会出现非制度的参与行为。”①因此，必须推动制度创新，让农民有一个通畅的利益表达渠道。“健全农民利益表达机制，需要从体制内外两个方面入手。一、体制内：改革和完善现有的农民利益表达渠道，拓宽表达途径……二、体制外：提高农民素质、建立农民组织，增强表达成效。”② 同时，利益综合部门也要根据农民的诉求，保障农民的合法权益。中国已建立起社会主义的市场经济体制，“需要农民成为社会经济的市场主体，同样也需要成为民

① 方江山：《非制度政治参与：以转型期中国农民为对象分析》，人民出版社 2000 年版，第 85 页。

② 麻雪峰：《健全农民利益表达机制需“双轮驱动”》，《中国改革报》2007 年 9 月 18 日。

主政治的权利主体……相信农民能够自己代表自己”[①]。正是由于农民权利意识、主体意识和民主法治意识的提高，他们才寻求通过制度化的政治参与来维护自己的合法权益，他们政治参与的积极性才越来越高。由于实行基层民主自治，所以，只要选出来一个能代表他们利益的高效的居委会，他们就有了一个统一的代言人，保障自己的利益才有可能。“针对农民的政治参与，国家的基本行动逻辑就是在取得农民认同这一合法性基础上，与农民进行协商，保持农民平稳地参与政治。”[②] 农民制度化的政治参与是其与国家在民主法治平台上的一种平等博弈，双方在平等和平和的前提下为自己争取利益。“村民自治制度的实施，正从过去那种工具性的群众政治卷入转变到权利性的公民政治参与。”[③] 权利意识的觉醒，使得农民认识到权利和利益的正相关关系。具有公民权利意识的新农民正主动参与到社区的治理中，德国汉学家海贝勒和舒耕德认为：“一个从群众向公民过渡的渐进过程目前在中国城市范围内开始了。”[④] 其实，在中国的现实政治中，中国公民的成长何止在城市内？广大农民的轰轰烈烈的政治参与，是他们行使自己的权利，管理自己的事务，当家作主的最有效的途径。要推进村改居社区向新型城市社区转变，就必须进行治理体制的创新和具体管理制度的创新，“实现自上而下的国家管理和农村社会的自我管理的良性互动，公共财政支持的公共服务与民间集资、集老的社区自我服务的互相补充，从而形成管理有序、服务完善、文明祥和的社会生活共同体”[⑤]，达到现代国家建构和基层民主建设的有机统一。协商民主制是对社区治理体制的创新，有利于缓解矛盾，提高治理效率。

---

① 温锐：《动态开放小农：现代化与中国农民的主体性讨论》，江西人民出版社 2013 年版，第 197 页。

② 王道勇：《国家与农民关系的现代性变迁：以失地农民为例》，中国人民大学出版社 2008 年版，第 193 页。

③ 郭正林：《中国农村权力结构》，中国社会科学出版社 2005 年版，第 168 页。

④ ［德］海贝勒等：《从群众到公民：中国的政治参与》，张文红译，中央编译出版社 2009 年版，第 31 页。

⑤ 徐勇：《现代国家乡土社会与制度建构》，中国物资出版社 2009 年版，第 318 页。

（二）激发社会组织活力，促进国家与社会良性互动

现代社会是多元化的社会，政府是有限的服务型政府，全能型政府体系已不能适应现代社会的需求。政府退出力不能及的领域，发挥社会组织的活力，可以补偿政府服务的不足。在改革开放后，社会组织在促进经济繁荣、创新社会治理、提供公共服务方面发挥了重要作用。在汶川地震救灾工作中，社会组织发挥了不可或缺的作用，受到了党和政府的高度赞赏与肯定。因此，大力发展社会组织是现代文明社会的需要。在村改居社区，除工青妇等体制内的社会组织外，还产生了许多公益性和非公益性的社会组织。鼓励和支持这些社会组织参与到社区的各项活动中，可以推进基层民主的健康发展。

（三）公民权利的发展

国家是社会的产物，现代国家的形成首先是现代社会——国民社会的存在。“村落共同体的解体是现代化、产业化、城市化的复合结果。所以，国民社会的形式，只有在现代产业社会阶段才有可能，而且它同时又是城市化社会……国民国家成其为国民国家，乃是基于它建立在国民社会之上这一事实。”[①] 国民社会的组成乃是具有公民权利意识的现代公民，而不是封建社会的臣民，从臣民向公民的发展，是人的现代化和公民权利意识觉醒的过程。现代国家和公民权利是紧密联系在一起的，“一方面，公民是现代国家的基石……另一方面，现代国家是公民权的发源地和基本载体”[②]。公民权的发展与现代国家建构联系在一起，在王朝时代，没有公民，只有顺民和草民，现代国家的建构推动了国民权利的发展。现代国家是一个主权国家，每一个国民都是国家的主人。在这个逻辑基础上他才有权利参政议政，才有义务去服役和纳税。每一个进入现代化的国家都有一个公民权利逐步扩大和公民意识逐步觉醒的

---

① ［日］福永健一：《社会结构与社会变迁：现代化理论》，董兴华译，云南人民出版社1988年版，第80—81页。

② 易成志：《城市化、国家建设与当代中国公民权问题研究》，中央编译出版社2013年版，第45页。

过程，在这个过程中伴随着国家的发展和公民的政治启蒙。城市化使农民失去了土地，农民在成为市民的过程中，又无法获得国家给予城市居民的应有保障，这使得在城市化进程中的农民公民权问题凸显出来。在宪法和法律上明确和保障农民的公民权利，在具体政策和制度上保障农民权利的实现，是建设现代国家必需的条件。“公民权是市场经济健康运行和现代国家立足与发展的根基。发展公民权的能力，是现代国家不可或缺的基础性能力，缺乏这一能力，国家治理与社会的整合就会面临不可化解的严重隐患。”① 现代国家建构需要给予农民公民权，村改居社区的治理也需要给予农民公民权利，在获得公民权利的过程中，农民的小农意识逐渐消减，从而在政治参与中促进村改居社区实现善治。

（四）加强党在村改居社区治理中的领导

党支部是国家权力的神经末梢，它是联系国家和基层群众的主要桥梁。通过基层党组织，国家的政策和意志得以传到基层，基层群众的意见也通过它反馈到国家政治体系。同时，在基层治理中，它也是重要的领导者和参与者。“农村党组织如何在市场经济和村落民主进程中加强自身建设，以适应新的形势的需要，这是对马克思主义执政党提出的新挑战。”② 国家对基层制度化治理机构的支持，首先应该在党组织中体现出来。其次，从政策和法规上进一步明确基层党组织和自治组织的权利、责任、义务，理顺党组织和自治组织之间的关系，使双方在治理中能同心协力。最后，要提供充足的治理资源，提高基层制度化治理机构的治理能力。国家对基层党组织的支持最重要的是建设一个强有力的组织体系，组织建设是中国共产党的传家宝，在革命和建设中做出了突出贡献。在转型期的基层治理中，作为国家意志传输渠道的基层党组织更应加强建设。首先，在制度法律上明确党组织在基层自治中的领导地位和领导职能，去除其行政化取向，减少和群众的摩擦，成为群众相信和

---

① 张英洪：《农民、公民权与国家：1949—2009 年的湘西农村》，中央编译出版社 2013 年版，第 358 页。

② 王久高：《新时期中国共产党村级组织建设研究》，人民出版社 2010 年版，第 2 页。

依靠的政治权威与力量。其次，要选好基层党组织的领导者。要根据群众意见和上级党组织的考察，让那些政治素质高、管理组织能力强、廉洁自律、群众信得过的人担任支部书记。河南登封市大冶镇老井村刘庭杰在创业致富后，主动回村带领乡亲致富，后被任命为老井村支部书记，他不仅带领村民致富，而且捐资 1 亿元为乡亲盖房，成为人民信得过的好书记。① 这样的支部书记才能有能力、有魄力整合村里的治理资源，推动基层民主健康发展。再次，加强基层党组织内的民主建设。"政党民主具有维护党的团结统一，调动党员的积极性、创造性，增强政党生命力……选用党的人才……实现科学、民主、正确的党内决策……对权力制约，防止滥用权力，遏制官僚主义和消除腐败现象"② 等功能。最后，要积极吸收青年人加入党的基层组织，为党组织补充新鲜血液，壮大党组织。对基层自治组织的支持主要是抓好民主决策和管理，确保基层群众自治权的实现，进一步完善法律法规，为基层群众自治提供法制保障。

四 小结

城市化是中国的重要发展战略，是中国现代化的必由之路，是解决"三农"问题、推动区域经济协同发展及扩大内需，促进产业升级的推动力量。它对于中国的发展具有重大的现实意义和深远的历史意义。但城市化必须科学合理地规划，稳步推进，有序发展，不能运动式地发展。急躁冒进的城市化，产生了许多村改居社区治理问题。使人们对城市化的愿景产生了怀疑，不利于城市化的进一步推进。面向现实，总结经验和教训，改善村改居社区的治理方式、治理环境、治理条件。实现村改居社区的有效治理，才能为城市化的进一步发展奠定基础。村改居社区的治理是基层民主建设的重要组成部分，创新治理方式，不仅有利于社区的发展，而且也有利于基层民主建设。响应党的十八大号召，在

① 熊堰秋：《登封村支书捐资亿元给乡亲盖楼》，2012 年 4 月 17 日，中原网。

② 祁刚利：《政党民主论》，中央编译出版社 2011 年版，第 50—62 页。

基层社区治理中积极推进协商民主制度，建立制度化的协商参与渠道，让群众积极参与社区的治理，推进社区治理机制的创新，可以实现社区治理从善政到善治的发展。同时在社区治理中也要加强党的组织建设，可以保证党对社会事务的领导权，巩固党执政的社会基础。

附：课题组内学术探讨和调研日志

（一）警惕以城市化名义，运动式推进“村改居”

“村改居”一般指随着工业化、城市化进程的推进，农村尤其是近郊农村被改造转换成社区，农民身份转换为居民身份。城市化进程往往涉及“村改居”问题，“村改居”状况也常常被用作衡量一个地区城市化水平的标志之一。“村改居”是我国现行城乡二元体制下，加快城市化发展、加速近郊农村向城市融合的重要手段，也一直是城市化进程中的一大现实难点。近期，X 市“鬼城”网络排行持续第一，直接原因是运动式推进“村改居”的结果。“村改居”是一项复杂的系统工程，广泛涉及城乡体制转换、集体资产改制、土地流转等重要问题，在当前缺乏成熟经验、没有成套法规依据的情况下，工作推进中带来诸多问题，而一些地区政府短期内集中优势资源进行“村改居”的做法已经带来十分严重的后果，亟须引起有关部门重视。

1. 运动式“村改居”带来严重后果

在全国诸多地区城市化高歌猛进的氛围中，X 市的“造市”热潮一浪高过一浪，因城市区域扩展而被动地卷入城市的“村改居”社区急速增加。不仅有新城区，而且老城区也在扩展。调研发现，该市决策者认为，从数据来看，该市城市化已经落后了，必须通过外在“推力”（即大规模人为造城运动）来发展城市，建设新区和进行“村改居”就成为 X 市城市化的一种重要手段。

从城市化与经济发展的强关联性上研究发现，处理好城市化与工商业发展的平衡关系，才能保证社会经济的良性发展。X 市是河南典型的农业大市，全市经济自 20 世纪 90 年代末期撤地建市以来得以长足发展，但由于基础差、底子薄，全市工商业发展水平与全国、全省相比仍然偏低。X市的城市化发展水平也不高，2011、2012年X市城市化率分别为36.25%和38.19%，低于河南省同一时期的城市化率（40.6%和42.4%），更低于全国同一时期的城市化率（51.27%和52.57%）。在河南省2011年各地市“两化”进程现状比较中进一步发现，当年X市城市化进程落后于工业化进程19.8个百分点。在工业化如此低的发展阶段，工业化水平尚且超过城市化水平，X市的城市化发展自然会遇到不少难题，运动式“村改居”又进一步加剧了问题的严重程度。

（1）城市资源环境恶化。

“村改居”被过快推进，首先表现在城市空间失控严重。2011年，X市建成区面积达62平方公里，2012年建成区面积达到73平方公里，居河南全省前列。当地不仅建有一个全新城区，把许多乡村变成了城市社区，原有城区也在进行着“村改居”过程，城中村改造面积140万平方米，住户6000多户。

其次，住房空置率高，空间资源浪费严重。在课题组对X市某小区所进行的几次调研中发现，一幢22层的居民楼只有一处有亮光。在谷歌和百度的搜索中，河南省X市的“鬼城”现象也已高居搜索排行的前列。

再次，对环境造成很大压力和破坏。2011年，在监控的1027.7公里河段长度中，Ⅰ—Ⅲ类水质河段长778.7公里，Ⅳ类水质河段长186公里，Ⅴ类水质河段长63公里。2012年，在监控的1027.7公里河段长度中，Ⅰ—Ⅲ类水质河段长571.7公里，Ⅳ类水质河段长115公里，Ⅴ类水质河段长140公里，劣Ⅴ类水质河段长201公里。相比之下，一年之中，河水质量下降巨大。

（2）城市基本公共服务缺口扩大。

首先，就业问题突出，城市化速度和规模已经超出了产业发展及其规模的支撑能力。调研发现，X市工业发展处于初级向中级发展阶段，近年来又没有国家级或省一级的大型企业或高科技企业入驻该市，工商业发展水平及所提供的就业岗位有限。我国每年提高一个百分点的城市化率，就业岗位就要求增加800万—1000万。X市2011—2012年的城市化率提高达1.94个百分点，2011年就业人数为486.49万人，2012

年就业人数为500.36万人。“村改居”后，土地变为国有，习惯于依靠宅基地房产收租和集体资产分红的村民，被迫面临就业压力。按照村里的退休金制度，老年人每月领取60—100元的生活补助，年底每位村民得100—500元的集体分红，再加上每月145元的城市低保补助，日子还是过得拮据。

其次，城市社会保障压力增大。大量农民变为市民，必然需要教育、卫生、社保等公共服务领域和基础设施实现更大的承载能力。以增加10万城市人口计，低保方面就需要资金2.646亿元，除去补贴，净增加财政支出2.35亿元。2011年X市财政总共收入63.36亿元，社会保障和就业支出26.50亿元。2012年X市财政总共收入77.42亿元，但在该市统计数据中没有列出社会保障和就业支出。

(3) 社会安全受到双向威胁。

一方面，农业农村生产安全受到威胁。从统计数据看，X市耕地面积没有多大变化。实际上建设用地的获得是通过整理土地置换过来的。且不说其中是否有水分，单就生地和熟地对于作物种植就有影响。这些整理出来的土地如何处理至今没有科学标准的评价。X市是河南典型的农业大市，全市工商业发展水平与全国、全省相比仍然偏低。X市统计局2011年的统计数据表明，X市工业发展水平总体上尚处于初期向中期迈进阶段，产业发展对城市化的支撑作用不明显。在这一发展背景下，实际耕地被进一步减少，对于农业农村的生产安全造成潜在隐患。

另一方面，民众对现状的不满加剧也威胁着社会稳定的长期维系。第一，运动式的城市化，让城市的基础设施和社会保障跟不上城市人口的膨胀，打乱了原有城市人口的社会生活秩序，削减了原有城市人口的生活水平和生活质量，居民不公平感剧增。第二，由于没有工业化跟进，城市仅靠卖地的收入，财政上仍然捉襟见肘，所以对失地农民的补偿以及对失地农民的安置和保障都不能有效进行，导致进入城市的部分人群生活水平降低，原有收入无法应对城市生活，权益受到损害。第三，大量因运动式“村改居”失地的农民没有学历、没有专业技术或一技之长，在城市就业变得困难重重，更奢谈创业发展，在政府配套服务缺位之下，都成为社会矛盾一触即发的导火索。

2. 运动式"村改居"产生的原因

是什么原因促使地方政府通过"村改居"的方式推进城市化？为什么在一些地区会出现运动式推进"村改居"工作的现象？

(1) 内陆引资和城市建设的"捷径"。

首先，从政策因素看，中国现行的政治和行政体制决定了，在中央的号召和推动下，地方政府必须尽力推动中央政策的落实。中央政策的力推促使城市决策者大规模、高速度地推进城市化，城市化最简捷的路径就是土地的城市化，即将农地转为城市用地。随着全球化的发展，国家之间的竞争已经在一定意义上变成了城市之间的竞争，城市知名度和影响力越大，获得的认同度就越高，就越能吸引来更多的人才和企业及其他有利于发展的因素，因此，快速扩展城市规模、加快城市建设以扩大知名度和影响力就成了城市决策者的首选，城市化成为情理之中。

其次，从内在因素来看，地处内陆的农业大市 X 市招商引资相对于沿江沿海地区要困难得多，要想发展，城市化不啻为一种可以尝试的路径，城市决策者希望通过城市化来带动工业化和农村现代化的发展，因为内陆已经有相同级别的城市通过城市化获得了理想的发展速度。通过"看得见"的政府之手，借城市化路径"推动"本地区发展是城市决策者的初衷。

(2) 土地置换的寻租空间。

改革开放后，特别是十五大以来，城市化成为国内各界人士热议的话题，也是中央力推的政策，希望通过城市化带动中国进一步的发展。地方政府在分税之后发现，城市化过程中有利可图，通过城市化可以弥补地方财政的不足，办法是通过"村改居"将农用地置换成城市建设用地。这对于城市管理者来说是一箭双雕的好事，通过城市化不仅可以增加地方财政收入，还可以带动地方 GDP 的增长，为自己的政绩加分，进而实现进一步的升迁。为推进城市化进度，地方政府不惜违规操作。国土资源部 2012 年的公告指出，地方人民政府存在侵占耕地和基本农田、违反相关政策批地供地等七大类问题，全年发现违法用地行为 6.2 万件，涉及土地面积 3.2 万公顷（耕地 1.1 万公顷）。

（3）各方群体的盲目助推。

各方在物质利益驱动下推进城市化。城市化给许多人提供了一个“发展”的机会，一些官员在城市化过程中利用手中审批大权“积极”寻租，商人们利用城市化可以揽到利润丰厚的工程，普通百姓则想利用城市化实现自己的安居乐业梦。在不理解城市化发展规律或即便明白仍然急功近利的思想状况之下，官商民都在积极推动城市化的发展。

综合城市化的内外因素，运动式“村改居”现象的出现，是多重因素共同作用的结果。与运动式“村改居”相伴而生的严重后果，归因于运动式“村改居”造成城市的急剧扩张，城市的急剧扩张造成土地城市化，但是整个跃进过程忽视了人的“村改居”的实现，忽视了人的城市化的实现。城市是人的家园，没有人的城市化是一种失败的城市化。

3. 以人为本、发挥地区优势，方为内陆农业地区“村改居”之道

城市化是发展的大趋势，但城市化必须因地制宜，X 市的城市化必须结合本地实际，科学规划，稳步推进。

（1）引导社会力量参与城市化发展。

一方面，减少城市化推进过程的盲目性，引导社会力量正确认识城市化发展的客观规律，强调城市化的基础是相匹配的工商业发展水平，城市化的直接目的在于使得分散资源的使用更加有效能，人的主动性被更好地激发出来，城市化的动力来源和根本目的是实现人的城市化。人为运动式推进“村改居”等城市改造工作有违城市化发展规律和地区发展规律，必然最终导致对人的发展的伤害。

另一方面，城市化的推进，既要有政府的行动，也要有市场和民众的行动。鼓励社会力量积极参与到“村改居”等城市化进程相关工作之中，努力推动小城镇发展。X 市交通发达，陆路上的铁路和公路四通八达，水路和航空也极具商业发展的潜力。借助交通优势发展物流业和其他商业，也是推进该市城市和小城镇发展的举措。在这个发展过程中，改变过去只有政府投资的城市基础设施建设模式，积极吸引企业和个人参与到城市基础设施建设中来，与民分利，并尽量让利于民。放开小城镇户籍制度，通过财税杠杆鼓励企业和个人创业、建房、购房。小

城镇对于商品流通，中小企业发展，缓解中心城市人口压力有非常大的作用，小城镇也可以有大作为。将小城镇建设和X市的区域中心城市建设统筹结合发展，更适合处于内地的X市。在小城镇发展上，国家应该在法律、政策和财政上给予明确的说明和支持，比如户籍问题，非农人口生活保障问题，企业和个人在小城镇建设中的水费优惠甚至减免问题。

（2）以农促工，借力周边。

内陆农业地区与其一味指望以工促农、以城带乡求得勃兴，不如先从农业现代化入手，以农促工，推动城市化发展。人们在城市化过程中往往强调工业化的作用，而忽视了农业现代化的作用。考察国外城市化发展成果的例子，城市化除需要工业化推动外，还需要农业发展作为基础。高速城市化必须以农业劳动生产率的提高为前提，这样劳动力就可以非农化，农业也可为城市的发展提供物质支持。党的十八大提出的新四化：城市化、工业化、信息化和农业现代化需要协调发展，而不是各干各的活，各走各的路。X市是农业大市，农业发展有很好的基础，也有很大的潜力。X市应巧用国家惠农政策，在农业发展上下大功夫，下狠功夫，走新型农业产业化道路，提高农业附加值，让农民在城市化中得到实惠，让农业发展成为城市化发展的坚实基础，同时，可以大力发展新型高科技产业，方可走出一条不同于其他城市的城市化成功之路。

此外，内陆农业地区可以借助周边成熟城市圈谋发展。例如，X市靠近武汉，单靠自身力量很难有大的发展，郑州城市圈辐射不到它，无法带动X市的发展。打破行政区域的藩篱，主动融入武汉城市圈，利用该市山清水秀、环境清洁的有利条件，争做武汉的后花园，吸引武汉高科技企业落户该市，进而带动该市城市化的发展，不失为一种创新的路径。实际上，该市已有不少武汉人士来此定居、经商和消费，此地距武汉仅有两小时多一点的车程，乘坐高铁时间更短。因此，融入武汉城市圈，借助武汉城市圈来发展是可行的。

（3）政学携手推进科学有效的地方政府考评机制。

近年来，我国许多地方政府和部门开展了绩效评估的探索和尝试，积累了一些经验，然而，我国地方政府的绩效评估总体上无论理论还是实践都还不成熟，缺少科学有效的地方政府绩效考核评价机制，是造成地方政府恶性政绩竞赛的原因之一。在GDP导向的政府政绩考评上，土地置换的寻租空间诱使地方政府想方设法推进“村改居”工作，形成政绩竞赛的恶性循环。

为此，中央政府亟须按照科学发展观的要求尽快出台统一的政策规定，指导全面开展政府绩效评估工作，在地方政府考评上引导落实经济、政治、社会、文化和生态五位一体的全方位考评理念，在考评指标和权重设计上将经济发展、市场监管、社会管理和公共服务的对外职能考评和政府内部管理考评相结合。

同时，与专家学者携手，整合管理学、统计学、经济学和公共行政学等多学科知识，研究设计出符合地方实际、可操作性强的绩效评估体系，引导地方政府服务科学发展，让运动式“村改居”等怪象不再发生。

X市的运动式“村改居”现象只是全国推进城市化热潮中多地急躁冒进的一个缩影。建议有关部门对各地运动式推进“村改居”工作情况引起重视，有关机构对于城市化急躁冒进现象和对策要进一步加强调查研究，切实为我国城市化的顺利推进和国家治理战略的实现尽到责任。

（二）“城市化进程中的社会治理”课题组赴河南X市调研日志

2013年10月29—30日

2013年10月29—30日，“城市化进程中的社会治理”课题组一行到X市人民政府调研了解该市城中村改造工作的有关问题。该市市政府办公室有关同志接受了课题组的访谈。

通过调研，课题组了解到，为进一步加快城镇化进程，全面落实《河南省人民政府关于推进城乡建设加快城镇化进程的指导意见》（豫政〔2010〕80号）（以下简称《意见》）、《河南省城乡建设三年大提升行动计划》精神，X市人民政府曾经于2012年3月1日公布了关于该市城中村改造工作实施意见。

《意见》强调以“三个代表”重要思想和科学发展观为指导，按照以人为本、统一规划、合理布局、因地制宜、综合开发、配套建设的原则，积极探索适合该市市情的城中村改造机制，加快城中村改造步伐，切实改善民生，集约、节约、合理利用土地，优化城市空间布局，提高城市品位，构建和谐社会，促进全市经济发展和社会进步。但是，在实行过程中，由于改造范围着眼于城市规划区内集体土地上基础设施和公共服务设施落后、房屋拥挤陈旧、村民生活生产环境较差并以村民委员会或社区为组织形式的农民聚居村或街区，而经调查摸底，该市城中村改造面积140万平方米，住户至少有6000多户。因此，按照用2—3年的时间对市中心城区城中村进行综合改造的原定计划，改造任务显得复杂而艰巨。这为城中村改造埋下了隐患。

另有同志介绍了该市城中村改造中政策保障方面的特色内容。为了保证城中村改造的顺利完成，政府从规划、土地、建设、征收补偿、收费优惠等五个方面全面投入、提供保障。

第一，规划政策中，辖区政府（管委会）根据批准的城中村改造规划，按照合理布局的原则，编制城中村改造控制性详细规划，报市城乡规划行政主管部门批准后实施。城中村改造的修建性详细规划编制应当充分听取村民意见，并且可按以下原则进行编制：①修建性详细规划编制可以根据每个行政村的规模，原则上以一个或多个行政村为单位，组成城市居住社区；②各改造村的规划应达到起点高、标准严、设计新、配套齐、环境美的要求；③规划设计提倡建设中高层住宅，容积率控制在3.0左右。

第二，土地政策中，城中村范围内用于安置与开发的集体土地应依法全部征为国有。城中村改造中的土地净收益在经市政府批准后，拨付给辖区政府（管委会）用于改造范围内群众安置及基础设施配套建设的补助。纳入城中村改造的村庄，在确定征收村民的安置用地、集体经济组织的村民生活保障用地或补偿村民安置的经营性用地后，剩余的用地由市政府依法征收，纳入土地储备。在规划界定的城中村改造范围内，用于城市主次干道以及城市公共绿化用地、公建设施用地，采取划拨方式供应。经营性用地实行招标、拍卖、挂牌方式出让。城中村改造范围内的市政和公用设施用地及配建经济适用住房、公租房、廉租住房用地以划拨方式供应，其中，公租房或廉租房按开发住宅总建筑面积的

10%配建。

第三，建设政策中，列入城中村改造范围的村庄，停止一切与实施城中村改造无关的建设活动。对违反规定进行建设的，城乡规划、城管执法、城建等部门和城中村所在辖区政府（管委会）、街道办事处、村（居）民委员会（社区）应当按照各自的职能分工严格管理及查处。城中村改造以市场化运作方式为主，可与投资商联合改造或通过招标选定投资商独资改造。在改造中原则上首先建设村民的安置用房，再建设开发用房。城中村改造中的市政基础设施和公共服务设施纳入项目整体规划，统一实施。

第四，征收补偿政策中，城中村改造中的房屋征收参照国有土地上房屋征收补偿政策执行。村民可选择货币补偿，也可选择产权调换。货币补偿按市场评估价，产权调换按征收合法有效建筑面积对等面积予以安置。城中村改造项目具备建设经营性用房的，原则上按每户20—30平方米的建筑面积进行核定。不具备建设经营性用房的项目，在建设中适当考虑拓宽安置对象的增收渠道，原则上可按每户“一大一小”2套住宅房安置：大套在120平方米左右，小套在80平方米左右。住宅安置面积户人均不足30平方米的，按30平方米安置，补差面积按安置房成本价结算，户超10平方米（含10平方米）以内的，按安置房成本价结算，再超面积的，按安置房市场价结算。

第五，收费优惠政策中，城中村改造工程中居民安置住房应缴纳的行政事业性收费按有关规定予以减免。居民在办理回迁安置住房确权登记手续时，有关部门减半收取办证费用。

有同志补充，该市在进行城中村改造的过程中，实行了补偿安置保证金制度，具体规定，城中村项目实施改造前，开发企业向辖区政府（管委会）交纳项目补偿安置费用5%—10%的安置保证金，待补偿安置到位后退回。

从公职人员绩效考评角度看，为了加紧完成计划内的任务，全市还实行了城中村改造任务年度目标责任制，实行目标考核。市政府对完成年度任务、工作成效明显的单位和个人进行表彰。同时，对工作不力、工作推进慢的单位和个人予以通报并追究责任。

2013 年 10 月 31 日　周四

2013 年 10 月 31 日，课题组一行调查走访了 X 市民政局，针对“村改居”后的换届选举规则、城乡居民低保管理以及其他相关社会保障等问题进行了交流访谈。

关于“村改居”后，居委会换届选举是按照《村民委员会组织法》进行，还是按照《城市居民委员会组织法》进行的问题，民政局同志提出，一定要根据具体情况区别对待。当前，随着我国工业化、城市化进程的推进，一些城中村、城乡接合部、镇驻地周围村的村民委员会改为居民委员会。根据《村民委员会组织法》和《城市居民委员会组织法》的规定精神，村民委员会和居民委员会除了所辖区域的空间位置不同，人员从业结构不同，根本区别就是两者所依存的经济基础不同，城市居委会不再管理农村集体土地和集体经济事务。由于村民自治制度是建立在现行农村经济体制基础上有效调节农村经济利益关系的一种制度设计，那么在当地的原有农村经济制度没有改变的条件下，就不能改变这种制度。由此看来，一些翻牌式的“村改居”，或者随意将村委会改为开发区的办事处，由于还没有依法进行集体经济产权制度改革，尽管已经不叫村民委员会的名称，也要按照村委会的选举办法进行换届选举。

关于城乡低保问题，课题组了解到，2011 年 12 月，X 市政府为规范全市城乡居民最低生活保障工作（以下简称城乡低保），根据国务院《城市居民最低生活保障条例》和《关于在全国建立农村最低生活保障制度的通知》以及河南省《〈城市居民最低生活保障条例〉实施办法》和《全面实施农村居民最低生活保障制度的通知》精神，结合我市实际，制定了《X 市规范城乡低保工作管理实施细则》。该《细则》指出，城乡居民申请享受低保待遇，应按照属地管理原则，取消农业户口和非农业户口划分的地区，可将户籍所在地为城镇行政区域且居住超过一年、不拥有承包土地、不参加农村集体经济收益分配等作为申请城市低保的户籍条件。

河南某市一位官员认为，大量农民变为市民，将给教育、卫生、社保等公共服务领域和基础设施带来巨大压力。以增加 10 万城市人口计，低保方面就需要资金2.646亿元，除去补贴，净增加财政支出2.35亿元。村改居的居民暂时不能享受城市医保，五年内继续适用农村合作医疗，到城市卫生部门指定的卫生医疗点就医。河南省卫生管理部门曾对村改居后原来的乡村医生如何执业做出过批复，撤村改居后，原来的村医疗卫生机构转型为城市社区卫生服务机构时，已取得合法行医资格并在该村医疗卫生机构工作的乡村医生，可以继续在转型后的城市社区卫生服务机构注册就业，而对于新进的医生，则必须具有执业医师或执业助理医师资格。医疗水平低，医疗设施和医护人员不足，令一些村改居社区事实上处于医疗卫生服务资源严重匮乏的重灾区。

2013年11月1日 周五

2013年11月1日，课题组走访了X市统计局，并与有关同志进行了交流，了解到X市近两三年来的经济社会发展的大体情况。

初步核算，2011年全市生产总值1276.83亿元，比上年增长11.1%。其中，第一产业增加值330.05亿元，增长3.8%；第二产业增加值543.61亿元，增长15.5%；第三产业增加值403.17亿元，增长11.5%。三次产业对GDP增长的贡献率依次为9.1%、58.9%、32.0%，分别拉动GDP增长1.0、6.5和3.6个百分点。三次产业结构调整为25.8:42.6:31.6，二、三产业增加值占生产总值的比重较上年提高0.6个百分点。非公有制经济实现增加值704.6亿元，占生产总值的比重为55.2%，比上年提高0.7个百分点。全年地方财政总收入63.36亿元，比上年增长33.6%。地方财政一般预算支出222.80亿元，增长28.2%。其中，教育支出57.29亿元，增长43.1%；社会保障和就业支出26.50亿元，增长36.6%。全部国税收入25.18亿元，增长33.5%；全部地税收入27.04亿元，增长44.9%。全年居民消费价格总水平比上年上涨4.9%。年末从业人员486.48万人。其中第一产业228.07万人，第二产业105.59万人，第三产业152.82万人。城镇就业人员77.55万人，新增就业人员9.64万人。下岗职工实现再就业3.09万人，困难人员实现再就业1.29万人。年末城镇登记失业率为2.3%。在岗职工年平均工资26776元，比上年增长9.2%。相形之下，2012年全年生产总值1408.65亿元，比上年增长10.3%。其中，第一产业增加值377.64亿元，增长4.7%；第二产业增加值569.88亿元，增长13.5%；第三产业增加值461.13亿元，增长10.9%。三次产业结构为26.8∶40.5∶32.7，对GDP增长的贡献率依次为10.9%、56.4%、32.7%。非公有制经济实现增加值785.0亿元，占生产总值的比重为55.7%。全年居民消费价格总水平比上年上涨2.5%。其中，城市上涨2.2%、农村上涨2.7%。商品零售价格水平上涨2.3%，农业生产资料价格水平上涨4.3%。年末从业人员500.36万人。其中第一产业231.72万人，第二产业111.20万人，第三产业157.44万人。城镇就业人员82.10万人，新增就业人员9.13万人。下岗职工实现再就业3.44万人，就业困难人员实现再就业1.37万人。年末城镇登记失业率为2.5%。全年地方财政总收入77.42亿元，较上年增长22.2%。地方公共财政预算收入55.46亿元，增长25.1%。其中，税收收入42.32亿元，增长23.4%；非税收入13.14亿元，增长30.9%。

农业方面，2011年全年农林牧渔业总产值569.58亿元，比上年增长3.8%。年末市级以上农业产业化重点龙头企业266家，农民专业合作社4787家，入社农户59.2万户。但是，全年粮食作物种植面积830.97千公顷，仅增长1.0%。其中，水稻452.90千公顷，增长1.1%；小麦297.20千公顷，增长0.1%。油料作物种植面积250.83千公顷，与上年基本持平；蔬菜种植面积102.62千公顷，下降3.8%；茶叶种植面积75.17千公顷，增长20.6%。全年粮食总产量115.94亿斤，比上年增长0.8%。到2012年，全年农林牧渔业总产值651.69亿元，比上年增长4.7%。其中，农业总产值422.01亿元，增长4.0%。年末市级以上农业产业化重点龙头企业298家，农民专业合作社5528家，入社农户55万户。全年粮食作物种植面积842.51千公顷，比上年增长1.4%。全年粮食产量117.10亿斤，比上年增长1.0%。

工业和建筑业方面，2011年全部工业完成增加值445.88亿元，比上年增长17.6%。规模以上工业企业增加值350.01亿元，增长21.8%。其中，轻工业增长23.7%，重工业增长20.4%，轻、重工业比为43.5∶56.5。规模以上工业35个行业大类中，规模居首位的行业为农副食品加工业，比上年增长21.9%。全年规模以上工业企业主营业务收入1285.62亿元，比上年增长37.9%；利润总额67.55亿元，增长28.5%。35个行业大类中，有16个行业利润总额超过亿元，2个行业利润总额超过10亿元。其中，农副食品加工业实现利润16.93亿元，依然排名最高。2012年全部工业增加值461.40亿元，比上年增长14.3%。规模以上工业企业增加值357.40亿元，增长16.5%。其中，轻工业增长19.5%，重工业增长14.1%。产品产销率98.2%。规模以上工业35个行业大类中，规模居首位的行业依然是农副食品加工业，比上年增长15.0%。全年规模以上工业企业主营业务收入1459.92亿元，比上年增长13.0%；利润总额83.99亿元，增长26.2%。35个行业大类中，有14个行业利润总额超亿元，2个行业利润总额超10亿元。其中，农副食品加工业实现利润20.01亿元，又一次居首位。

交通邮电等方面，2011年全年交通运输、仓储及邮政业实现增加值58.12亿元，比上年增长11.2%。年末公路通车里程24438公里，其中高速公路434公里。拥有各类民用汽车83.83万辆，比上年增长4.2%。货物周转量增长28.2%，提高16.1个百分点；货运量增长27.1%，提高16.5个百分点；旅客周转量增长20.6%，回升30.1个百分点，客运量增长18.4%，提高1个百分点。2012年交通运输、仓储及邮政业增加值65.41亿元，比上年增长7.8%。年末公路通车里程24689公里，其中高速公路550公里。拥有各类民用汽车88.61万辆，比上年增长5.7%。全年货物周转量增长14.8%，货运量增长13.5%，旅客周转量增长7.9%，客运量增长7.4%。

城乡人民生活和社会保障方面，2011年末总人口850.91万人，常住人口610.77万人。全年出生人口9.90万人，出生率11.65‰；死亡人口5.46万人，死亡率6.42‰；净增人口4.44万人，自然增长率为5.23‰。城镇化率达36.25%，比上年提高1.9个百分点。全年农村居民人均纯收入6151元，扣除物价因素，比上年实际增长9.1%；农村居民人均生活消费支出4056元，实际增长7.3%。城镇居民人均可支配收入15271元，实际增长9.1%；城镇居民人均消费支出10452元，实际增长7.1%。农村居民家庭恩格尔系数为47.8%，比上年下降1.6个百分点；城镇居民家庭恩格尔系数为44.2%，上升1.7个百分点。

农村居民人均住房使用面积 32.75 平方米，城镇居民人均住房建筑面积 39.04 平方米。年末参加城镇基本养老保险人数 54.2 万人，比上年末增加 3 万人；参加新型农村社会养老保险人数 374.5 万人，增加 154.3 万人；参加城镇基本医疗保险人数 132.62 万人，增加 3.92 万人；新型农村合作医疗参合农民 637.52 万人，参合率达 96.2%，提高 1.3 个百分点；参加失业保险人数 39.41 万人，增加 0.21 万人。全年共发放城镇居民最低生活保障金 29612 万元，城镇居民享受政府最低生活保障人数 12.65 万人。发放农村最低生活保障金 35578 万元，农村享受最低生活保障人数 32.61 万人。建立社区服务中心 78 个。全年销售社会福利彩票 17700 万元，筹集社会福利资金 1466 万元，接受社会捐赠 175 万元。

2012 年末总人口 855.21 万人，常住人口 639.78 万人。全年出生人口 9.22 万人，出生率 10.81‰；死亡人口 4.90 万人，死亡率 5.74‰；净增人口 4.32 万人，自然增长率 5.07‰。城镇化率达 38.19%，比上年提高 1.94 个百分点。全年农村居民人均纯收入 7008 元，扣除物价因素，比上年实际增长 10.9%；农村居民人均生活消费支出 4331 元，实际增长 4.0%。城镇居民人均可支配收入 17256 元，实际增长 10.2%；城镇居民人均消费支出 11661 元，实际增长 8.9%。农村居民家庭恩格尔系数为 47.7%，下降 0.1 个百分点；城镇居民家庭恩格尔系数为 43.9%，下降 0.3 个百分点。农村居民人均住房使用面积 33.22 平方米，城镇居民人均住房建筑面积 39.37 平方米。年末参加城镇职工基本养老保险人数 58.50 万人，城乡居民社会养老保险人数 437.99 万人。参加城镇职工基本医疗保险人数 55.67 万人。新型农村合作医疗参合农民 650.04 万人，参合率达 98.6%。参加失业保险人数 39.70 万人。全年共发放城镇居民最低生活保障金 3.06 亿元，享受政府最低生活保障人数 12.70 万人。发放农村最低生活保障金 4.06 亿元，享受最低生活保障人数 32.79 万人。年末各类综合社会福利院床位 33368 张，收养 32581 人。建立社区服务中心 78 个。全年销售社会福利彩票 1.90 亿元，筹集社会福利资金 1517 万元。

资源与环境方面，2011 年水资源总量 25.25 亿立方米。全年降水量 717 毫米。用水总量 18.47 亿立方米，其中，农业用水 12.68 亿立方米，工业用水 2.74 亿立方米，生活用水 1.95 亿立方米。在监控的 1027.7 公里河段长度中，I—Ⅲ类水质河段长 778.7 公里，IV 类水质河段长 186 公里，V 类水质河段长 63 公里，分别占总监控河段长度的 75.8%、18.1%和 6.1%。到 2012 年，水资源总量 37.41 亿立方米。全年降水量 936 毫米。用水总量 18.67 亿立方米，其中，农业用水 12.32 亿立方米，工业用水 2.89 亿立方米，生活用水 2.64 亿立方米。在监控的 1027.7 公里河段长度中，I—Ⅲ类水质河段长 571.7 公里，IV 类水质河段长 115 公里，V 类水质河段长 140 公里，劣 V 类水质河段长 201 公里，分别占总监控河段长度的 55.6%、11.2%、13.6%和 19.6%。

因此，X 市的经济社会发展总体居于省域内中等水平，经济产业结构仍然以农业为主，城市化水平有很大提高空间。

2013 年 11 月 6—8 日，课题组部分成员又对相关数据和问题进行了补充调研，并随机采访了部分民众，几乎所有受访者都不约而同对当地村改居问题持保留态度。

第三章

城市化，农村基层党建如何应对？

内容提要： 农村基层党组织是贯彻落实党的方针政策的战斗堡垒。在推进城市化、提高社会治理现代化的过程中，农村基层党组织也面临着极大的挑战。农村基层党组织要应对城市化带来的挑战，积极稳妥地推进城市化进程，提高社会治理能力，必须以党组织建设创新推动社会治理的创新。

关键词： 城市化；农村基层党组织功能；实现方式；转变

中国共产党历来重视农业农村农民问题，解决好农业农村农民问题是全党工作的重中之重，党的十八大提出，城乡发展一体化是解决“三农”问题的根本途径。党的十八届三中全会又提出“创新社会治理体制”，推动社会治理能力现代化。可见，今后一段时间，加快城市化建设进程将成为各地解决“三农”问题的关键所在；在推进城市化的过程中，不可避免地要提高社会治理的现代化。在推进城市化、推动社会治理能力现代化的过程中农村基层党组织应该发挥什么作用？城市化给党组织带来哪些挑战？农村基层党组织如何应对挑战、积极稳妥地推进城市化进程，提高社会治理能力？这些都是城市化过程中农村基层党组织建设必须着力解决的问题。通过对临沂市城市化过程中的党建工作的调研，我们可以对相关问题得出不少新的认识。

一　农村基层党组织在城市化进程中的地位和作用

党的基层组织是团结带领群众贯彻党的理论和路线方针政策、落实党的任务的战斗堡垒，是党全部工作和战斗力的基础，农村基层党组织是党的基层组织的组成部分，是农村的领导核心。党的十八大报告提出，要扩大党组织和党的工作覆盖面，充分发挥推动发展、服务群众、凝聚人心、促进和谐的作用。以服务群众、做群众工作为主要任务，加强基层服务型党组织建设，并以基层党组织建设带动其他各类基层组织建设。对农村基层党组织来说，要以建设服务型党组织带动农村的社会建设，以党组织建设的创新带动社会治理的创新。

临沂市是著名的革命老区，曾经作为经济社会发展欠发达地区，在现代化变迁过程中，处于区位竞争的劣势地位，面临着“两步并作一步走”、“不能走回头路”的压力。临沂所在的鲁南地区，处在长三角与环渤海两地的“经济洼地”，如何实现跨越式发展，而不致陷入更为被动的境地，是地区发展迫切需要解决的难题。在这种背景下，临沂市委和政府在推进地区改革开放步伐中创造出了以“政府有为、民营主力、大市场启动、大城市拉动、产业集群带动、文化强势推动”为精神内涵的“临沂模式”，极大改变了地区经济社会发展落后的面貌，走出了一条有地方特色的经济社会发展道路。

在经济社会发展“临沂模式”的统摄下，临沂在推进农村城市化建设方面也有着自己的途径和经验。就基层党建工作而言，近年来，农村基层党组织通过加强自身建设，创新社会治理体制，建立健全相关机制制度，推动社会治理能力向现代化方向发展。

（一）推动农村全面发展的功能

在城市化进程中，农村基层党组织推动农村发展的功能主要体现在以下四方面：一是领导与推动农村经济发展。农村基层党组织要针对本地的实际情况，分析当地的资源配置，领导制定本村的经济发展规划，调整完善本地的产业结构，推动农业现代化，实现可持续发展。二是推动农村社会主义民主政治建设，健全社会组织体系和基层自治体系。农村基层党组织支持农民组织起来，把党的领导与村民自治结合起来，推进民主选举、民主决策、民主管理和民主监督，在法律法规的范围内维护农民自身的权利。三是弘扬社会主义核心价值体系，形成文明乡风。社会多元文化对农村和农民的影响很大，在各种文化相互碰撞的情况下，农村基层党组织应该引导农民群众树立符合时代特征的价值观念和文明意识，普及农村民主法制教育，提高农民的道德素养，为城市化建设提供精神动力和智力支持。同时，在农村营造良好的社会精神风貌，实现邻里友好和睦、社会安定有序，为城市化提供和谐的社会环境。四是领导和推动农村公共事业的发展，健全社会公共服务体系。大力发展农村的教育、文化、体育、卫生等公共事业，提高公共服务水平。

以苍山县代村社区为例。代村社区位于苍山县城西南城乡接合部，现有人口 3469 人、928 户，党员 71 名。早在人民公社时期，代村就曾创下连年上缴粮食百万斤的纪录，是远近闻名的“先进村”。但到了 20 世纪末，代村却失去了昔日的光环，一时成为县里的“老大难”，人心散、治安乱、债务重、环境差。1999 年 3 月，王传喜当选村党支部书记，他带领新的村领导班子几经走访党员群众，找准了代村的发展症结，确立了新的发展思路。在村党支部的带领下，依靠广大村民对班子的信任和支持，扭转了代村的发展困境，建起了现代农业示范园，对旧村进行了改造升级，完善基础设施，改善了民生，代村从一个后进村一跃发展成为全市乃至全省的示范村。2012 年，代村实现各业总产值 8.6 亿元，集体纯收入 4000 万元，居民人均纯收入 16000 元。代村先后荣获全国文明村镇创建工作先进村镇，山东省先进基层党组织，山东省文明村镇，平安山东建设先进单位等荣誉称号。代村正是从加强村级党组织建设入手，增强了党组织的战斗力，为村庄的持续发展提供了组织保障。

（二）全面服务群众的功能

要切实发挥党组织的领导核心作用，必须加强服务功能，以“关怀农民、服务农民”为宗旨，并将其贯穿到党组织所有的活动中，通过“党员承诺制”、“服务积分制”、“党员义工制”等途径，急农民之所急、忧农民之所忧，解决农民最关心、最直接、最迫切的利益问题。农村基层党组织服务功能的实现程度，直接关系到党在农村的威信，关系到党在农村的执政地位。

临沭县曹庄镇近年来坚持围绕中心、服务大局，不断推进服务型党组织建设，强化基层党组织服务群众、服务社会的能力和水平，努力为实现经济工作追赶跨越和推动科学发展、促进社会和谐提供坚强的组织保证，为促进基层党组织服务群众功能作了制度性探索。一方面，加强制度建设，形成常态化服务机制。通过采取入户座谈、网上互动、信访接待等方式，及时了解群众诉求，对群众反映的问题，采取“谁接待、谁主管、谁负责”的制度，建立群众诉求台账，实行挂牌销号制，限期答复，办结一项、销号一项。深化党员承诺践诺、民主评议等工作，拓宽群众参与党员干部民主评议的渠道，把服务成效作为党员干部考核的重要依据，提升党员干部服务群众的水平。另一方面，充分整合资源，打造一体化服务平台。突出抓好镇党员群众综合服务中心和村党员服务群众代办点建设，全面整合就业、社保、教育、医疗、国土、城建、信访、调解等部门和单位的人员和办公场所，推行党员便民服务示范岗一站式服务、首问责任制、限时办结制等举措，突出党组织服务群众功能，增强党员服务群众示范引领作用，解决群众“办事难、难办事、多跑路”现象。此外，还致力于创新实践载体，拓展多样化服务渠道。不断深化入户谈心服务活动，坚持实行镇党政班子成员包村、包户制度，经常进村入户，和群众普遍谈心服务。坚持开展“一帮一”、“一助多”活动，有条件有能力的党员干部至少帮扶一名困难群众，签订联系服务卡片，明确联系服务内容，从就医、求学、就业等方面开展解难式服务。

（三）预防和化解社会矛盾的功能

农村基层党组织是党联系农民的桥梁和纽带。在推进城市化的过程中，农村基层党组织既要积极稳妥推进城市化，又要维护好农民的利益。农村稳，则天下稳。亨廷顿在《变革中的社会秩序》中指出，农村要么是稳定的根源，要么是动荡的根源。城市化的过程，也是对农村资源重新整合分配的过程。在资源整合和分配的过程中，农民利益诉求的多元化很容易引发矛盾，造成农村社会秩序的失序。胡锦涛曾指出："在我们这样一个农民占多数人口的国家里，农民是否安居乐业，对于社会和谐具有举足轻重的作用。广大农民日子好过了、素质提高了，广大农村形成安定祥和的局面了，和谐社会建设的基础就会更加牢固。"①

为了有效预防和化解社会矛盾，临沂市以群众工作统揽信访工作。兰山区在全市首先建立县区群众工作部——兰山区群众工作部，实现了信访部门由"独舞"到"领舞"，由应急"救火"到超前"防火"，由稳控群众到服务群众的转变。改变被动截访的局面，实现工作重心下沉，把信访工作由非常态变成常态，"变上访为下访"，对矛盾纠纷实行日排查、周报告、月分析，在第一时间发现矛盾，及时化解，并实行市领导带头包案下访制度，市领导分别承包几个信访积案、难案，一包到底，取得实效，减少信访事件不断升级的现象。目前，临沂市已初步形成了以群众工作部为龙头的市、县、乡、村四级群众工作网络，通过健全以上四级工作网络，构建纵向到底、横向到边的群众工作体系。目前，在市和12个县区、3个开发区都成立了群众工作部，在180个乡镇（街道）设立了群众工作站，配备乡镇专职工作人员1239人；在社区、村居和重点企业设立了群众工作室，配备信息员、调解员和陪访员等"三员"1.47万人；在市、县、乡建立了群众服务中心，整合城建、国土、民政、社保、工青妇、公检法司等方面的力量，设立窗口，集中办公，受理群众诉求，提供综合服务。实现解决社会矛盾的关口前移，使90%以上的矛盾纠纷化解在了萌芽状态。

二 城市化对农村基层党组织的新挑战

城市化是指农业人口不断向城镇转移，第二产业不断向城镇聚集，

① 胡锦涛：《在省部级主要领导干部提高构建社会主义和谐社会能力专题研讨班上的讲话》，《人民日报》2005年6月27日。

从而带动第三产业不断发展壮大的历史过程。中国的城市化是在城乡二元社会结构和农民土地产权不明确的背景下出现的。城市化包括人的城市化和土地的城市化。城市化的过程，也是农村资源重新整合分配的过程。这一过程，既为农村带来了前所未有的发展机遇，也对农民的生产方式、行为习惯、社会组织关系、价值观念、农村原有的管理模式等产生极大影响，对农村基层党组织也带来极大挑战。

（一）农村基层党组织的适应性面临挑战

首先，引导和推动农村经济发展的能力面临挑战。村集体经济的薄弱，严重制约了村级事务的正常开展。有的村党支部“双强双带”能力较弱，存在带富形式单一、带富能力较低、带富范围狭窄、带富群体不大等问题，找不到一条适合村情的致富路子，特别是在带领群众调整产业结构、发展农村经济方面束手无策；部分村由于无集体经济来源和积累，无钱办事问题突出。

其次，利益整合的难度加大。改革开放以来，农村社会结构发生显著变化。在村内，传统的农村劳动者分化成为农业劳动者、农民工、个体工商户、私营企业主、农村管理者等阶层。农村的阶层分化使得农民利益诉求多元化，增加了利益整合的难度。在村与村之间出现了明显的贫富结构分化。强村富村在发展过程中迫切需要拓展发展空间，解决用地紧张、劳动力不足等问题，而经济薄弱村则在具有相对富余的土地、劳动力等优势的同时，面临着党员及大量人才外流，村干部难选，经济发展缓慢等问题。

再次，村级治理模式的转型对农村基层党组织的挑战。城市化打破了农村以行政村为单位的治理模式，乡镇会进一步整合，通过撤、并、扩等多种方式对现有的行政村设置进行重新调整，仅 2011 年，临沂市就撤并乡镇 23 个，行政村的数量大大减少，由原来的 7167 个行政村规划为 1130 个中心村（农村社区），变成以中心村为主的新型农村社区。在变化了的形势面前，原有的以村为单位设置党组织的方式很难扩大党组织的覆盖面，实现党组织的全覆盖。此外，农村基层党组织的领导方式、领导者的素质和观念还不适应当前工作的需要，对城市化过程中农民的利益诉求不能有效表达，导致城市化过程中因土地的征用和房屋拆迁等问题引发的矛盾逐渐升级，导致上访事件不断，涉农信访中80%以上与土地有关，甚至引发群体性事件，直接影响农村的发展和稳定。

（二）农村基层党组织建设面临的挑战

在城市化进程中，村与村之间的传统隔阂被逐渐打破，城乡之间的流动越来越频繁。在这种新的形势下，虽然基层党建工作总体向好，处于不断加强和改进的过程中，但由于原有体制的制度惯性等因素，仍面临一些问题，主要表现在以下几个方面：

1. 思想认识不到位

城市化是农村经济社会的一场深刻变革，不仅要改变农民的居住条件，更重要的是要加速更新干部群众的思想观念，廓清理念误区，打破观念桎梏。但当前一些村干部的思想观念还没有实现由“管理型”向“服务型”转变，少数村干部思想不够解放，观念转变不彻底，工作缺乏主动性，群众观念淡薄，缺少为人民服务的诚心。还有一些农村基层党组织对党建工作认识不到位、重视程度不够，把经济工作作为硬任务，把党建工作看成软指标，存在“谈起来重要，忙起来忘掉”的问题。少数乡镇、村干部对农村社区的认识上存在偏差，认为农村社区与原来的行政村差不多，只是改了个名字、换了块牌子而已，对农村社区的职能认识不到位，导致党的基层组织缺乏工作思路尤其是工作载体，一定程度上出现了组织涣散、思想混乱、凝聚力和战斗力下降的情况。有的农村党员，特别是支部成员在发展管理、事务管理、民主公开化进程等方面，还不同程度地存在思想观念保守、方式方法单一、作风简单粗暴等不足，影响和制约了党组织服务作用的有效发挥。

2. 组织设置不合理

城市化打破了农村以行政村为单位的治理模式后，行政村的数量大大减少，以中心村为主的新型农村社区开始逐步地大量出现。这样一来，城市化不仅仅打破了原建制村和村民小组的设置模式，也打破了以建制村为单位的党组织设置模式。同时，随着城市化进程的加快，农村党员的分散性和流动性加大。党员之间由于行业不同、层次不同，在观念、意识上存在较大的差异，造成了党员教育管理的手段难于统一、难度加大。外出务工的农村党员中，相当一部分进入到非公企业中工作生活，与原来村党支部基本上没有联系。传统的以村委会为单位设置党支部的组织设置模式，越来越不适应农村基层党组织建设的需要。

3. 党员队伍结构不合理

农村党员队伍年龄偏大、文化水平不高、整体素质偏低的现象还比较普遍。一些农村党员干部理论功底不牢，政策水平不高，宗旨意识不强，缺乏驾驭社会主义市场经济的能力，在带头富、带领富中作用发挥不太明显，因而很难带领村民调整农业产业结构、发展农村经济、增加村民收入，甚至还会运用不正确的思维方式开展工作。导致党组织在群众中威信不高，老百姓不信任。另外，优秀人才流失比较严重，“断层”现象、“青黄不接”已成为当前农村基层党组织建设面临的严峻问题。许多“农村能人党员”通过自己劳动所得远远多于村干部的报酬，他们往往不愿担任村干部，以致出现了农村基层党组织干部岗位“能人不愿干，能力差的人抢着干”的现象。此外，农村工作量大、比较烦琐，不脱产就完不成工作任务，而在具体工作中，因报酬低又不能脱离农业生产，所以农村党员干部常处于既没有做好工作又没有抓好生产的“两难”境地。

（三）其他组织对农村基层党组织凝聚力的挑战

村民委员会对党组织的权威带来影响。自实行村民自治以来，农村基层党组织与村民委员会的关系就处于一种非常微妙的状态。村民委员会作为群众自治组织，其行使权力的依据是《村民委员会组织法》，有法律依据。农村基层党组织行使权力的依据是《中国共产党基层组织工作条例》，是党内法规。这两者之间的关系处于三种状态，一种是村民委员会主任和农村基层党组织的负责人一肩挑，这种模式基本上没有矛盾，但是容易出现由于权力缺乏有效监督而导致权力滥用的情况。在上一次换届选举中，临沂市农村基层党组织负责人和村民委员会主任一肩挑的比例达到80%以上。另一种情况是要么村民委员会主任说了算，要么农村基层党组织的书记说了算。这种模式容易出现“两张皮”的现象，工作上不仅不相互配合，甚至互相拆台。还有一种是村民委员会主任和农村基层党组织的负责人配合默契，工作上互相支持，有利于工作开展。但是不论处于哪种状态，村民委员会的出现，改变了党的一元化领导的方式，对农村基层党组织的权威带来了冲击。

其他社会组织替代党组织的部分功能也造成影响。临沂市的农民专业经济合作组织起步较早，20 世纪 80 年代，临沂市就有了自创的合作组织。随着农村改革发展的不断深入，临沂市委、市政府对农民专业经济合作组织实行“一降低、二减免、三优先”的政策，农民专业经济合作组织 2010 年就达到了 13985 个，分别占到全国的 10% 和全省的 50% 。除此之外，其他各种社会组织也发展起来。组织的发展与农民利益诉求多元化密切联系，由于部分党组织的功能没有随着当前农村社会发展和农民利益诉求而变化，应该由党组织发挥的功能被农村的其他社会组织如经济合作组织等替代。同时，由于有的社会组织的运行机制不健全，有的社会组织存在运行不规范等问题，不仅不能维护农民的权益，反而会侵害农民的利益。

宗族、宗派、宗教和黑恶势力对党组织工作带来压力。临沂是多民族、多宗教地区，临沂市现有 44 个少数民族成分，少数民族人口 5 万多。其中少数民族人口过百人的主要有回族、蒙古族、藏族、苗族、彝族、壮族、布依族、朝鲜族、满族、土家族、哈尼族、傣族、傈僳族、佤族、黎族、拉祜族。少数民族聚居村（居）63 个，均为回族村居。其中兰山区，罗庄区、郯城县、苍山县、沂水县、临沭县少数民族人口超过 5000 人，少数民族人口 1000 以上的民族工作重点乡镇主要有兰山区兰山街道、罗庄区盛庄办事处，平邑县平邑镇，苍山县磨山镇、尚岩镇，临沭县店头镇、曹庄镇，郯城县马头镇，沂水县沂水镇、马站镇、沙沟镇和费县梁邱镇。宗教主要有佛教、道教、伊斯兰教、天主教和基督教（新教）五种宗教，信众众多。农村的宗族、宗派、宗教和黑恶势力对农村的政治环境有很大的影响，在村民委员会的换届选举中，利用私人关系、家族关系来游说都能影响农民投票的结果，有的还利用宗教组织在选民中拉选票，这些组织通过控制村民委员会选举等方式控制农村事务的管理，扰乱农村的社会环境，在遇到拆迁或征地等重大问题时，有的还组织农民上访，给基层党组织带来极大的工作压力，并削弱了党组织的凝聚力。

在基层党组织的权威受到冲击的情况下，在挑战面前，基层党组织要转变职能，补齐自己的短板，协调与村民委员会、社会组织和宗教势力的关系，鼓励和支持社会各方面参与，激发社会组织活力，实现政府治理和社会自我调节、居民自治良性互动，促进基层党组织与其他组织的协调发展、共同进步。

三　以制度创新促进基层党组织功能实现方式的转变

农村基层党组织是党在农村各项工作的领导核心，是党在农村执政的基础。在城市化建设蓬勃发展的新形势下，要充分发挥农村基层党组织的领导核心作用，就要把基层党建工作放在城市化建设的全局中，通盘考虑，着眼细节，促进基层党组织功能实现方式的转变，推动基层党组织职能由管理型向服务型转变，并以此契机推动社会治理体制机制的创新。

（一）以组织功能的更新强化，回应基层党建实际需要

为了回应城市化进程中基层党建的实际需要，农村基层党组织功能需要与时俱进，更新强化。

1. 强化利益表达和综合功能

坚持党的群众路线，有事同群众商量，真正尊重群众、相信群众、依靠群众。畅通民主渠道，健全基层选举、议事、公开、述职、问责等机制。代村的发展，就是充分发扬党员和群众两个民主，王传喜上任以后，仅开会用的笔记本摞起来就达 2 米多高，让党员和群众充分表达自己的利益和愿望，才找准了代村的发展症结，确立了“实施旧村改造升级，实现居民楼房化、土地经营集约化、农业发展产业化”的思路。从 2006 年开始，在取得村民同意的基础上，代村对全村土地采用有偿流转的方法，统一流转到村委会，对土地进行集约化经营。苍山生态农

业示范园是代村村委会根据本地的地形、土质、旱涝、涝排、交通等多项条件，进行合理规划，配型种植，发展出花卉区、蔬菜区、高效农业示范区、养殖区、农业观光旅游区和商业营销网络的“五区一网”现代农业示范园，成功地将农业生产与休闲娱乐相结合，规划建设了集休闲、科普、观赏为一体的现代农业示范园，现代乡村农业跳出传统农业的圈子，以全新姿态展现在人们面前。自示范园向社会开放以来，取得了良好的社会效益、经济效益和生态环境效益，成为全县、全省乃至全国著名的农业生态观光旅游区。以现代农业示范园为突破口，除了发展现代农业，代村坚持以工补农，以农促工，搞活商贸，三产并举，不断壮大村级经济实力。代村建起物流商贸城，拥有建筑公司、车辆交易市场、加油站、建材厂、养殖场、物流配送等工副业项目20多个，每年为村集体增加3000多万元收入。利用村集体经济收入，加快基础设施建设，改善了村庄环境，村里先后建起省级规范化小学、幼儿园、社区卫生院、老年活动中心、村民文化广场、书报阅览厅，改善了村民的居住条件和生活环境。按照村庄规划，对旧村实行改造升级，实现了居民楼房化。自2006年实行旧村改造以来，代村累计拆除旧房900户，20多万平方米，还建楼房42栋，小康楼160户，老年公寓两处，安置村民560户。完善社会保障制度，解除村民的后顾之忧。代村在苍山县率先实施了村民全覆盖的“五补”政策，居民全部参加医疗保险，并且实施大病救助，解决了群众的看病难问题；实施在校学生教育补助，解决村民子女上学难问题；按时发生活补助，解决村民养老之忧；实施劳动技能培训补助，解决青壮年农民择业、就业问题；实施住房补助，解决住房难问题。

2. 对落后农村基层党组织进行扶持，以输血提高造血的能力

深入推进选派“第一书记”工作。在城市化的过程中，临沂市行政村（居、社区）总数由7151个减少到3990个，减少比例达44.2%；村均人口由1324人增加到2373人，500人以下的村由591个减少到50个，1000人以下的村由2887个减少到563个，各类资源得到了有效整合，村庄发展空间进一步拓展。调整后的行政村中，共规划批复农村社区1469个，其中一村一社区1087个，成立党委67个、党总支1169

个，党组织书记由机关干部兼任的1281个。2013年，选派的第一书记帮助任职村新上增收项目1458个，发展经济作物7.6万亩、大棚蔬菜1万多亩，开发旅游项目247个，发展其他特色产业537项，有力地促进了集体经济增收和群众致富。着力提升基础设施建设水平。集中开工建设了一大批关系群众切身利益的水、电、路、医、学等基础设施项目，共整修道路4400多公里，新上水利项目842个，新建沼气池2595个，安装路灯1.5万盏，新建改建了一批学校、卫生院、文体广场和科技书屋，极大地方便了任职村群众生产生活。

选调大学生村官到村任职。从2008年开始，临沂开始选调大学生村官到村任职。2008年，临沂市招聘2000名高校毕业生到农村任职，占当年全国大学生村官总数的十分之一。大学生村官在各自的工作岗位上发挥了重要作用。一方面充分发挥大学生村官团队的作用。全市成立到村任职高校毕业生宣讲团463个，宣讲团通过开展农业科技知识讲座、编发农业科技资料、提供农业科技咨询等形式，深入农村基层，开展农业先进实用技术培训和推广，帮助农户解决科技致富技术难题，介绍科技致富经验，组织宣讲3100多场次，走访农户6.5万户，形成调研报告3493篇，收集整理各类意见和建议6538条，为民办实事好事5713件。有的县开展了大学生村官兼任科普员、农信社“三农”服务信息员等活动，同时，让大学生村官在参与乡村环境综合整治等市、县重点工作中发挥作用、经受锻炼，当好“政策宣传员、工作战斗员、任务督导员”。另一方面，充分发挥大学生村官个人的作用。他们利用专业优势，在发展“订单农业”、农村信息化、兴修水利、产业集群升级、社区文化建设、新的农产品品种推广等方面为农村的发展注入了活力，他们发挥作用的领域主要集中在技术、信息、推介、营销、文化建设等非传统领域，大学生村官为农村的产业升级和文化发展提供了智力支持，对传统农业向现代农业的转变产生了极大影响。对农村基层组织建设来说，大学生面向基层就业创业，改变了农村基层干部来源的单一性，为农村基层组织注入了新的活力，可以有效缓解基层组织人才匮乏的状况，改善基层干部队伍的结构，为建设社会主义新农村、实现全面建设小康社会的宏伟目标提供人才支持和组织保证，又能为农村基层组织培养有知识、有文化的新农村建设带头人。目前，该市实际在岗村官192名。其中，2012年选聘85名，2013年选调107名。

对落后农村基层党组织进行帮扶、向落后农村基层党组织派驻书记是输血，输血的目的不是单纯为了解决某个问题，如帮村里修路、筹集资金盖办公场所等，而是为了帮助落后农村基层党组织提高造血的功能，在帮扶人员退出后农村基层党组织能够正常开展工作。提高农村基层党组织的造血能力，农村基层党组织不再是农民生产的直接参与者、指导者，而主要从外围为农民的生产发展提供各种必要的服务。这些服务主要包括：政策指导、信息服务、农民教育以及引导和培育各种农民自组织等。要找准一条适合实际发展的路子，积极引导和带动村民实现发展，为农民增收服务。沂南县依汶镇后峪子社区党支部书记梁兆利，从1976年起担任村党支部书记至今已有37年。后峪子村由于严重缺水、交通不便，祖辈“面朝黄土背朝天”，是周边出了名的穷山村。梁兆利担任村支书后，带领村民修路开渠、引水上山，共修路18公里，1988年村里吃上了自来水，昔日的穷山头变成今天的“花果山”。1996年，梁兆利带领村民种植李子树，注册了“阳都帅李”的商标，2013年李子销售收入近200万元。平邑县九间棚村、罗庄区沈泉庄村、河东区的刘团村等都是在带头人的带领下，找到适合村集体经济发展的模式，推动村集体经济的发展和壮大，成为闻名全国的明星村。

3. 强化服务功能，加强基层服务型党组织建设

抓好县乡村三级党群服务中心（站、室）建设，下沉政府部门服务功能，充实基层服务力量。全市共建立党群服务中心178个，为党员办实事好事2万多件次。如莒南县探索建立了县乡村三级党员服务中心，各级党员服务中心（站、室）建设实行大厅式建设、开放式管理、窗口化办公、规范化服务，并制定了“八有、三规范”标准。“八有”标准：有场所、有牌子、有人员、有制度、有设备、有学习资料、有档案、有党员志愿者队伍。“三规范”标准：一是业务办理规范化，严格执行“六件办理制”，对即办件实行直接办理制、承诺件实行限时办结制、联办件实行联合办理制、补办件实行一次告知制、退回件实行明确答复制；二是窗口服务规范化；三是党务公开规范化。

根据党员的职业特点和个人专长，适时、适度组织党员参与社区建设，建立党员志愿服务、公开承诺等制度，根据党员工作岗位和个人特点，采取支部牵头、党员自愿参与的方式，组建了一批相对稳定的党员志愿者队伍，作为基层党组织开展服务活动的补充力量。兰山区的大官苑社区是回迁社区，其社区楼宇内共活跃着23支500余人参加的党员志愿者队伍。

改善服务内容，由党务工作向服务群众生产生活转变；转变服务方式，从集中活动向集中与分散相结合转变；灵活选择服务时间，从脱产活动为主向业余活动为主转变。农村社区党建工作需要社区群众、党员和社区党务工作者的合力推动，这就需要强化党员干部自我管理、互动管理和发动社区群众参与管理。大官苑社区，以楼宇为依托，以党员为主体，设立楼宇服务栏，开展以“社区窗口服务、预约服务、医疗服务、治安服务、文化服务和购物服务”为主要内容的活动，强化党组织生活服务的职能。还建立上级党组织服务下级党组织，社区党组织服务广大党员的“双服务”机制，制定了《关于对建国前党员、困难党员、无职党员的帮扶办法》，开展节前走访慰问，对遭遇家庭不幸的党员及时入户走访。健全了以上级党组织为基础的组织服务、党组织为党员服务体系，较好地实现了党内关怀。

（二）以三个“全覆盖”，促进组织功能实现方式转变

组织、管理、服务全覆盖是临沂促进基层党组织功能实现方式转变的重要做法。

1. 创新党组织的设置模式，实现基层党组织的全覆盖

在农村，以行政村规模调整为基础，探索建立以村村联建、村居联建、中心村带动建为主的农村社区党组织和以村企联建、“支部+合作社”为主的产业党组织；在外出务工人员中，依托各类办事处、企业分公司等，建立驻外党组织；打破条块分割，在新农村建设成片推进区、新建连片居民区、企业聚集区、工业园区和大型商业区、商务楼宇、专业批发市场等功能区块，建立了一批区域性党组织，不断优化基层党组织设置，使其更加符合服务型党组织的要求。

沂水县探索在非公企业推行网格化党建管理模式上的经验值得关注。沂水县按照“地域相邻、行业相近”的原则，以发展强、党建强的“双强”型非公企业党组织为核心，以10家左右企业为一个党建工作网格责任片区，成立网格片区党总支，每个片区建立一处党员综合服务中心，推行组团式服务，实现网格内非公企业组织共建、党员共管、设施共享、活动共搞，达到了企业发展到哪里，党建工作就覆盖到哪里的目标。农村基层党建网格化，改变了以村为单位的党组织设置方式，打破行政村域和城乡地域限制，以居民小区、责任区、楼院、物业小区、专业市场等为单位划分实体型党建网络；以村村联合、村企联合、镇直机关站所与村联合、城乡基层党组织联合等多种形式构建联建型党组织，形成了以“块”为主的管理模式，将所辖区域划分成一个个网格，因地制宜合理划分党建工作网格责任片区，成立网格责任片区党总支，全面负责网格内党建工作的领导指导、活动开展、日常管理服务等工作，把党组织和党员纳入网格管理，构建区域化党建工作新格局，实现党组织的全覆盖。并以党组织的网格化管理，推进群众工作的网格化，对党员联系和服务群众工作实行条块式网格化管理。沂水县根据群众居住情况全部进行区块化划分网格并逐级设置村级网格、片区网格、乡镇网格，在全县形成一个总网格，实现了联系群众全覆盖。每个党员干部对服务网格内群众的咨询求助事项要及时答复、处理，一时不能答复的，对群众反映的问题，要及时向相关部门、单位咨询并向群众反馈。

基层党建的网格化，有助于构建功能型党组织，区别党员的兴趣、特长、职业等构建功能型党组织。功能型党组织以党员个人的兴趣、特长以及所发挥的作用为基础，在群众性组织中建立党组织。使党的组织与群众的活动密切联系，真正做到哪里有群众哪里就有党的工作、哪里有党员哪里就有党组织、哪里有党组织哪里就有健全的组织生活和党组织作用的充分发挥，实现党组织和党的工作的全覆盖。

2. 推进教育管理网格化，实现党员管理的全覆盖

吸收各类精英入党，解决农村基层党组织人才短缺的问题。改进发展党员的工作，加大发展优秀青年入党的工作力度，通过村两委班子集

体推荐、党员群众举荐、个人自荐、群众考评和镇党委组织考察等，有针对性地选拔一些服务意识好、服务能力强的后备党员。积极做好在非公有制经济组织、新社会组织中发展党员工作。2013 年临沂市新发展党员 8664 名；35 岁及以下党员 6288 名，占 72.58%；大专及以上文化程度党员 4891 名，占 56.45%。在农村培养后备干部 3505 名，发展党员 2301 名，培养入党积极分子 8534 名。严把“入口”关，加大对违规发展党员案件的查处力度，对发现的违规异地“借壳”入党、违纪违法人员入党、村干部违规发展近亲属入党、长期不发展党员等违反“五项制度”规定的，进行严肃查处，先后通报 15 起违规发展党员典型案例，强化了各级党组织抓好发展党员工作的责任。

加强对农村基层党组织干部的选拔，按照山东省委“三高三强”的新标准来选拔村党组织书记。在坚持党性观念强、政治素质好、群众威信高等基本条件的同时，重点推荐那些业务能力强，能带头致富的科技型人才；懂得商品流通、善于营销的经营型人才；开拓意识强、能兴业办厂的创业型人才进入党组织。进一步创新选任方式。以推进选派“第一书记”工作为抓手，着力加强村级班子建设。通过下派、回请、公开招聘、跨村任职等多种途径，把服务发展、服务社会、服务群众的优秀人才选拔进基层党组织领导班子，选好配强基层党组织书记。临沂市结合 2014 年将集中进行村“两委”换届选举这一实际，坚持把抓班子带队伍作为首要任务，先后调整村党组织书记 302 名、“两委”成员 470 名，并出台了《关于加强农村党组织书记示范群体建设的意见》，在县乡推荐的基础上，择优遴选了 225 名连续任职 3 年以上、任职村集体年经营性收入 20 万元以上的村党组织书记，拟作为“示范书记”进行重点培养，通过提供资金、政策、人才扶持，帮助实现更好发展，把各种社会精英团结在农村基层党组织的周围，发挥示范引领作用。

探索新形势下农村党员管理的有效方式，加强党员的动态管理。针对党员流动性大，集中教育活动组织难的实际，可以探索采取远程协助、寄发材料、定期汇报思想等方式，加强对党员的教育管理。可以根据需要设立流动型党组织，如沂南县在青岛港打工的农民中建立党组织，党组织以打工的农民为基础，围绕工作开展活动，在青岛港树立起自己的品牌形象。青岛港以个人名字命名的5个集团农民工品牌中，沂南县就占了4席。苍山县则在上海经营蔬菜户建立"上海市流动党员党委"，这标志着1400多名在上海经营蔬菜的苍山流动党员有了"新家"，党组织发挥路子广、信息灵等优势，在服务"两地"发展中做出了积极贡献。做好党员的服务工作，对老弱病残等贫困党员，给予扶持和照顾，让他们时刻感受到党组织的温暖，不断增强党员的光荣感和自豪感，增强党组织的感召力和吸引力。

健全激励保障机制。针对部分村级组织人才匮乏的现象，要建立健全激励保障机制。提高村干部的工资补助标准，认真落实"一定三有"政策（"一定"是指定权责立规范；"三有"是指收入有保障、干好有希望、退后有所养，简称"一定三有"），为村干部解决医疗保险和养老保险等后顾之忧，让他们干有所为，退有所安。在落实村干部补贴报酬的基础上，通过财政转移支付的方式加大对村级组织建设的投入力度，建立稳定规范的农村组织工作经费保障制度，采取适当方式给予政治荣誉或经济补助，为村级组织充分发挥服务功能提供条件。针对村级党组织"无钱办事"难题，协调各级财政落实市委常委会意见，按照"市财政每年拿出当年公共财政预算收入的2‰，县区每年拿出2%，乡镇每年拿出5%"的标准，设立农村基层组织建设专项经费5.526亿元，其中市级3880万元，县级2.39亿元，有效保障了村级组织正常运转。

3. 推进服务体系网格化，实现基层党组织服务的全覆盖

牢固树立为民服务的理念。立党为公、执政为民，全心全意为人民服务，是党的宗旨。只有提高农村基层党组织服务农民群众的能力，才能密切党群关系，党组织才能凝聚群众的力量推动城市化。为密切党群关系，沂水县在全县开展了以"联系群众，转变作风"为主题的万名干部联系百万群众活动。按照全覆盖、网格化、定标准、严要求、重实效的要求，推动基层服务型党组织建设。并且成立专项督察组，建立联系服务群众电话数据库，通过现场督导、随机抽查、受理投诉等方式开展明察暗访；通过不定期召开现场调查会，对万名干部随机抽查、现场调度，对发现的弄虚作假行为进行了严肃处理，做到"有假必查、有

过必惩、有问必答、有诉必应”，让人民群众和社会各界切实感受到党委政府的决心和党员干部的诚意，赢得了社会各界的广泛赞誉和广大群众的普遍认可。

要建立为民服务的载体。在农村打造了一批带领群众发家致富、为群众代办服务的服务型党组织示范点；在非公企业中开展了沂蒙“双强”企业创建工作；在社会组织中打造了“律师党员进社区”、“党建义工”等一批党员志愿服务品牌。临沭县曹庄镇朱村探索出的“一站式”服务平台、“两中心”服务阵地、“三模式”服务体系、“四机制”服务保障等一系列做法，走出了一条以服务促发展、以发展提升服务的双赢之路。改善服务渠道，寻找新的载体，推动农村社会组织建设。同时，在全面总结沂水经验做法的基础上，以开展“结亲连心”活动为载体，全面深化干部直接联系服务群众工作，组织引导全市各级干部到基层走访联系群众，收集办理群众诉求，努力推动服务工作常态化、长效化。目前，全市8.1万名干部联系284.8万户群众，其中，市直干部6122名，联系11.1万户群众。层层设立网格长，建立工作网格5.46万个，形成了横到边、纵到底的网格管理体系。认真做好首轮入户对接的各项工作，每个干部对服务网格内群众的咨询求助事项要及时答复、处理，一时不能答复的，对群众反映的问题，要及时向相关部门、单位咨询并向群众反馈。各级共征集意见诉求11.7万条，其中，生活保障类5.3万条、公共服务类0.8万条、规划建设类2.4万条，已解决反馈8.5万条，占72.59%。加强督导考核，指导各级活动办公室，加强日常调度督导，先后集中督导3次，日常随机抽查1.3万余人次。不仅实现党组织的全覆盖，还要实现党组织的服务全覆盖。

改变服务路径，尽量用制度化的路径解决群众的利益诉求。在城市化过程中，拆迁和征地补偿是农村绕不开的工作，如何保障农民合理的利益诉求是防止上访事件和群体性事件的重点。从当前工作的实践来看，由于上访有一票否决权，有的地方怕上访，对一部分人的不合理的利益诉求，不是通过原来制定的制度来解决，而是在制度外解决。用非制度化的路径解决群众的问题，会暂时解决问题，但是从长远看，这一做法会助长群众寻求通过非制度化的路径来解决问题，造成更多的上访事件。而要从根本上解决问题，不能简单粗暴，不能一蹴而就，要用心做事，兰山区北城新区改造工程是临沂市委、市政府建设“大临沂、新临沂”的重要组成部分，一期工程涉及33个村，5.8万人，2.4万户民房，2400多家企业，拆迁面积超过800万平方米。临沂市、兰山区都成立了指挥部，工作主体是南坊街道和村干部。项目从2004年启动，凡是参与北城新区建设的工作人员，围绕“拆迁供地、还建安置、社会稳定”三个重点，坚持依法拆迁、有情拆迁、平稳拆迁、和谐拆迁，保证党员干部带头拆迁、保证让拆迁户尽早入住、保证适龄人员全部就业、保证拆迁户子女就近入学、保证弱势群体基本生活有保障、保证动迁中小企业得到妥善安置，遇到困难时，说尽千言万语，想尽千方百计，尽可能按规定的标准完成拆迁工作，较好地解决了拆迁户面临的困难，赢得了拆迁户的支持与配合。在较短的时间内，一片功能完善、特色鲜明、环境秀丽的新城区拔地而起，不仅建起了一座新城，还创造出了“迎难而上、无私奉献，以人为本、关注民生，务实高效、雷厉风行，突出重点、创新思路，高点起步、高标定位，夯实基础、凝聚合力”的“南坊经验”。

（三）以建章立制，推进各类组织规范运行

加强对村级组织的监督。村级组织的待遇和身份与体制内的各级组织有很大差别，他们承担的任务却非常繁重，同时他们也掌握着农村资源的分配权。对村级组织权力运行必须进行有效的监督，通过推行政务公开、村务公开、党务公开等公开办事制度，进一步拓宽群众民主参与的渠道和途径，确保人民群众的知情权、参与权、表达权和监督权。为保障资源分配公正合理，临沂市对村居普遍实施了“四监管一扎口”的做法，对村级公章、财务、账目、合同实行镇、村共同管理，对宅基地规划实行镇级扎口管理，有效地解决了村级财务不清、办事不公、权力滥用等问题。实行镇、村共同管理，对宅基地规划实行镇级扎口管理以来，反映这类问题的群众信访事项同比下降了40.3%，取得了明显的实效。

建立科学的评价体系，强化对党员和干部的考核。临沂市健全完善

“四民主一考核”工作办法，“四民主一考核”是市委、市政府制定的《党领导的村级民主自治暂行规定》的核心内容，“四民主一考核”即民主选举、民主决策、民主管理、民主监督、综合考核。这一规定是临沂市加强村级班子建设和农村干部队伍建设的重大举措。对各个干部进行合理分工，采取定期听取报告、检查考核等方式，检验工作结果。把干部联系群众工作的评判权交给群众，让群众当考官，干部当考生。结合政风行风评议活动，组织联系干部进行述职，由联系户对干部联系群众工作进行综合评议，由群众写出评语，工作好不好由群众说了算。评议结果作为领导班子和干部考核的重要内容，作为干部选拔使用、评先树优的重要依据，对评议得分差、群众反映强烈的干部进行通报批评。建立党员的表现评价制度，用群众满意不满意、答应不答应、接受不接受来检验农村基层党组织的各项工作。兰山区大官苑社区通过“一徽、三卡、五星”式管理模式，即党员自觉佩戴党徽，接受群众监督；向党员发放“先锋活动记录卡”、“图书借阅卡”和“岗位服务卡”，每半年对党员进行一次五星级评定，党员奖惩情况及时录入电子档案，以此激发党员队伍活力，最大限度地实现党员干部自我约束、自我管理。

大力推进基层民主建设，畅通民主渠道。开展形式多样的基层民主协商，推进基层协商制度化，建立健全居民、村民监督机制，促进群众在城乡社区治理、基层公共事务和公益事业中依法自我管理、自我服务、自我教育、自我监督。在还建回迁后，兰山区大官苑社区群众工作室推行具有临沂特色的“五个一”模式：村村设立一块领导接访告示牌、户户发放一张便民联系卡、家家拥有一套信访法规宣传材料、村村设立一条信访法规宣传街、村居社区设立一处群众工作室，使群众了解法律法规，与领导干部直接见面和对话。群众工作室成了党员干部和群众沟通的平台，群众的利益诉求通过这个平台及时反映给党员干部，党员干部帮助群众解决诉求、帮助化解积怨。信访案件主要源于基层，由于资源分配不均而导致的信访案件比例非常高。围绕城市化过程中农村土地征用、农村社区建设、房屋拆迁、农民权益保障、环境污染、食品药品安全等农民反映强烈的突出问题，认真解决，让广大农民平等参与现代化进程、共同分享现代化成果。基层是政治信息输出的起点，也是政治信息输入的终点。这中间，党组织的桥梁和纽带作用尤为重要。通过加强基层党组织建设，党组织将农民的利益诉求及时向上级组织反馈，既能减少决策失误，又能根据情况的变化对不科学的决策及时作出调整，既能提高党的决策科学化和民主化，又能密切党群关系，构建和谐党群干群关系。

健全社会组织的运行机制。在城市化的过程中，由于农民的组织化程度比较低，农民的利益容易受到侵害。推进社会组织建设，可以把农民有效组织起来。但是社会组织运行机制不健全又容易侵害组织中农民的利益，如有的经济合作组织与农民签订的合同，对组织有利的就执行，对农民有利的则不执行，直接损害农民的利益。基层党组织必须发挥领导核心作用，不仅要推动社会组织的建设，还要推动社会组织运行机制建设，使社会组织运行制度化、规范化，更好地维护农民的利益。

临沂是革命老区，在革命战争年代，党组织带领根据地人民群众翻身求解放，有20万人参军、百万儿女支前、10多万人献出宝贵生命。新中国成立后，党组织团结带领群众战天斗地、拼搏进取，发扬革命战争年代的精神建设自己的家园，先后有厉家寨、王家坊前、高家柳沟三个村受到毛泽东主席的批示表扬，不断取得社会主义建设新成就。改革开放以来，刘加坤带领平邑县九间棚人艰苦奋斗，九间棚精神受到党和国家领导人的肯定，王廷江则把自己的家当献给集体，并带领群众艰苦创业，完成了从一个村庄到一座城市的华丽转身。党组织转型早的村不仅实现了本村的城市化，还带动了周边村庄的城市化。2012年，临沂市城市化率达到51.3%，被评为“中国城乡建设范例城市”。而要实现在2020年城市化水平达到60%以上的目标，尚未完成城市化的农村基层党组织要根据变化的形势，既要及时调整自己的功能，向服务型党组织转变，又要充分发挥社会组织和群众的积极性、主动性、创造性，及时反映和协调处理群众各方面各层次利益诉求，共同推进临沂城市化建设。

附：

（一）更新党建工作思路　应对城市化治理挑战

党建工作如何不断在变化的社会生产关系中自我调适，发挥作用，一直是一个历久弥新的话题。当代中国的城市化进程不断加快，带来基层社会资源不断整合分配。这一过程，对民众的生产方式、行为习惯、社会组织关系甚至精神和价值观念等产生极大影响，对基层社会原有的管理模式产生极大影响，对基层党组织也带来极大挑战。

挑战一：非公有制经济在我国东部沿海地区蓬勃发展之后，迅速在其他地区星火燎原。同样，非公有制企业党建工作在东部沿海地区得到探索并全面推开后，也在其他地区迅速跟进。然而，将党组织建在新兴经济组织当中，并不意味着党建工作自此高枕无忧。随着非公企业的不断发展，多元经济结构、多种经济成分、多类经济组织共生并存的格局，对党的基层组织建设及其作用发挥提出了新挑战。一是非公企业数量急剧增加，党建工作力量严重不足。二是非公企业主管部门多元化，党建责任单位与主管部门不统一造成工作滞后和被动。非公企业的审批和管理权限根据行业不同隶属于不同的上级职能部门，其主管部门存在交叉现象，乡镇、社区、村党组织对这些非公企业没有管理权，往往出现党建工作的“空白点”。三是非公企业的更迭变化速度快，党建责任单位工作区域过大，经常顾此失彼。由于小微企业从业人员、生产情况、经营效益经常发生变化，给党组织的组建和正常运作以及党员的归属造成很大影响。

挑战二：城镇化打破了农村以行政村为单位的治理模式，乡镇会进一步整合，通过撤、并、扩等多种方式对现有的行政村设置进行重新调整。例如，2011 年，临沂市撤并乡镇 23 个，行政村的数量大大减少，由原来的 7167 个行政村规划为 1130 个中心村（农村社区），变成以中心村为主的新型农村社区。城镇化不仅打破了原建制村和村民小组的设置模式，也打破了以建制村为单位的党组织设置模式。在变化了的形势面前，原有的以村为单位设置党组织的方式很难扩大党组织的覆盖面，实现党组织的全覆盖。农村基层党组织的领导方式、领导者的素质和观念还不适应当前工作的需要，对城镇化过程中农民的利益诉求不能有效表达，导致城镇化过程中因土地的征用和房屋拆迁等问题引发的矛盾逐渐升级，导致上访事件不断，涉农信访中80%以上与土地有关，甚至引发群体性事件，直接影响农村的发展和稳定，甚至动摇党执政的基础。

应对：在非公有制企业中成功建立的党组织，如何在快速城市化进程中继续激活功能，发挥作用？山东临沂提供了一种思路，即改变原有的党组织设置方式。目前，沂水县拥有各类非公企业805家，从业人员60多万人。随着非公企业日益增多，原有的管理体制逐渐呈现出工作力量不足，指导人力匮乏、指导不到位的现象。对此，沂水县率先探索在非公企业推行区块化党建管理模式，即按照“地域相邻、行业相近”的原则，以发展强、党建强的“双强”型非公企业党组织为核心，以10家左右企业为一个党建工作区块责任片区，成立区块片区党总支，每个片区建立一处党员综合服务中心，推行组团式服务，实现区块内非公企业组织共建、党员共管、设施共享、活动共搞，达到了企业发展到哪里，党建工作就覆盖到哪里的目标。

基层是政治信息输出的起点，也是政治信息输入的终点。临沂的思路是，这中间，党组织的桥梁和纽带作用尤为重要。农村基层党建区块化，改变以村为单位的党组织设置方式，采取以“块”为主的方式，将所辖区域划分成一个个区块，因地制宜合理划分党建工作区块责任片区，成立区块责任片区党总支，全面负责区块内党建工作的领导指导、活动开展、日常管理服务等工作，把党组织和党员纳入区块管理，构建区域化党建工作新格局，实现党组织的全覆盖。并以党组织的区块化管理，推进群众工作的区块化，对党员联系和服务群众工作实行条块式区块化管理。沂水县根据群众居住情况全部进行区块化，划分区块并逐级设置村级区块、片区区块、乡镇区块，在全县形成一个总区块。实现了联系群众全覆盖，全县33.7万户、113万群众，全部有干部联系，每个干部对着一个区块，大约30户左右。每个党员对服务区块内群众的咨询求助事项要及时答复、处理，一时不能答复的，对群众反映的问题，要及时向相关部门、单位咨询并向群众反馈。不仅实现党组织的全覆盖，还要实现党组织的服务全覆盖。

经过区块化管理，将农民的利益诉求及时向上级组织反馈，既能减少决策失误，又能根据情况的变化对不科学的决策及时调整，既能提高党的决策科学化和民主化，又能密切党和群众的联系，构建和谐党群干群关系。

这种党建区块化管理方式，是党建工作在新时期城市化大潮之下作出的自我调适和应对，也体现了中国共产党随社会生产关系变化主动转换基层组织治理方式的决心和魄力。城市化的全面推进带给执政党的挑战全面而复杂，带给执政党自身建设的挑战也严峻而迫切，及时更新管理方法，及时转换治理方式，是党建应对城市化挑战的明智选择。在各个改革发展阶段同时空呈现的当代中国，这一思路还将对更多的地区起到借鉴作用。

（二）沂水推进党建网格化管理对农村社会治理机制创新的启示

农村城镇化的发展，不仅对农村经济社会结构带来了很大的变化和挑战，也对农村基层党组织建设提出了许多新的问题。过去农村的党组织建设以村为单位，这与传统生产关系条件下，村作为重要的经济结算单位的状况，紧密相连。随着改革开放的推进，农村生产方式和经济结构发生着巨大的变化，特别是非公经济因素的发展，很大程度上冲击着原有的农村经济社会结构的运行原则。简单说来，原有的以村为单位设置党组织的方式很难扩大党组织的覆盖面，如何在新兴的非公企业中更好地开展党的基层组织建设和管理，就成为一个值得认真对待的问题。山东沂水县借鉴国内已有经验，并针对本地情况，主动创新求变，积极在非公企业推行网格化党建管理模式，为我们考察相关问题提供了新的研究素材。

沂水县的创新体现在这样几个方面。首先，弱化村社等行政区划单位在网格区块管理中的作用。沂水针对非公企业发展特点，完全改变以村为单位的党组织设置方式，采取以“块”为主的方式，将所辖区域划分成一个个网格，因地制宜合理划分党建工作网格责任片区，成立网格责任片区党总支，全面负责网格内党建工作的领导指导、活动开展、日常管理服务等工作。过去的非公企业党建网格化管理，很多依然依托既有的村、社等单位展开，并没有产生结构突破的意义。沂水的做法体现了改革开放对经济社会带来的新的结构性变化，即农村中的村社等单位作为基本经济结算单位的地位进一步降低，传统生产方式逐步被现代工业生产方式所替代。

其次，沂水县按照“地域相邻、行业相近”的原则，以发展强、党建强的“双强”型非公企业党组织为核心，每10家左右企业为一个党建工作网格责任片区，成立网格片区党总支，每个片区建立一处党员综合服务中心，推行组团式服务，实现网格内非公企业组织共建、党员共管、设施共享、活动共搞，企业发展到哪里，党建工作就覆盖到哪里。在重新组织管理体系的标准上，明确引入行业标准，这显然也是沂水的创新之处，体现了农村经济社会发展带来的新的结构性变化在党建标准上的作用。

再次，沂水还将基层党组织建设网格化管理与农村社区的网格化勾连起来，以党组织的网格化管理，推进群众工作的网格化，对党员联系和服务群众工作也实行条块式网格化管理。沂水县根据群众居住情况全部进行区块化划分网格并逐级设置村级网格、片区网格、乡镇网格，实现了联系群众全覆盖。全县33.7万户、113万群众，全部有干部联系，每个干部对着一个区块，大约30户左右。每个党员对服务网格内群众的咨询求助事项要及时答复、处理，一时不能答复的，对群众反映的问题，要及时向相关部门、单位咨询并向群众反馈。不仅实现党组织的全覆盖，还要实现党组织的服务全覆盖。沂水的做法创造性地将基层党建工作机制与基层社会治理体制有机结合，对于实现加强基层党组织建设的目的，即恢复和强化党组织在基层的领导，更好地在基层实现党为人民服务宗旨，可以起到很大的支撑作用。

《中共中央关于全面深化改革若干重大问题的决定》指出，要“创新基层党建工作，健全党的基层组织体系，充分发挥基层党组织的战斗堡垒作用，引导广大党员积极投身改革事业，发扬‘钉钉子’精神，抓铁有痕、踏石留印，为全面深化改革作出积极贡献”。沂水县在党建管理方式发展与农村社会治理完善方面的实践可以为我们提供三个方面的启示。第一，针对经济社会改革向更深层次推进所带来的现实问题，各级基层党组织和机关要敢于创新，不能等靠要，而要通过积极的实践来明确问题，并找到解决问题的办法。第二，创新的胆子要大，但具体举措要稳，要注意实事求是的工作作风，针对本地的实际情况，针对经济社会发展的实际水平，建立符合现实需要的机制和体制。第三，真正实现“善于创新”的目标，关键在于对经济社会发展基本规律的正确把握。在这三个方面，沂水县在针对农村以非公企业为主要对象的基层党组织建设工作的制度创新，就抓住了基层党组织要更好地管控基层、服务人民的问题关键，并且将其与基层社会治理的发展结合起来，取得了很好的实践效果。

（三）沂水县非公企业党建网格化管理模式助推非公经济发展

随着非公企业的不断发展，多元经济结构、多种经济成分、多类经济组织共生并存的格局，对党的基层组织建设及其作用发挥提出了新挑战。一是非公企业数量急剧增加，党建工作力量严重不足。目前，沂水县拥有各类非公企业805家，从业人员60多万人。随着非公企业日益增多，原有的管理体制逐渐呈现出工作力量不足，指导人力匮乏、指导不到位的现象。二是非公企业主管部门多元化，党建责任单位与主管部门不统一造成工作滞后和被动。非公企业的审批和管理权限根据行业不同隶属于不同的上级职能部门，其主管部门存在交叉现象，乡镇、社区、村党组织对这些非公企业没有管理权，往往出现党建工作的“空白点”。三是非公企业的更迭变化速度快，党建责任单位工作区域过大，经常顾此失彼。由于小微企业从业人员、生产情况、经营效益经常发生变化，给党组织的组建和正常运作以及党员的归属造成很大影响。传统的党组织设置和管理模式无法适应非公经济快速发展的要求，出现了小微企业党组织“纵向管理不到底，横向管理不到边”，行业归口纵向管理与基层组织横向管理中间存在党建工作“空白点”的问题。

基于上述背景，沂水的做法是：第一，合理划分网格。按照“地域相邻、行业相近”和“以强带弱、以大带小”的原则，以发展强、党建强的“双强”型非公企业党组织为核心，以10家左右已组建党组织和尚未组建党组织的非公企业为基本单位，因地制宜划分党建工作网格责任片区，建立网格非公企业党总支，逐步形成“以区域划块，以行业成条”的全县条块纵横网格图。目前，全县共划分组建党建工作网格责任片区35个，其中“区域块状责任片区”30个、“行业条状责任片区”5个，覆盖非公企业党组织700多家。

第二，健全运行机制。建立领导责任机制。明确网格非公企业党总支职责，全面负责网格内已组建和尚未组建党组织的非公企业党组织党建工作的领导指导、活动开展、党建工作制度化规范化建设和日常管理服务等工作。建立联席会议和例会制度。党建工作网格责任片区党总支每季度召开一次党建工作联席会议，每月召开一次例会，通过情况通报、经验交流等形式，共同研究讨论加强党建工作的思路办法，协调解决“两新”组织党建工作及发展中遇到的问题和困难。建立健全“党群共建”工作机制。以网格片区党组织为核心，以工会、共青团、妇联等群团组织为依托，充分整合网格内党群工作各类资源，积极构建“1+3”（1即党组织，3即工会、共青团、妇女组织）一体化发展的党群工作组织体系、活动体系，建立组织共建、教育培养、工作例会、定期活动和领导责任等工作制度，形成党建合力，实现党群组织优势互补、共建互促。截至目前，全县已建立党组织的756家非公企业，全部建立起工会、共青团和妇女组织。

第三，创新服务模式。以网格内“双强”型党组织为主，牵头建立网格化党建活动阵地，设立集党群一体化工作室、远程教育播放室、党建阅览室、党员活动室、咨询室、健身娱乐室等为一体的党员综合服务中心，为网格内党组织开展教育培训、文体娱乐、政策咨询、党内业务办理等活动提供各种服务，避免了个别非公企业党组织开展活动受场地限制和党建资源重复建设的问题。

通过非公企业网格化管理，成效比较明显：一是优化了党组织管理，非公企业党组织组建步伐进一步加快。网格化管理较好地解决了非公企业党组织之间缺乏一个中间稳固的管理层的问题，从管理体制机制上清除了长期以来规模以下非公企业党建工作存在的“空白点”问题。二是构建了科学适度合理的管理模式，非公企业党员教育管理和发展工作得到进一步加强。片区网格党组织具有接转组织关系、培养和发展党员、教育监督党员和组建基层党组织的职能，打破了以往非公企业中管理不到位的传统模式，形成了片区党组织直接管理非公企业党组织、党员的新模式，有力地推动了党建工作的顺利开展。三是探索了党群共建新路子，促进非公企业和谐发展。在网格化管理工作中，对于符合单独建立党组织条件的，先建立党组织，然后在党组织的领导下，再建立工会、共青团等群众组织；暂时不符合建立党组织条件的，先建立工会组织和团的组织，在工会和团组织骨干中发展党员，待条件成熟后再建立党的组织，从而实现了党群组织互动共赢，促进了企业和谐发展。

实践证明，非公企业网格化区域共建管理模式，是一种适应新形势、新任务要求行之有效的工作制度，对于扩大党的群众基础和覆盖面，有效发挥党组织在非公企业的作用，具有重要意义。这种模式的实施有效破解了非公企业党组织组建难、党的工作覆盖难、作用发挥难等问题，有效发挥了“扩覆盖”、“强管理”、“促发展”的作用，使党建工作成为非公经济健康快速发展的有力“助推器”。

（四）2013 年临沂基层党建情况梳理

课题组经过调研走访，梳理出 2013 年当地基层党建的实效性工作情况。

其一，开展“结亲连心”活动，深化干部直接联系和服务群众工作。在全面总结沂水经验做法的基础上，在全市开展“结亲连心”活动，深化干部直接联系和服务群众工作。指导县区、市直单位按照“全覆盖、网格化”的要求，扎实推进“结亲连心”活动。目前，全市 8.1 万名干部联系 284.8 万户群众，其中，市直干部 6122 名，联系 11.1 万户群众。层层设立网格长，建立工作网格 5.46 万个，形成了横到边、纵到底的网格管理体系。认真做好首轮入户对接的各项工作，各级共征集意见诉求 11.7 万条，其中，生活保障类 5.3 万条、公共服务类 0.8 万条、规划建设类 2.4 万条，已解决反馈 8.5 万条，占 72.59%。加强督导考核，指导各级活动办公室，加强日常调度督导，先后集中督导 3 次，日常随机抽查 1.3 万余人次。

其二，做好发展党员工作。一是严格落实发展党员的结构比例要求。积极稳妥调控发展党员数量，全市发展党员总体计划比去年减少 26%；突出党员发展重点，着重解决农村党员队伍力量薄弱、非公有制经济组织党员不足等问题。截至今年第三季度，全市新发展党员8664名；35岁及以下党员6288名，占72.58%；大专及以上文化程度党员4891名，占56.45%，全市党员队伍结构进一步优化。二是认真落实发展党员工作“五项制度”。严把“入口”关，加大对违规发展党员案件的查处力度，对发现的违规异地“借壳”入党、违纪违法人员入党、村干部违规发展近亲属入党、长期不发展党员等违反“五项制度”规定的，进行严肃查处，先后通报15起违规发展党员典型案例，强化了各级党组织抓好发展党员工作的责任。三是严格发展党员工作标准和程序。针对发展学生党员工作中出现的放宽年龄限制、唯学习成绩以及临毕业突击发展等问题，出台《关于做好高中生发展党员工作的意见》，明确要求把工作着力点放在入党积极分子培养上，提出“五不发展”原则，组织各县区、市属院校开展自查自纠，严格落实。

其三，深入推进选派“第一书记”工作。在集中开展“第一书记”年度考核、召开年度工作会议的基础上，进一步强化领导指导，严格落实周调度、随机暗访制度，探索实行县区挂职常委、大组长周调度制度，并先后在平邑、临沭召开现场会，引导和督促“第一书记”着力在四个方面出实招、下实功，取得明显成效。一是着力加强村级班子建设。结合2014年将集中进行村“两委”换届选举这一实际，坚持把抓班子带队伍作为首要任务，先后调整村党组织书记302名、“两委”成员470名，培养后备干部3505名，发展党员2301名，培养入党积极分子8534名，组织村干部学习培训8万多人次，为任职村发展提供了坚强的组织保障。二是着力增强经济发展后劲。坚持把强村富民作为重中之重，立足资源和产业优势，帮助任职村新上增收项目1458个，发展经济作物7.6万亩、大棚蔬菜1万多亩，开发旅游项目247个，发展其他特色产业537项，有力促进了集体经济增收和群众致富。三是着力提升基础设施建设水平。集中开工建设了一大批关系群众切身利益的水、电、路、医、学等基础设施项目，共整修道路4400多公里，新上水利项目842个，新建沼气池2595个，安装路灯1.5万盏，新建改建了一批学校、卫生院、文体广场和科技书屋，极大地方便了任职村群众生产生活。四是着力改善村庄环境面貌。扎实推进任职村环境综合整治工作，共美化硬化道路、街道120万平方米，绿化公共场所100万平方米，植树造林3.2万余亩。2013年以来，新华社、新华网、新华每日电讯、《大众日报》等中央和省级媒体分别对市“第一书记”工作作了集中报道；11月下旬，全市首部反映“第一书记”主旋律电影《心碑》公开上映，得到社会各界普遍好评。

其四，集中开展部分行政村规模调整和推进农村社区建设工作。按照市委、市政府统一部署，2012年年底至2013年6月，集中开展了部分行政村规模调整和推进农村社区建设工作。各级对这项工作高度重视，坚持从实际出发，深入开展调查摸底，科学制定调整方案，强化思想宣传引导，广泛听取群众意见，严格公决程序步骤，积极稳妥组织实施，整体工作进展顺利，较好地实现了各项目标任务。全市行政村（居、社区）总数由7151个减少到3990个，减少比例达44.2%；村均人口由1324人增加到2373人，500人以下的村由591个减少到50个，1000人以下的村由2887个减少到563个，各类资源得到了有效整合，村庄发展空间进一步拓展；调整后的行政村中，共规划批复农村社区1469个，其中一村一社区1087个，成立党委67个、党总支1169个，党组织书记由机关干部兼任的1281个，一批班子软弱村、经济薄弱村得到整合消化，村级基层组织建设的基础进一步强化。规模调整结束后，指导各级政府及时把工作重点转移到农村社区建设特别是综合服务中心建设上来，落实推进措施，规范管理服务，完成综合服务中心建设详细规划573个，建成综合服务中心290个。7月、11月，市委两次召开专题会议，重点就促进规模调整村融合和加快农村社区综合服务中心建设作出了安排部署。

其五，做好大学生村官工作。围绕“选得准、用得上、干得好、流得动”，重点抓好四个方面：一是抓选调。按照省委组织部关于整合选调生和大学生村官工作的规定要求，配合开展了2013年选调村官报名和资格审查、填报志愿、体检考察、岗前培训工作，及时组织新选调的108名村官办理报到、聘用手续，全部安排到条件较好的农村社区任职。二是抓管理。始终坚持从严管理，通过电话访问、明察暗访等形式，严格落实考勤、请销假、谈心谈话、重大事项报告等制度，确保村官真正沉到一线发挥作用、锻炼成长。三是抓考核。8月下旬，针对2012年选聘村官任职满一年的实际，集中组织开展年度考核。112名参加考核的村官中，24人被评定为优秀等次，10人被表彰为全市“十佳大学生村官”。四是抓分流。在落实定向考录政策的基础上，严格按照资格审查、素质测试、考察体检、公开选岗等程序，从2008年选聘、任职满五年且未流出的村官中，定向考聘乡镇事业人员147名，实现了2008年选聘村官全部流出的目标。《山东基层组织建设简报》、《山东组工调研信息》均刊发了临沂市这一做法。目前，全市实际在岗村官192名。其中，2012年选聘85名，2013年选调107名。

其六，全面加强基础保障机制建设。按照“人往基层走、劲往基层使、钱往基层花、事在基层办”的原则，着力健全三项机制：一是示范群体引领机制。出台《关于加强农村党组织书记示范群体建设的意见》，在县乡推荐的基础上，择优遴选了225名连续任职3年以上、任职村集体年经营性收入20万元以上的村党组织书记，拟作为“示范书记”进行重点培养，通过提供资金、政策、人才扶持，帮助实现更好发展，发挥更大示范引领作用。二是基层组织经费保障机制。针对村级党组织“无钱办事”难题，协调各级财政落实市委常委会意见，按照“市财政每年拿出当年公共财政预算收入的2‰，县区每年拿出2%，乡镇每年拿出5%”的标准，设立农村基层组织建设专项经费5.526亿元，其中市级3880万元，县级2.39亿元，有效保障了村级组织正常运转。该做法得到省委常委、组织部长高晓兵的充分肯定。三是基层组织信访调处机制。出台《关于健全落实三项机制、规范基层组织信访工作的通知》，全面实行“三项机制、九项制度”，初步形成了涵盖“预防、查访、督访”全过程的基层组织信访调处机制，取得明显成效。1—3季度，共受理基层组织信访211件（次），已办结209件，办结率为99.1%。

其七，基层服务型党组织建设扎实有效。按照“区域化统筹、网格化管理、组团式服务、多元化平台、信息化支撑、社会化运作”的思路，全力推动基层服务型党组织建设。一是坚持试点先行。研究出台工作意见，并重点联系指导不同领域的9个试点单位，为全市推进工作探路子、找法子。5月底，召开全市基层服务型党组织建设推进会，观摩14个工作现场，总结推广了试点经验，全市基层服务型党组织建设全面展开。同时，在临沂日报、临沂电视台开辟“建设基层服务型党组织”专栏，刊登报道38期，播放报道9期，营造了基层服务型党组织建设的浓厚氛围。二是构建服务网络。在农村，以行政村规模调整为基础，探索建立以村村联建、村居联建、中心村带动建为主的农村社区党组织和以村企联建、“支部+合作社”为主的产业党组织；在外出务工人员中，依托各类办事处、企业分公司等，建立驻外党组织；在城市社区，推行共驻共建机制，实行网格化管理，统筹网格内党建资源，建立网格党组织；同时，打破条块分割，在新农村建设成片推进区、新建连片居民区、企业聚集区、工业园区和大型商业区、商务楼宇、专业批发市场等功能区块，建立了一批区域性党组织，不断优化基层党组织设置，使其更加符合服务型党组织的要求。三是配强服务力量。大力抓好县乡村三级党群服务中心（站、室）建设，下沉政府部门服务功能，充实基层服务力量。全市共建立党群服务中心178个，为党员办实事好事2万多件次。同时，根据党员工作岗位和个人特点，采取支部牵头、党员自愿参与的方式，组建了一批相对稳定的党员志愿者队伍，作为基层党组织开展服务活动的补充力量。四是搭建服务载体。根据各领域不同特点，分别制定创建标准，设计活动载体。在农村打造了一批带领群众发家致富、为群众代办服务的服务型党组织示范点；在城市社区创造了“拨一拨就灵”、“15分钟党员服务圈”等一批服务品牌；在机关重点开展了“创服务优品牌、建服务型组织”活动，依托“12345”市民服务热线，整合部门服务资源，形成联动服务机制；在非公企业中开展了沂蒙“双强”企业创建工作；在社会组织中打造了“律师党员进社区”、“党建义工”等一批党员志愿服务品牌。同时，以开展“结亲连心”活动为载体，全面深化干部直接联系服务群众工作，组织引导全市各级干部到基层走访联系群众，收集办理群众诉求，努力推动服务工作常态化、长效化。

第四章

大数据时代的网络社会管理新动向

——以网络社会管理的“镇江经验”为样本

内容提要：互联网的快速发展，深刻改变了我国的社会舆论环境和信息传播格局，为党委、政府的执政理念和管理方式带来了新的挑战。镇江市在创新网络管理实践中进行了一系列示范性探索与尝试，形成了网络社会管理的“镇江经验”。通过对镇江实践的调研，我们以江苏省为切入点，对网络社会管理体制的现状进行了调查和分析，对网络社会管理存在的问题进行了简单总结，并提出一些完善网络社会管理的建议。

关键词：虚拟社会；网络社会管理；镇江经验

当前移动通信和互联网技术正以前所未有的速度、广度与深度，渗透、影响并深刻改变着社会生活的方方面面，运用现代信息通信技术手段完善、提升和创新社会管理，构建和谐社会，切实维护社会和谐稳定，已成为现阶段我国经济政治改革发展的必然要求。以江苏省的状况为例，截至2012年，全省网民人数为3952万，占全国网民总数的7.0%，占江苏总人口的49.9%，互联网家庭宽带用户1600万，占户籍总数的65.6%，互联网普及率达50%，手机网民数达到2967.95万人，占全省网民总数的75.1%。随着网络技术的普及应用，微博、微信等互联网社交工具快速增长，网民对网络问政、网络反腐、网上购物等的热情也愈发高涨。网络对经济社会发展的影响不断扩大，对社会稳定的作用与日俱增。

党的十八届三中全会通过的《中共中央关于全面深化改革若干重大问题的决定》指出，要“坚持积极利用、科学发展、依法管理、确保安全的方针，加大依法管理网络力度，加快完善互联网管理领导体制，确保国家网络和信息安全”。为了进一步研究和探求推进网络社会管理体系的发展和完善，我们以在网络管理制度实践中具有地方特色与经验的江苏省镇江市为对象，进行了调研。通过调研，我们对网络社会管理的现状有了更加生动与丰富的认识，也对完善网络社会管理制度有了一些积极的看法。

一　信息网络管理制度建设的虚拟社会背景

加强现阶段信息网络管理，维护社会安全稳定，首先应重视对发展迅速的虚拟社会背景进行研究。一方面我们从理论的角度能够通过总结已有文献得出关于虚拟社会的一般理论分析，另一方面在调研中我们也为这些理论观点找到了实践中的具体体现。

（一）虚拟社会的实质

虚拟社会是与现实社会相对而言的，其基础是网络空间的相对独立性。在对现实的社会矛盾进行解决之前，必须了解矛盾产生的社会基础，即对现实社会状况的性质要有正确的认识。

事实上，中国社会乃至人类社会正在面临的这场巨大变革，无非是在一个大的历史维度下的社会变革的一种延续，它表现为生产力的大幅跃进，生产方式由封建的分散的自然经济生产模式向社会化大生产模式的转变，农业为主的社会经济构成向大工业化的社会经济构成的转变，以及乡土性社会向城市化社会结构的转变。需要指出的是，这种社会转型是不彻底的，后发国家的社会转型镶嵌在全球化趋势下人类社会整体发展的背景中，尤其是由现代技术条件所支撑的通信联系方式，极大地改变了人们交往的方式和社会的状况，信息化社会交往方式或经济政治平台正越来越引发关注，并切实改变着人类的生存乃至生产方式。交往方式的转变和交往内容的丰富造成了社会意识的复杂性与多样性，也使得任何单一价值取向的社会交往原则及纯粹的规则体系，都失去了足够的合理性。农业化向工业化转化尚不彻底，乡土性向城市化进化尚未完成，以及经济社会发展由于历史和现实原因具有的不均衡性，使得无论是单纯的传统价值理念，还是移植自西方的那些现代制度与规则，乃至法律体系或观念，都不能独立起到完全协调社会秩序的作用，从另一个角度而言，都只是解决社会现实矛盾问题的一种途径。在这点上尤其值得法律人重视的是，法律与正式制度，更是由于其独特的一些性质，失去了历史上曾经被特别强调的那种绝对意义的普适性。法律与社会之间，有着很大的需要协调的空间。

对于社会管理创新机制的要求，体现为这样一种愿望，即良好有序的社会秩序，要求政府、市场和社会三者之间的良性循环，但这三者之间的力量对比和协调，又必须以该社会的历史状况和现实背景为基础加以考察和利用。现代社会的科学技术发展，尤其是互联网、电子技术、通信技术等现代科技手段的介入，使得现代社会条件下的电子化和信息化的城市管理具有了特殊的特征和优势，也大大弥补了这种管理手段本身可能存在的信息交流方面的盲区。信息社会和网络化规则要求的即时性、直接性，极大改变了人们对于纠纷解决方式的理解。

为了应对网络社会发展的这些实际要求，镇江市通过构建“网上组织”服务平台，把网络作为群众与政府沟通、参政议政的重要途径，使群众的权益、表达和诉求更加畅通，让群众真切感受到组织与政府的服务就在身边。镇江建立的这些“网上组织”既包括“网上党支部”、“网上团支部”、“网络信访室”等信息沟通平台，也包括“网上妇女之家”、“网上驻会工委”等信息服务平台。这些组织的建立，使网络组织服务不断完善提升，有效拉近了政府与群众的距离。2012 年，各类网上组织为群众提供服务累计达 90 多万次，群众权益得到有力保障。镇江市网络互动论坛有 1 万多个，注册会员 180 多万人，2012 年无一起案例引起省级网管部门通报处置。2013 年，镇江启动旧城改造、新城建设，拆迁量在 180 万平方米以上，至我们调研时止，尚未发生影响恶劣的网络突发事件。同时，群众参与公共管理、城市建设的热情显著提升。2013年7月，镇江市委、市政府在网上征集重大民生工程建设意见，群众对公交发展、城市建设、文化发展等提出了很多意见和建议。根据网络民意，镇江市推出了“惠民公交”政策，不仅重新规划了线路站点，还推出了“最低公交票价”的惠民活动，引起不小反响。镇江市的这些举措所取得的反响，显然是由于其顺应了网络虚拟社会交往方式转变对于现实社会的影响，体现管理思路创新的重要性。

（二）虚拟社会的主要特征

综合各种已有研究成果和调研素材，笔者认为，虚拟社会的特征可以归纳为三个主要方面：虚拟性、交往结构特殊性以及同现实社会交叉发展的复杂性。通过对这三方面特征的分析，我们可以更好地理解加强信息网络管理维护社会安全稳定机制所面临的更高层面的制度创新需求。

1. 虚拟社会的“虚拟性”

这种虚拟性是通过交往技术手段、交往主体身份、信息传播方式和交往实现方式四个方面的特性得以体现的。

首先，技术手段是人际交往的基础，虚拟社会的交往技术建立在后工业时代数字网络的电子技术基础之上。网络终端的发展在很大程度上改变了社会交往的方式，基于网络条件的虚拟交往成为可能。其次，交往技术基础的变化带来了交往主体特征的变化。在数字和网络条件下，交往身份标志的决定性因素是网络上的身份识别，往往表现为接入网络的终端IP地址。从这个意义上说，网络条件下的“匿名”并非指的是完全的不可识别，因为理论上而言，接入终端的地址是可以确定的。但是，终端的操作者却是较难确认的，因此，网络交往匿名性的本质是交往主体身份识别标准的分化，即对交往者的网络身份识别和现实社会身份识别的差异性。再次，数字化的网络社会环境，也改变了社会信息传播的方式。由于电子环境下的文字最终是通过数字代码组合的形式实现的，因而在实际的文字表意过程中，具有特别的数字性转化的中间环节。正是这个数字传导的中间环节，使得虚拟信息的传播有别于传统信息的传播，其传输内容的稳定性和传输效率大大加强，而安全性却相对降低。最后，交往身份识别与信息传播方式上的虚拟化，对交往实现方式也带来了变化。虚拟社会交往的实质，是通过虚拟技术的中间环节缩短人类交往的物理距离，增加交往的效率，降低交往的物质成本。但中间环节的加入，却增大了交往过程的不确定性，因为单纯的技术手段在降低交往方式成本的同时，却增加了交往认证的成本，原本在交往过程中存在的虚假、欺骗等不正当手段，在虚拟环境下变得更加容易实现，而相应的识别成本却可能大大增加。

网络条件的虚拟性是虚拟社会各种矛盾纠纷的形成基础。现实社会的法律体系在诸如网络身份、虚拟财产、虚拟货币和虚拟社会关系等问题上遇到巨大挑战，原有的性质认定和范畴确认都一定程度上失去了准确性。纯粹的网上交往纠纷，或者说纯粹的虚拟交往关系，并不会造成严重的社会矛盾问题。在网络发展早期，包括身份、虚拟财产、虚拟关系等，纯粹模拟现实社会中的相应概念，停留在网络交往内部，相应地，这些交往产生的矛盾本身也是虚拟的，网络自治完全可以应对。然而，虚拟技术的最终方向在于使虚拟社会向平行并最终替代现实社会的目标发展，因此网络交往的虚拟性与现实交往的现实性不可避免地要形成历史性的交叉。网络技术普及到一定程度之后，虚拟社会不再是对现实社会的纯粹模拟，而成为现实社会的投影，虚拟技术成为现实交往的一种替代性手段，虚拟财产和关系成为现实交往实现的一种方式。这时，网络的虚拟性就变成了一种“相对虚拟”的性质，而身份、财产、关系，都可以通过虚拟技术手段转化为现实的社会存在物，于是网络的虚拟性就对现实社会的概念体系造成了直接冲击。这些冲击尤其在网络犯罪方面显得特别明显，由于现实社会的法律体系缺乏对虚拟社会犯罪的针对性规定，加上现代刑法的罪刑法定原则的影响，使得对利用网络虚拟性进行犯罪的行为监管困难。产生急、难发现，或者能发现、难认定，即便能认定又往往难执行。法律的滞后性面对虚拟社会的虚拟性和发展的迅速，显得捉襟见肘。

镇江市在解决网络身份虚拟性的问题上，是通过两个层面来进行应对的。一方面，是针对网民的身份确认问题，早期是以建设网评员制度，辅之以网站审查制和版主实名制，开始推进。随着镇江网络管理制度的成熟和机制的完善，特别是网络社会发展自身的成熟，有意识培养网评员的形式逐步被放弃，转而通过培养“网络意见领袖”这样的草根精英为策略展开，取得了良好的效果。另一方面，镇江市针对网络管理法律法规和制度欠缺的状况，一直注意在权力范围内进行建章立制的尝试，出台了一系列规范制度：一是建立网络问政发言人队伍，要求各单位、社区、村明确一名工作人员担任版主，负责在线回复工作；二是明确发言流程，制定下发了《网络问政发言人操作手册》，设计了“网络舆情处置办理流程”；三是健全督察机制，实施督察例会制度，建立“半月一告、每月一报”制度，及时通报拖延回复单位。除这两方面外，镇江市的建设还有一个具有地方特色的方面，就是大力发展立足本地资源的论坛BBS网络平台。在微博、微信等新型网络交往平台普及之前，镇江就在本地形成了具有地域特点的网络文化，并且通过这种文化传播中网络意见领袖与草根精英的功能发挥，带动了地方网络交往的发展。一个典型的例子是，在镇江的很多全市性活动组织中，传统的文件传达形式已经逐步为网络信息传播方式所替代，诸如全市健身长跑之类的文体活动，通过网络信息传达吸引来的市民已经远远超过了传统的机关组织形式。

2. 虚拟社会交往结构的特殊性

虚拟社会第二方面的特征——社会交往结构的特殊性，即交往关系的扁平化和直接性。

人类交往关系的网络化在传统社会中也是存在的，但传统社会中人们的交往更容易被现实的社会层级体系所限制。个人在社会中具有特定的地位和作用，往往被称为“社会角色”，这种社会角色在很大程度上是由该个人在社会整体层级体系中的位置所决定的。因此，现实社会中的所谓“社交网络”，根本上不太可能超越个人的生活环境和阶层背景的限度，而网络时代的虚拟空间则在相当程度上打破了这种限制。以一些网络空间交往理论如“六度空间理论”等为代表的网络交往学说指出，网络访问者的交往网络最终是以其个人为中心来构成的，社会阶层本身的限制虽然依然存在，但已经为网络技术降低到了最小的程度。现实社会交往的层级结构被网络交往的平面结构所替代，人们获取信息的方式、交流的途径，都更为直接。虚拟社会的“匿名性”更是作用显著，意思表达的自由度大大增加，这极大地促进了网络交往组织形态的变化。近年来，借助微博等交往手段，许多涉网安全事件都表现出信息传播迅速、来源多元、组织隐蔽、行动灵活多变、参与人员复杂等特点。而国外的一些突发性事件或政治运动，如美国“占领华尔街”、英国伦敦骚乱、阿拉伯国家的所谓“阿拉伯之春”等，其中都有社交网络的因素闪烁其间。

如何在监管中考虑到这种交往结构变化的影响，做出有效应对，是我们探讨网络信息监管和维护社会安全稳定面对的一个重要难点。虚拟社会带来的交往结构的变化，主要从两个方面影响了社会结构体系的和谐发展。

其一是网络民意对民主政治架构的挑战。虚拟技术使得人们交流信息更加便利、快捷，同时也增加了信息传播的自由度。传统的民主政治实现形式，如选举、立法、听证、监督等，在虚拟技术带来的信息高度公开下，得到新的发展动力。民意调查和获取手段，也得到了丰富和发展，更加便捷、高效。社交网络在各国民主选举中起到的宣传作用，为这方面的虚拟技术影响提供了足够的正面例证。

镇江市在这方面是通过建立“全体系网络问政”来开展工作的。2012年，镇江市委宣传部整合了中国镇江网、金山网、名城镇江网互动资源，统一集成《镇江论坛》网络问政平台，依托平台开设“网络发言人”、“网上居委会”、“网上村委会”栏目，开展“网络问政”、“政务微访谈”、“版主沙龙”、“党报在线”系列活动，实施“双网双融”工程，编辑出版《镇江网情》周刊等，着力构建多渠道、全覆盖的网络问政体系，进一步畅通了政府和群众的沟通渠道，增强互动交流，促进基层矛盾化解，促使政府各部门、社区和村组织服务创新、管理创新。

但我们也要注意到，网络的虚拟性使得虚拟信息对民意和社会舆论的导向也具有虚构和误导的可能。论坛、微博在现实中也往往是谣言的温床，而网络民意受制于调查样本的局限，也只能部分地反映社会整体意识，或只能反映部分社会成员的认识。因此，加强舆情研判是应对社会交往的虚拟化变化的重要内容之一。

其二是交往结构的变化对群体行动的组织形式带来了影响。虚拟社会交往关系的扁平化和直接性，使得社会群体行动的组织更加简单，也更加具有不确定性。网络草根组织的流行是这种趋势的重要表现。这些群体行动，诉求目标可正可邪，行动时间可长可短，延续发展可有可无，常常来无影、去无踪，对其有效监管难度较大。当前虚拟社会管理的一个重要方面，就是对于突发性群体事件的网络管控。由于政府管理体系与网络行动架构之间的不对称性，这方面的实际压力较大。

镇江将网络作为主阵地、主战场，发挥主力军的作用，重点通过四大举措管控网络谣言，实现了网络道德明显改善、网民素质明显提升、网络环境明显优化。一是提升管理意识，正面辟谣，打造“狙击手”。针对网络舆论的即时性，镇江确立官方狙击网络谣言的指导思想，市委宣传部24小时不间断值班，并自主研制和购买了“镇江市互联网宣传管理平台”、“舆情搜索云平台”等，确保第一时间发现网上有害信息，及时通报各涉情部门迅速调研了解，如有必要，立即通过官方途径以“zjwpb”（镇江网评办）的名义及时向网民反馈真实情况，截断网上的炒作态势。在此基础上，一些热点部门如环保局、教育局等也开始在本地各大论坛实名注册，及时回应本部门相关热点炒作，让网络谣言无处遁形。二是推动群防群控，守土有责，扎牢“篱笆墙”。镇江市重点抓好“网络发言人”队伍建设，推动各地、各部门驻扎到网络谣言应对第一线，确保守土有责。网络发言人严格执行“三五七”工作机制，对涉及本部门的网络谣言进行及时清理，其实质在于相关部门以实名方式与网友进行直接和及时的解释与沟通，使有害信息很难在网络上冒头。针对网上热点难点，镇江还打造“网络问政”、“政务微客厅”、“版主沙龙”等品牌活动，方便网友与相关部门面对面进行交锋、沟通，有效地压缩了网络谣言的生存、传播空间。三是开展主题活动，网民管网，唱响主旋律。在自媒体时代，每个网民都是潜在的公民记者，因此，对网络谣言的管控，最根本的是对人的教育引导。网民引导，功夫在网外。镇江市通过开展主题实践活动，从价值观念、意识形态、生活方式等方面对网民加以影响，吸引广大网民从网上走到网下，积极参与寓教育于体验的网络活动。这些活动，有效地更正了网民在网上的匿名冲动性，使网民认识到虚拟社会与现实社会有着紧密的联系，促使网民自律、自警、自爱，增强对网络共同维护和管理的意识。目前，镇江已形成爱心募捐、志愿服务、环保行动等10多个网络活动系列，40多个网络群体，50多个QQ群常年活跃在爱心活动的第一线，“黄丝带”志愿者、“社会妈妈”、“社会儿女”、“0511爱心家园”、“镇江文化之旅”等10多个网络群体已成城市名片。同时，由于网络主题活动的增多，健康向上的网络文化成为网上主流，负面谣言的生存空间被大大压缩。四是加大打击力度，勇于亮剑，实现“两手抓”。利用互联网造谣传谣是违法行为，镇江在打击网络谣言上，坚持两手抓、两手硬，对网络谣言保持高压态势，一方面对恶意散播谣言的违规网站坚决依法查处，另一方面对恶意散播谣言的网民依法查处，由公安部门介入，对网上编造谣言并传播谣言的网民，根据其情节的严重性，采取教育训诫直至拘留等，同时，通过媒体进行宣传，警示其他造谣传谣者。

3. 虚拟社会与现实社会交互发展的复杂性

虚拟空间相对独立于现实社会空间，但又不可避免与现实社会的发展存在交叉甚至交融。从根本上说，虚拟社会传播的信息，无论真实或虚构，毕竟依然根植于现实社会的现实需要之上，其原动力依然来自现实社会。因此，就目前而言，虚拟社会的独特空间并不能绝对脱离现实社会而独自存在。另一方面，虚拟社会又极大影响着现实社会的走向，突出表现在传统媒体在传播信息的方式和内容上越来越受到网络的影响，同时网络民意也得到越来越多的重视和关注。由此，笔者认为，虚拟社会的发展在相当长一段时间内，还不能完全摆脱现实社会层级体系的影响，而需要从对现实社会问题的投射和解决来获取发展的根本动力；反之，现实社会的进步也不得不更多关注虚拟社会的发展趋势，要重视对虚拟社会的各种信息的监控和反馈，从而调整社会政策，以适应越来越强大的网络意思表达所带来的冲击。这种交叉性即便在技术更加发达的未来也依然会强势存在，因为人们的生活最终要通过日常的事务得以实现。

虚拟社会的这种局限性和对现实社会的依赖性，为我们创新社会管理机制，整合监管条口，有效控制社会安全和稳定提供了可能。从调研的情况来看，目前江苏网络管理利用和建设较好的地区，都与镇江有相似的特点，即虚拟管理有坚实的实体机制的保障。虚拟社会管理往往也的确取决于现实事务的处理，常常有比较成熟的网络管理机构和人员，有比较专门或长期的工作机制，或者有相对稳定的服务对象或参与群体。虚拟技术被作为联络现实社会关系的工具，得到重视和善用。而通过网络反映的情况，得到现实事务机制的高效回应，民众的困难和社会纠纷能够在网下得到妥善处理，则反过来促进了虚拟技术本身的可信赖性。因此，将虚拟技术作为工具，并非是将网络方式当作一种形式，作为政绩工程的面子，而是实实在在把它当作一个重要手段，扬其长、避其短，发挥其信息传播便捷、高效的优势，更好地解决实际问题。从这个角度来说，建立更加完善的虚拟社会管理体系，问题在网上，方案在网下。也就是说，网上的事情归根结底要通过网下的现实社会的机制完善和加强来得到回应和处理，要注意网络上下的各种互动关系，利用好其交互的特性，更好地解决实际问题。

镇江的一个重要经验，是注意线上线下的实际关系互动，使实体服务平台向网上延伸。镇江融政务微博群、网上村委会、12345 服务热线等服务网络于一体，构建部门、社区、村镇三级服务体系，为广大群众提供全方位、零距离的服务，实现服务无死角。深化网络发言人制度，在各部门集体上网的基础上，推动 68 个网络发言人部门开设政务微博，着力建设政务微博群、12345 服务热线等网络服务平台，每年利用各大平台寻求部门帮助的群众累计高达 110 多万人次。拓展社区网络服务空间，试点建设居家养老、网上警务、扶残助困、物业管理等网络平台，为居民提供 24 小时全天候的社会服务；镇江各大连锁超市已开通网上配送服务，居民鼠标动一动，就可以享受超市送货上门的服务。推动村镇联网，建设“网上村委会”，打造农村综合信息服务平台，为农民提供法律咨询、劳动培训、大病医疗、农产品信息发布、办理涉农补贴等各方面服务。丹阳、句容等辖市发挥网上村委会的平台优势，建集中推广中心，大力推介本地特色农副产品，尤其是为本地有一定规模的农家乐和农庄开通网络服务，实现信息发布、产品推销、服务承诺一体化服务，一举改变“酒香也怕巷子深”的现状，为农民搭建了致富金桥，等等。

二　网络社会管理“镇江经验”的主要内涵及其体现

加强网络建设和管理是创新社会管理的重大课题，是社会主义文化建设的重要内容。镇江市创新思路，大胆实践，探索出一条“以运用促管理，寓管理于引导”的网络管理新路径，形成了网络社会管理的“镇江经验”。总结镇江市近年来在网络社会管理上的成果，可以归纳为以下几个方面。

（一）科学构建网络管理制度体系

镇江构建网络管理制度体系，主要体现在丰富发展和完善多渠道、全覆盖的网络问政体系，建立工作制度，创新工作方法，开展互动活动。这些举措包括：

1.“无缝对接”的网络问政平台

按照网络问政平台分级服务、属地管理原则，2012年镇江将“网络发言人”制度的建设覆盖至115个部门，“网上居委会”推广到158个城市社区、“网上村委会”在88个村开通。社区和村里群众矛盾和诉求，在“网上居委会”和“网上村委会”解决，社区和村里难以解决的，转到部门“网络发言人”解决。

2.“多元化”的网络问政活动

为促进网上热点问题解决，促进部门和群众沟通释疑，镇江市委宣传部组织开展了一系列网络问政活动：“网络问政”主题活动，针对网络问政平台上疑难复杂、需多部门协调联动的问题，现场问政，当面交办，当面解决；“政务微访谈”活动，利用微博互动新颖形式，邀请部门主要领导参加互动访谈，权威发布，答疑释惑；“版主沙龙”活动，围绕网民强烈关注的热点话题，组织网友走进部门座谈，增进理解，集思广益，推动问题解决，活动涉及的话题包括老城区拆迁、渣土车管理、市区停车管理等；“党报在线”活动，邀请部门领导全方位工作访谈，网络和报纸同时发布消息。

3. “双网融合”社区网络幸福工程

镇江市把社区“双网融合”建设作为“网络幸福工程”的重要内容，将“网上居委会”的信息化平台和“网格化管理”的精细化管理服务融合发展，提升社区管理和服务水平，加快推进基层社会管理创新。镇江市注意加强“双网”工作互动，配合处置社区事务。按照“一网式受理、分网格处理”的原则，将“网上居委会”平台收集到的各种信息分类分片，根据事务网格范围由相关网格长负责处理，并将处理结果及时反馈到“网上居委会”。同时，注意“双网”人员对接，收集发布社区信息。由网格长担任“网上居委会”的信息采集员，将工作中收集到的本网格内各类不稳定因素、隐患等及时通知“网上居委会”版主，由版主及时上网发布消息提醒居民。此外，还特别注意“双网”的互相配合，主动开展社区活动。常年组织开展紧贴社区百姓、居民喜闻乐见的公益活动，增强社区居民的归属感。

4. “内参式”网络问政周刊

针对全市领导干部了解网络舆情的需求，7 月开始开办《镇江网情》周刊，《镇江网情》开设网情综述、案例透析、焦点网评、微博广场等栏目，组织熟悉网络的网民、记者，将镇江网络情况及时归纳、整理、分析，报送各级领导干部决策参考，内部参阅。

（二）建立互联网突发事件应对机制

镇江市以“五个一工程”建设为核心内容，突出重点，综合协调，狠抓落实，实现了互联网应急管理工作的有序推进。

1. 网络舆情应对制度化

早在 2008 年，镇江就以市委办、市政府办的名义下发互联网突发舆论事件应急预案，设置四级响应机制，以及舆情收集研判、预警预防、先期处置、预案启动、事件处理、发布信息、组织舆论引导等应对流程，并将网络舆论事件处理纳入市应急管理体系。坚持 24 小时网上舆情值班制度，从快从稳消除苗头性舆情，并从源头上排除再度发酵的隐患。2012 年，镇江市在此基础上再次下文，为四级响应设定“红橙黄蓝”预警标识，并明确市委、市政府成立应急委员会，下设应急办，市网信办派一名副主任驻应急办，全面强化了应急工作。

2. 网络舆情管理部门化

镇江市重点抓好“网络发言人”队伍，将其作为互联网应急管理工作的主力军，推动各个部门驻扎到网络舆情应对的第一线，在全市 115 个党政机关、重点企事业单位集中上网“开坛设版”的同时，2012 年，镇江推动网络发言人制度覆盖到各辖市区，实现了网络属地化管理，要求各网络发言人严格按照“三五七”（“3 个小时回应受理、5 个工作日办结回复、7 个工作日解释说明”）的工作要求，在线受理市民意见反映，限时答复处理，从而使海量网络舆情有效分解落实到各个部门，由各部门分头具体管理，推动了一大批网民关注的社会民生问题的及时化解，将大量问题消灭在了源头阶段，防止了舆情在网上发酵、扩大。

3. 宣传部门宏观指导协调

镇江市注意提升宣传部门宏观指导协调管理的意识，并形成了机制。中办发 24 号文件《关于加强和改进互联网管理工作的意见》明确了宣传部为互联网信息内容的主管部门，科学应对网络事件，镇江市委宣传部负责牵头政府办、外宣办、公安局等部门共同组成网络宣传管理联席会议，针对突发舆论事件的管控问题，还会专门成立互联网应急处置指挥部，引导各部门把握“网上引导、网下沟通”的原则，网上坚持信息公开，及时回应社会关切，网下涉情部门积极处置，同时加强与网民交流沟通，及时澄清事实、驳斥谣言、畅通民意、解决问题。此外，宣传部与公安网警、文化广电等涉网管理部门，与电信运营公司、地方网站部门积极协调，让这些部门和单位各负其责，发挥优势，协力处置。

4. 搭建网民与政府便捷沟通渠道

顺应互联网发展，镇江市不断创新政府和群众互动渠道，在办好网络发言人的基础上，多形式搭建网络问政各类平台，为受理和回应市民诉求提供更加便捷的服务。镇江市策划“网络问政”、“政务微客厅”等主题活动，针对网络问政平台上的疑难复杂问题，邀请重点部门主要领导或各部门网络发言人集体走出网络，现场问政，当面交办，当面解决。加强与网络意见领袖的互动，团结对本部门工作有较大影响力的网民，通过“版主沙龙”、“走进部门”等方式，定期或专题开展线下交流，建立长期稳定的联系制度，搭建“党报在线”、“网上居委会”等平台，为网民通过网络联系政府提供了更多的渠道，推动政府各部门不推诿、不拖延，积极解决网上问题，融洽了官民关系，将群体性事件消灭在萌芽状态。

5. 创新网民承担网络责任的沟通模式

镇江市还创新方式，实现网民管网。从 2006 年起，市委宣传部牵头联合教育、文化、体育以及工青妇等群众团体，积极利用互联网广阔而强大的互动平台，坚持不懈地组织开展网络主题活动，目前，镇江已形成爱心募捐、志愿服务、环保行动等 10 多个系列主题、40 多个网络群体、50 多个 QQ 群常年活跃在爱心公益活动的第一线。网络主题活动让网民走出了网络，走进现实，有效地更正了网民在网上的匿名冲动性，从而在面对网络事件时，能保持清醒的认识，更好地担当起现实中的责任。通过网络主题活动，也将来自各行业、带有“草根性”的网络意见领袖团结起来，发挥他们在网民中的威信和影响力，让网络舆论引导事半功倍。

（三）发动网民参与创新，拓展网络互动平台

2012 年，镇江市再次创新网络宣传管理形式，全新打造“政务微客厅”，每期抓一个社会关注的热点，采取广播和网络同步直播的形式，强调各部门主要领导直面网友零距离交流。这是针对传统微访谈网上来网上去，网民与嘉宾互不见面，影响了活动的传播面和影响力，而策划的新活动。镇江在“政务微客厅”策划中，同时引进了网络与广播两大媒体，实现了线上线下互动。一方面，强调充分发挥网络的互动功能。镇江两个最大网站“名城镇江网”、“金山网”共同召集嘉宾网友，通过论坛、微博等方式网上征集话题，吸引参与。同时，由金山网

负责，以参与单位官博名义向新浪网申请开通微访谈页面，实现参与部门官博与网民的实时互动，也助推各部门打造鲜活、成熟、互动的官方人气微博。另一方面，强调充分发挥广播的节目功能。打造“政务微客厅”现实中的现场，邀请网友代表走出网络，走进现实，与部门领导、主持人多方交流沟通，形成面对面的互动，并通过微访谈页面与场外网民互动，节目现场同步在镇江广播电台新闻频率及嘉宾单位新浪微博上直播。“政务微客厅”强调“客厅”的味道，要求各职能部门主要领导与网友平起平坐，就像请客一样，在一个相对轻松的氛围中，双方“拉家常”、“吐吐槽”。每期“政务微客厅”都会选择一个相对休闲的场所，现场布置模仿“圆桌会议”，安排部门领导和网友代表围坐在一起，实现双方嘉宾的平等。在话题交流上，领导嘉宾转换身份，变“被采访者”为“采访者”，现场采访网友，放下身段“听”，了解网上对本部门工作的看法，积极主动“说”，与网民沟通解释。主持人带动现场网友“你一言我一语”抢答，各抒己见，引导讨论的话题不断深入。由于活动时间只有 1 个小时，活动结束后，主持人退场，网友与领导还可继续就相关话题交流意见，着力打造让政府与网民更加亲和、坦诚、开放的互动交流平台。这些开放、真诚的互动被现场上传以及成功感化的“网友代表们”重新带回网上之后，形成了一股有效的正能量，有力地引导着舆论。“政务微客厅”强调对网上收集整理的带有普遍性的建议或问题，由网民直接带上活动现场，在聚光灯下直接与“一把手”领导交流。由于问题来自网络，选择权又在网民代表手上，话题涉及面广，既有政策、数据，也有一些热点、尖锐问题，面对网民和他们的追问，在网络、电台同步直播的情况下，“一把手”的回答会被第一时间反馈到网上，极大地考验着领导的业务水平和应对能力。通过交锋，推动各部门“一把手”从思想上高度重视网民的声音，平时就了解政策、精通业务，临时还要做大量的调查研究，全面地搜集整理，细致地化解矛盾。实际上是“自下而上”推动镇江机关作风转变，特别是领导干部作风的转变。

（四）培育主流群体，扶持自发性网络活动

镇江在市区、乡镇大力推行“网上党支部”。城区党组织开通数字党员信息平台，建设“党员服务网”、“12371 党员平台”，解决城市扩容加快、流动党员增多、党员活动难以组织的问题。部分拆迁改造任务较重的社区以及建制村，由于原来居民居住的单元被打破，居民找基层组织解决和反映问题、联系沟通上出现了难题，“网上党支部”有效实现了党员组织生活网上过、流动党员网络管、党员关系网上转。各级党组织还在网上开展“一个党员、一面旗帜”的活动，及时为老百姓提供各类快捷、便利服务。镇江市团委在全市五大网站开设“网上团支部”专版，把互联网当成联系 80 后、90 后的重要纽带，开展了亲子市集、帐篷大会等时尚活动，并将“康桥工程”搬至网上，为团员提供就业服务，已吸引了 3000 多名青年团员网上开通账户。镇江市妇联搭建“网上妇女之家”，创造好苏嫂、社会妈妈品牌，为妇女提供公平的劳动就业机会，促进家庭暴力、单亲妈妈问题解决。市工会设置“网上驻会工委”，亮出“服务新菜单”，参与民工工资集体协商，为广大职工提供劳动维权服务。宣传部门发挥网络运用和引导的主力军优势，要求各级宣传文化部门在网上设立相应组织，把党和政府的声音及时传递到老百姓心中，因此在镇江百姓中流传着这样一句话：“思想要进步，点击网上宣传部”。

此外，镇江市着力培育各类网络群体，经过培育现已形成 3000 多人的网络评论和舆论引导中坚力量，通过分层分级管理，形成骨干层、紧密层、基础层相结合的队伍架构。骨干层是精心选聘的资深版主；紧密层是党政机关、企事业单位人员以公职身份与网民公开互动；基础层则主要负责搜集网民的诉求。同时，镇江市也注意扶持自发性的网络活动。由市委宣传部牵头联合教育、文化、体育及工青妇等群众团体，坚持常年策划开展网络主题实践活动，已形成爱心募捐、志愿服务、环保行动、捐资助学等 10 多个系列主题，这些网络活动突出主流价值取向，提高网民认知水平，消解消极文化的影响。在做好以上常规动作的同时，镇江市注意建立具有镇江本地特点的网络文化氛围，积极打造知名

网络品牌。镇江现有网络群体40多个，以慈善、文化保护、农业服务等为主题。从2008年起，“网民节”在镇江已经连办三届，而“大爱镇江”主题创建活动使得“社会儿女”、“黄丝带”志愿者等网络群体成了镇江新的城市名片。此类活动每年有400余场，吸引了大量网民参与。

三　网络社会管理体制建设中存在的顽疾

通过对镇江网络社会管理工作的调研，结合对江苏省整体的网络社会管理发展的研究和了解，笔者认为，江苏在信息网络建设和安全管理中也面临许多新的问题和困难，对这些问题加以研究和思考对于我们认识和研究网络社会管理体制的完善有很大参考意义。

（一）虚拟社会综合治理格局体制尚需完善

江苏现已初步建立了以各级党委宣传、通信管理和公安机关为主要职能部门，安全、文化、教育、工商、新闻出版、广电等部门各负其责、相互补充的互联网管理体制，基本形成了网络新闻、互联网行业管理、互联网安全管理及打击网络违法犯罪工作的各有侧重、分工协作互联网管理工作机制。但相关领域实践也体现出虚拟社会持续发展所带来的新问题，现有的以部门事务为标准的管理体制，相对适合交往形式比较单纯的时代和社会，面对现实社会与虚拟社会相互影响和纠缠的复杂状况，则有调节失灵之虞。不少涉网事件，往往是跨部门分工领域的，即便是公安机关追踪网络犯罪等特别情况下，在收集证据需要查阅数据记录或网络地址信息时，也会遇到审批的权限难题，而缺乏相应的专门法律规范则加大了事件解决的时间和经济等方面的成本，极大影响了虚拟社会管理的效率。相关职能部门权力范围及规则冲突的状况时有发生，部门间缺乏协调，无法凝聚合力。当前最突出的问题是，各管理部门掌握的技术资源、基础资源和信息资源共享严重不够，充分整合还有一个过程，各部门间的统一协调、各信息平台无缝对接的安全监管机制尚未真正形成。

（二）互联网信息安全管理立法工作急需跟进

江苏信息网络管理面临的迫切问题就是立法尚不完善，信息安全管理出现了许多法律空白，依法管网和无法可依的矛盾日益突出，不仅严重影响了互联网信息安全管理工作的深入开展，还制约了信息网络管理体系的建设和发展。随着互联网的高速发展，网络社会也形成了特有的自律规范和新的交往规则，对此急需立法予以回应。中国政府对互联网的管制较为重视，但互联网信息安全管理立法工作严重滞后于互联网的发展。中国现有关于网络管理的规范性文件，基本都是在 90 年代末期互联网在中国发展不久，由国务院及下属部委通过的法规、规章，总体显得比较零杂，相互之间还存在重复、矛盾等问题，法律效力等级较低。以打击网络犯罪为例，主要有《刑法》、《治安管理处罚法》、《计算机信息系统安全保护条例》等，但上述法律法规关于网络违法犯罪的认定过于原则或笼统，覆盖面狭窄，适用性可操作性不强。北京、广东、浙江三省市均已出台了信息网络方面的地方立法，浙江省人民政府于 2006 年出台了《浙江省信息安全等级保护管理办法》，对信息系统等级保护的原则、要求、具体实施、监督管理、法律责任作了进一步明确；北京市人大常委会于 2007 年出台了《北京市信息化促进条例》，明确对网络和信息系统实行安全等级保护制度；广东省人大常委会于 2007 年通过《广东省计算机信息系统安全保护条例》，对信息系统运营使用单位的安全管理、安全秩序、安全监督、法律责任作了具体规定。而江苏省只有徐州市出台了《计算机信息系统保护条例》。目前，对于江苏省等广大地区而言，急需对信息安全等级、信息系统安全保护、突发事件以及网络犯罪等领域，研究制定在信息安全、隐私保护、证据获取、纠纷解决规范等方面可以普遍适用的地方立法。

（三）互联网监管力量严重不足

一方面是境内外敌对势力网上捣乱破坏活动愈发猖獗，境内外民运、法轮功、“藏独”、“疆独”等敌对势力以互联网为纽带，加紧勾连合流，大肆进行捣乱破坏活动，凡是热点敏感和群众关注问题，都第一时间通过网络插手利用、跟进助推，挑动群众聚集请愿、静坐示威。另一方面，随着我国改革开放的深入推进，一些深层次矛盾和社会问题开始显现，群体性事件的触点增多，燃点降低，处置难度明显加大。互联网以其交互性、实时性、开放性、匿名性等特点，特别是随着微博、移动上网等新技术新手段的出现，互联网对社会不稳定因素的放大效应空前加大。随着监管职能的相对集中，监管力量不足的问题更加突出。由于受到机构人员编制等问题的制约，全省网络安全监管队伍发展缓慢，机构尚不健全，专业人才严重缺乏，互联网安全管理工作基本处于超负荷、疲于应对的状态。目前以数量来说，江苏省省市两级公安机关共有负责信息网络安全保卫的专职网警500余名，主要集中在省、市两级，没有达到公安部每万名网民至少配备1名网警的标准要求，在全国也落后于广东、辽宁、河南、山东、北京等省市。在这些方面，迅速提高大部分地区的网络管理力量，增加人员配备，仍然是快速提高网络管理水平的重要和必要措施。

（四）虚拟社会参与主体的自律性不足

首先，互联网运营企业在自身发展中重经济效益、轻信息安全的问题十分突出，各电信运营单位在扩大信息基础设施建设中，往往只考虑经济效益，根本不考虑互联网信息网络安全技术措施建设，联网单位不重视自身安全管理，从单位负责人到网络管理员，网络安全意识薄弱，这些都给监督管理带来了大量的难题。其次，从网民行为来看，自律意识淡薄，在网络虚拟社会中缺少在现实社会的约束力，一些心怀不轨的网民抱着侥幸心理做出过激行为，传播不良信息，散布网络谣言，进行人身攻击甚至违法犯罪。同时，网络的特殊性导致网民的主观价值标准模糊，自主意识降低，自律道德弱化，并因此造成网络道德失范。再次，某些网络媒体从业人员缺乏职业素养，为了追求不正当经济利益，炒作虚假信息，其对新闻的选择和传播也直接影响到政府危机管理的效果。部分网络媒体从业人员受到一些负面思想的影响，以维护外部利益集团的利益为职业目标，缺乏社会责任感和职业道德，没有遵循以维护社会道德和公众利益为职业行为规范和道德准绳，在突发危机事件发展过程中，某些从业者在进行危机事件新闻选择、采编、发布、传播时，由于职业道德的缺乏，其不规范的传媒行为导致网络舆情的发展方向发生偏差。

（五）信息网络安全面临严峻的技术挑战

移动互联网快速发展，3G 网络全面覆盖，手机、平板电脑等移动上网终端日趋普及，互联网已“无处不在”，微博、社交网站、即时通讯等新型网络应用推动形成了“去中心化”信息传播新模式，这些都对信息管控提出了极大挑战。同时，网络安全问题愈加突出，关键基础设施、政府机构、金融部门等重要信息系统面临的安全威胁日益加大。对信息化建设而言，相对滞后的技术更新和相对紧张的经费投入都对不断发展的建设需求形成瓶颈和制约，这些矛盾导致了安全管理部门的网上技术对抗能力远远不能适应网络技术的快速发展。电子政务和政府信息公开，现在已经逐步成为某些地方政府绩效考核的重要指标，因此也得到了足够的重视，发展较快。但由于一些技术上和体制上的制约，以及一些特殊需要的原因，公开度还是受到一定的影响。比如，出于保密的需要，政府网络一般都有内外网之分。但随着社会事务发展受到社会发展虚拟化、网络化的影响，越来越多的信息需要通过网络进行公开或者传播，而政府内部事务和向外公布的信息之间的分别也越来越微妙。在实践中，也有一些地区确实利用这种技术上的问题和不足，规避对于信息公开的规定，使群众解决事务遭遇一些人为的障碍。

（六）网络违法犯罪危害日趋严重

近年传统网络违法犯罪活动如网上淫秽色情、网络诈骗、网上兜售假冒伪劣产品等急剧增多的同时，网络雇凶杀人、网上毒品犯罪、网上贩卖枪支弹药、人体器官、网上考试试题泄密等新型网络违法犯罪不断出现，已经成为影响社会稳定的突出问题。违法犯罪分子依托网络实施跨地域作案，在网上分工负责，密切联系，形成了专业化、组织化的犯罪团伙和利益链条，甚至犯罪嫌疑人分处境内外、互不相识，连根铲除的难度进一步加大。江苏作为互联网高度发达、网民数量居于全国前列的省份，防范和打击网络违法犯罪活动的压力越来越大。

四 加强信息网络安全管理、维护社会稳定的对策建议

信息网络安全已从一个经济文化问题上升为事关国家政治稳定、社会安全、经济发展和社会主义精神文明建设的全局性问题。没有网络的可靠性、安全性和依法管理的有效性，就没有虚拟社会的健康发展。针对互联网快速发展的新形势、新情况、新挑战，应努力加强网络法制建设，加快形成法律规范、行政监管、行业自律、技术保障、公众监督、社会教育相结合的互联网管理体系。

（一）以用促管，实现信息网络安全管理理念的转变

随着我国互联网管理的工作原则从“加强管理、科学发展、趋利避害、为我所用”调整为“积极利用、科学发展、加强管理、确保安全”的十六字方针，把“积极利用”放到更加突出的位置。各级领导干部和职能部门应及时转变信息网络安全管理理念，寓“加强管理”于“积极利用”，达到“科学发展”的效果，实现“确保安全”的目的；变“单向管控”为“平等互动”，对虚拟社会中存在的网络舆情问题，政府需要在尊重言论自由的基础上采取柔性引导和外在规制相结合的回应方式，努力构建一个文明而有序的网络表达环境。

（二）加强统一领导，建立更高效的工作协调机制

在网络条件下，交往的全球性和超地域性对传统的行政管理机制提出了挑战，网上快速反应体系是政府管理部门应对网络时代挑战的现实选择。值得借鉴的是，美国早在2009年就在国家层面建立了统一的网络安全协调机构——国家网络安全和通信整合中心（NCCIC），将原本各自为政的政府应急反应、通讯管理中心和网络安全中心整合在一起。鉴于实践中遇到的协调困难，在各级各地建立统一领导的指挥平台，加强对宣传、通管和公安等部门的统一指挥和领导，对于建立网络安全管

理的快速高效机制具有先行的实用价值。探索建立统一联席会议工作规则、有害信息处理程序、舆情收集研判反馈、网络发言人在线回复、突发舆情快速应对、电信运营企业联席会商、网络基础资源联动查询等管理机制的科学管网制度体系。

（三）加快推进地方立法，构建互联网诚信体系

为了给依法建设和管理互联网提供法律依据和支撑，各地应尽快制定出台地方性的计算机信息系统安全保护条例，把涉及国计民生的计算机信息保护、网络安全、产业发展等纳入保护范围，明确网络犯罪的立案标准、网络虚拟财产保护以及网络犯罪刑事管辖原则等。适当的时候应该在全国范围修订现有的法规、部门规章，逐步建立起系统、高效、严谨的虚拟社会法律规范体系，为依法管理互联网提供有力的法律保障。通过规范网络法规，建立健全网络服务实名登记制度和黑名单制度，倡导互联网行业自律，宣传互联网信息安全理念，增强互联网从业人员和广大网民的职业道德、守法和自律意识，构建互联网诚信体系。广泛开展文明网站创建，推动文明办网、文明上网，督促网络运营服务企业履行法律义务和社会责任，不为有害信息提供传播渠道。

（四）建设综合防控体系，建立信息共享平台

根据虚拟主体与现实主体相互关联的基本特征，把现实社会治安防控方法和措施有选择地引入虚拟社会，全面构筑网上技术防线和网上防控网络，有效实现对网上重点人、网上信息舆情和网上重点阵地的动态管控，构建和谐稳定的虚拟社会网络环境。注重培养各类网络群体，形成一定规模的网络评论和舆论引导的中坚力量，培育积极向上的主流群体。同时，加快信息共享平台建设，充分整合各部门掌握的技术资源、基础资源和信息资源，尽快形成统一协调的信息安全监管机制。

（五）实施分级预警预案，建立突发事件处置机制

按照“引导正确、及时准确、公开透明、有序开放、有效管理”的原则，制定突发事件舆论引导应急预案，迅速落实快速反应机制，将

网络舆论事件处理纳入应急管理体系。建立“网上引导、网下沟通”的应对机制，处置突发事件和群众关注的热点问题，正确引导社会舆论，及时澄清事实、驳斥谣言、畅通民意、解决实际问题。

（六）加强社会组织建设和引导，填补网络监管权力真空

随着改革开放和现代化建设的推进，“大政府”模式下政府功能正在向市场经济条件下的服务型政府转变，政府监管权限进一步限缩和集中，政府权力的运行也更加经济高效。在此背景下，各类社会组织应运而生，承担起联络政府与个人之间的纽带任务。在网络监管中，以行业协会和志愿者组织为主要形式的社会组织正发挥着一定作用。然而我国的社会组织发展还有很大不足，并不能满足虚拟社会迅猛发展的现实需要。有鉴于此，应当加强对社会组织的建设和对已有的各类社会组织的引导，使其能够更好地发挥完善网络监管体系的作用。

（七）向基层社区延伸管理，搭建网上服务平台

按照虚拟社会现实化管理要求，积极探索重点网站和网络社区分级管理新模式，开展网络社区属地化管理、虚拟社会现实化管控，推动社区警务室进网络社区，网安警务室进辖区网站，开设网上公安局、网上派出所、网上警务室，把网络安全监控管理拓展到基层派出所和社区。全面构建网上服务平台，提高网上动态管控和网上服务群众的能力。利用互动平台受理和回应市民诉求，提供更加便捷的服务，推行制度化回复制度，开展网络热点对话。同时借助网络集纳民意民智，对事关民生的城市规划、基础设施建设、公交线路和站点设置等重大决策及民生工程，开展“问需于网、寻策于民”活动，增强公共政策制定的透明度和公众参与度。

（八）加强网管队伍建设，加大网络安全执法力度

为增强网络安全监管力量，必须在编制、经费、装备等方面向网安工作倾斜，加强软硬件建设，为迅速提高网上发现、侦查、控制、处置能力提供支撑。明确网络运营企业和网民的责任，构筑一张全方位的网

络防控网。落实封堵删除有害信息、清查网上泄密、查处网上违法犯罪行为的行政管理责任，依法净化网络传媒环境。

附：

“城市化进程中的社会治理”课题组赴江苏镇江访谈调研日志

2013 年 7 月 10 日　周三

2013 年 7 月 10 日，“城市化进程中的社会治理”课题组一行开始前往江苏省镇江市调研城市化进程中的网络管理创新问题。课题组与镇江市委宣传部的部分同志进行了交流访谈。

宣传部的同志首先向课题组强调镇江构建全体系“网络问政”具有前瞻性和现实感，是江苏省宣传思想文化工作创新亮点之一，并向课题组如数家珍般数陈该举措的荣誉和影响。2012 年 5 月，省委书记罗志军曾经在镇江调研时指示，既然“镇江网络建设管理工作走在全国前列”，就“要进一步打造网上信息公开和便民服务平台，发挥网络服务发展、服务群众的积极作用”。2012 年 4 月，省委常委、宣传部长王燕文接受《群众》杂志访谈时强调“加强互联网建设，要进一步总结推广镇江经验”。2012 年 1—10 月，市委书记张敬华、市长朱晓明对《网情日报》共批示 160 余次。张敬华书记对《镇江网情》批示：“这份网情编得很好！可每期给有关领导阅读，推动政府工作改进。”2012 年 8 月，第二届中国网络问政与舆情监测高峰论坛，镇江市荣获“创新奖”，市委宣传部董和建副部长作经验介绍。2012 年 11 月 7 日，“《人民日报》迎十八大特刊”发文《“基础单元”奏响和谐之音（这十年・社会更和谐)》，重点报道镇江“双网融合”社区管理经验。2012 年 11 月，“双网融合”的社区网络幸福工程获中宣部副部长、国家互联网信息办公室主任王晨高度肯定，中宣部近期将在全国推广这一做法。

课题组进一步了解到，全体系“网络问政”实际包括：整合中国镇江网、金山网、名城镇江网互动资源，统一集成《镇江论坛》网络问政平台，依托平台开设“网络发言人”、“网上居委会”、“网上村委会”栏目，开展“网络问政”、“政务微访谈”、“版主沙龙”、“党报在线”系列活动，实施“双网双融”工程，编辑出版《镇江网情》周刊。

这一做法的亮点在于：第一，架构“无缝对接”的网络问政平台。按照网络问政平台分级服务、属地管理原则，2012年“网络发言人”覆盖至115个部门，“网上居委会”推广到158个城市社区，“网上村委会”在88个村开通。社区和村里群众矛盾和诉求，在“网上居委会”和“网上村委会”解决，社区和村里难以解决的，转到部门“网络发言人”解决。

第二，方便开展“多元化”网络问政活动。“网络问政”主题活动目前已举办5期，邀请32个部门代表参加；“政务微访谈”活动目前已举办了走进人社局、卫生局等4期活动，微博转发2万多条相关消息；“版主沙龙”活动目前已围绕老城区拆迁、渣土车管理、市区停车管理等话题开展了11期活动；“党报在线”活动目前已开展了9期活动。

第三，实施“双网融合”社区网络幸福工程。把社区“双网融合”建设作为镇江“网络幸福工程”的重要内容，将“网上居委会”的信息化平台和“网格化管理”的精细化管理服务融合发展，提升社区管理和服务水平，加快推进基层社会管理创新。通过实施社区网络幸福工程，“双网”工作互动，配合处理社区事务；“双网”人员对接，收集发布社区信息；“双网”互相配合，主动开展社区活动。

第四，开办“内参式”网络问政周刊。针对全市领导干部了解网络舆情的需求，7月开始开办《镇江网情》周刊，《镇江网情》开设网情综述、案例透析、焦点网评、微博广场等栏目，组织熟悉网络的网民、记者，将镇江网络情况及时归纳、整理、分析，报送各级领导干部决策参考，内部参阅。目前，该周刊已经编辑18期，印发1.2万份。

2013年7月11日　周四

2013年7月11日，课题组继续对宣传部同志进行小型访谈，了解到新一年镇江市实施“网络幸福工程”的大体情况，也采集到不少数据。

2013年以来，镇江市网络工作进一步探索创新，继续在全国发挥示范作用，与网俱进，以主动利用网络服务群众、服众社会为中心，大力组织实施“网络幸福工程”，实现了从“网络问政”向“网络服务”的转型过渡。主要特色举措包括利用网络平台，建立网上组织，为群众提供便捷服务。首先，向网上拓展党组织的管理。镇江在网络运用中借鉴了传统的支部建在连队上这一做法，各大党群组织根据各自工作特点，将组织建在网上，实现组织建设与互联网的无缝对接，营造组织就在百姓身边的社会氛围，并推动这项工作向基层延伸，方便群众随时随地与组织联系。镇江在市区、乡镇大力推行“网上党支部”。城区党组织开通数字党员信息平台，建“党员服务网”、“12371 党员平台”，解决城市扩容加快、流动党员增多、党员活动难以组织的问题。部分拆迁改造任务较重的社区以及建制村，由于原来居民居住的单元被打破，居民找基层组织解决和反映问题、联系沟通上出现了难题，“网上党支部”有效实现了党员组织生活网上过、流动党员网络管、党员关系网上转。各级党组织还在网上开展“一个党员、一面旗帜”的活动，及时为老百姓提供各类快捷、便利服务。目前，镇江已有 N 个党支部网上注册，共拥有 N 个注册党员。团组织在全市五大网站开设“网上团支部”专版，把互联网当成联系 80 后、90 后的重要纽带，开展了亲子市集、帐篷大会等时尚活动，并将“康桥工程”搬至网上，为团员提供就业服务，已吸引了 3000 多名青年团员网上开通账户。妇联搭建“网上妇女之家”，创造好苏嫂、社会妈妈品牌，为妇女提供公平的劳动就业机会，促进家庭暴力、单亲妈妈问题解决。工会设置“网上驻会工委”，亮出“服务新菜单”，参与民工工资集体协商，为广大职工提供劳动维权服务。宣传部门发挥网络运用和引导的主力军优势，要求各级宣传文化部门在网上设立相应组织，把党和政府的声音及时传递到老百姓心中，在镇江百姓中流传着这样一句话：“思想要进步，点击网上宣传部”。

其次，向网上延伸服务平台。融政务微博群、网上村委会、12345 服务热线等服务网络于一体，构建部门、社区、村镇三级服务体系，为广大群众提供全方位、零距离的服务，实现服务无死角。深化网络发言人制度，在各部门集体上网的基础上，推动 68 个网络发言人部门开设政务微博，着力建设政务微博群、12345 服务热线等网络服务平台，每年利用各大平台寻求部门帮助的群众累计高达 110 多万人次。拓展社区网络服务空间，试点建设居家养老、网上警务、扶残助困、物业管理等网络平台，为居民提供 24 小时全天候的社会服务，目前镇江各大连锁超市已开通网上配送服务，居民鼠标动一动，就可以享受超市送货上门的服务。推动村镇联网，建设“网上村委会”，打造农村综合信息服务平台，为农民提供法律咨询、劳动培训、大病医疗、农产品信息发布、办理涉农补贴等各方面服务。目前，丹阳、句容等辖市发挥网上村委会的平台优势，建集中推广中心，大力推介本地特色农副产品，尤其是为本地有一定规模的农家乐和农庄开通网络服务，实现信息发布、产品推销、服务承诺一体化服务，一举改变“酒香也怕巷子深”的现状，为农民搭建了致富金桥。

此外，向网上公开行政事务。开发网络服务功能，让群众融入政府决策、行政的全过程，为群众积极参政议政创造环境。重点打造“数字信访”新模式，整合“12345”公开电话、“镇江论坛”、书记市长信箱等各类资源，推动信访局与各部门无障碍对接，网上受理信访案件，按办理流程 5 天办结答复，形成各部门集中上网接受“网访”的局面，方便市民通过网络反映问题、进行投诉、开展互动，目前已成功处置了 400 多件信访案件，大大减轻了信访部门接待压力，形成了“上访不如上网”的良好社会氛围，有效变信访为网访。开通“政务微客厅”，将新浪微访谈与传统的电台直播形式相结合，邀请各部门主要领导，甚至是市领导直接走进直播室，为网民解疑释惑，解决实际困难，倒逼部门改变工作作风，实现服务理念的转变。组织各部门集中“网络问政”活动，将网上难点、疑点问题集中交办，现场答疑，督促各部门服务不打折。此外，继续开展“版主沙龙”、“行风在线”、“党报在线”、“网民在现场”等活动，在群众与部门之间搭起了沟通的桥梁。每年各项活动举办 N 多次，现场为群众直接解决的问题就数以万计。今年，国家信访局首次向全国号召铺开数字信访这一举措。

7 月 11 日，课题组一行前往昨日提及的部分网络管理平台进行了参观走访。

2013年7月12日　周五

2013年7月12日，课题组一行与舆情办和宣传部部分同志进行了交流访谈，进一步了解关于镇江“五个一工程”的互联网应急管理工作情况。

镇江市以“五个一工程”建设为核心内容的互联网应急管理也是近几年应对形势需要才开始有序推进的，它将五个“一”融入到网络应急处置的制度化建设当中。

第一，制定一项预案，实现网络舆情应对制度化。早在2008年，镇江就以市委办、市政府办名义下发互联网突发舆论事件应急预案，设置四级响应机制，以及舆情收集研判、预警预防、先期处置、预案启动、事件处理、发布信息、组织舆论引导等应对流程，并将网络舆论事件处理纳入市应急管理体系。坚持24小时网上舆情值班制度，从快从稳消除苗头性舆情，并从源头上排除再度发酵的隐患。2012年，该市在此基础上再次下文，为四级响应设定“红橙黄蓝”预警标识，并明确市委、市政府成立应急委员会，下设应急办，市网信办派一名副主任驻应急办，全面强化了应急工作。

第二，组建一支队伍，分解网络舆情至各部门。重点抓好“网络发言人”队伍，将其作为互联网应急管理工作的主力军，推动各个部门驻扎到网络舆情应对的第一线，目前网络发言人联络员队伍已达到800多人，在全市115个党政机关、重点企事业单位集中上网“开坛设版”的同时，2012年，镇江推动网络发言人制度覆盖到各辖市区，实现了网络属地化管理，要求各网络发言人严格按照“三五七”的工作要求，在线受理市民意见反映，限时答复处理，从而使海量网络舆情有效分解落实到各个部门，由各部门分头具体管理，推动了一大批网民关注的社会民生问题的及时化解，将大量问题消灭在了源头阶段，防止了舆情在网上发酵、扩大。

第三，提升一种意识，强化宣传部门宏观指导协调。提升宣传部门宏观指导协调管理的意识，并形成机制。中办24号文件明确宣传部为互联网信息内容的主管部门，科学应对网络事件，宣传部责无旁贷。镇江市委宣传部负责牵头政府办、外宣办、公安局等部门共同组成网络宣传管理联席会议，针对突发舆论事件的管控问题，还会专门成立互联网应急处置指挥部，引导各部门把握“网上引导、网下沟通”的原则，网上坚持信息公开，及时回应社会关切，网下涉情部门积极处置，同时加强与网民交流沟通，及时澄清事实、驳斥谣言、畅通民意、解决问题。此外，宣传部与公安网警、文化广电等涉网管理部门，与电信运营公司、地方网站部门积极协调，让这些部门和单位各负其责，发挥优势，协力处置。

第四，打造一批载体，搭建网民与政府沟通渠道。顺应互联网发展，不断创新政府和群众互动渠道，在办好网络发言人的基础上，多形式搭建网络问政各类平台，为受理和回应市民诉求提供更加便捷的服务。策划“网络问政”、“政务微客厅”等主题活动，针对网络问政平台上的疑难复杂问题，邀请重点部门主要领导或各部门网络发言人集体走出网络，现场问政，当面交办，当面解决。加强与网络意见领袖的互动，团结对本部门工作有较大影响力的网民，通过“版主沙龙”、“走进部门”等方式，定期或专题开展线下交流，建立长期稳定的联系制度。搭建“党报在线”、“网上居委会”等平台，为网民通过网络联系政府提供了更多的渠道，推动政府各部门不推诿、不拖延，积极解决网上问题，融洽了官民关系，将群体性事件消灭在萌芽状态。

第五，注重一点创新，推动网民承担网络责任。创新方式，实现网民管网。从2006年起，市委宣传部牵头联合教育、文化、体育以及工青妇等群众团体，积极利用互联网广阔而强大的互动平台，坚持不懈地组织开展网络主题活动，目前，镇江已形成爱心募捐、志愿服务、环保行动等10多个系列主题、40多个网络群体、50多个QQ群常年活跃在爱心公益活动的第一线。网络主题活动让网民走出了网络，走进现实，有效地更正了网民在网上的匿名冲动性，从而在面对网络事件时，能保持清醒的认识，更好地担当起现实中的责任。通过网络主题活动，也将来自各行业、带有“草根性”的网络意见领袖团结起来，发挥他们在网民中的威信和影响力，让网络舆论引导事半功倍。

据受访同志称，这类网络应急机制的实践效果显著，也为普通民众提供了健康良好的网络参与渠道。

2013 年 7 月 15 日　周一

2013 年 7 月 15 日，课题组向镇江市委宣传部和公安局有关同志访谈调研镇江在管控网络谣言上的新思路新举措，调研全程充满有趣话题。

为了解决网络谣言管控这一难题，镇江首先从提升管理意识入手，正面辟谣，打造“狙击手”。网络舆论的特点永远是“先发制人，后发被人制”，镇江确立官方狙击网络谣言的指导思想，变堵为疏，以疏为主，及时澄清事实真相不缺位、关键时刻不失语、回应社会不偏移。市委宣传部 24 小时不间断值班，并自主研制和购买了“镇江市互联网宣传管理平台”、“舆情搜索云平台”等，确保第一时间发现网上有害信息，及时通报各涉情部门迅速调研了解，如有必要，立即通过官方途径以“zjwpb”（镇江网评办）的名义及时向网民反馈真实情况，截断网上的炒作态势。目前，zjwpb 已成为网上纷乱信息的过滤器、狙击手，及时为广大网民揭开面纱，让网民看清谣言的真面目，为政府争取到了网络话语权。在此基础上，一些热点部门如环保局、教育局等也开始在本地各大论坛实名注册，及时回应本部门相关热点炒作，让网络谣言无处遁形。

其次，推动群防群控，守土有责。网络谣言纷繁复杂，不是一个部门的工作，需要群策群力，共同应对，扎牢“篱笆墙”。镇江市重点抓好“网络发言人”队伍，推动各地、各部门驻扎到网络谣言应对第一线，确保守土有责。网络发言人严格执行“三五七”（“3 个小时回应受理、5 个工作日办结回复、7 个工作日解释说明”）工作机制，对涉及本部门的网络谣言进行及时清理，其实质在于相关部门以实名方式与网友进行直接和及时的解释与沟通，使有害信息很难在网络上冒头。目前，全市网络发言人联络员队伍已达到 800 多人，形成了一种群防群控的局面。针对网上热点难点，镇江还打造“网络问政”、“政务微客厅”、“版主沙龙”等品牌活动，方便网友与相关部门面对面进行交锋、沟通，有效地压缩了网络谣言的生存、传播空间。

再次，调动社会力量，开展主题活动，网民管网，唱响主旋律。由于每个网民都是潜在的公民记者，因此，对网络谣言的管控，最根本的是对人的教育引导。网民引导，功夫在网外，镇江市通过开展主题实践活动，从价值观念、意识形态、生活方式等方面对网民加以影响，吸引广大网民从网上走到网下，积极参与寓教育于体验的网络活动。这些活动有效地更正了网民在网上的匿名冲动性，使网民认识到虚拟社会与现实社会有着紧密的联系，促使网民自律、自警、自爱，增强对网络共同维护和管理的意识。目前，镇江已形成爱心募捐、志愿服务、环保行动等10多个网络活动系列，40多个网络群体，50多个QQ群常年活跃在爱心活动的第一线，“黄丝带”志愿者、“社会妈妈”、“社会儿女”、“0511爱心家园”、“镇江文化之旅”等10多个网络群体已成为城市名片。同时，由于网络主题活动的增多，健康向上的网络文化成为网上主流，负面谣言的生存空间被大大压缩。

最后，惩治结合，加大打击力度，实现“两手抓”。利用互联网造谣传谣是违法行为，镇江在打击网络谣言上，坚持两手抓、两手硬，对网络谣言保持高压态势，一是对恶意散播谣言的违规网站坚决依法查处。抓好网站实际上是实现了对网络谣言的源头管控，镇江对属地内的网站进行了全面排查，建立本市网站基础数据库，对恶意传播网络谣言的网站坚决依法查处。此外，加大对网站从业人员管理培训力度，增强了他们的责任意识、自律意识和法律意识。二是对恶意散播谣言的网民依法查处。由公安部门介入，对网上编造谣言并传播谣言的网民，根据其情节的严重性，采取教育训诫直至拘留等，同时，通过媒体进行宣传，警示其他传谣者。通过对网站和网民的管控，铲除了谣言滋生的土壤，还互联网一个文明和谐的氛围。

第五章

如何在混合治理中促进社会组织发展?

——基于温州社会组织发展的政策创新分析*

内容提要:现代社会多元治理的发展已经逐渐出现了混合治理的局面,即各治理主体形成一种交叠、互嵌与竞争的关系,并由此提高治理绩效。混合治理有助于理解地方治理创新的复杂性。温州在推进社会组织发展的政策创新中呈现出了类似混合治理的格局,这种治理格局既是目前体制路径依赖的产物,也顺应了现代治理发展的方向。但社会组织的发展和混合治理的多主体良性互动是一个渐进的发展过程,因此需要理性认识地方政府在推进社会组织的发展中政策运用的作用和限度。

关键词:混合治理;社会组织;政策依赖;限度

社会组织是现代治理体系的重要组成部分,是政府、市场、社会三元主体中的主要社会力量。但是,社会组织不可能凭空去构建自身与政府、市场的关系,而必须在历史发展脉络和现实可能性中寻找自身位置,必须在与政府、市场和各种机构的协调中不断拓展生存空间。在一个过去缺乏社会组织的治理体系中,如何为社会组织的发展提供可能的空间,实际上考验着当下决策者的智慧。混合治理恰恰是应对这种复杂

---

* 本章结合了国家社科课题“社会组织管理的社会机制”(10BSH046,项目负责人阮云星教授)的一项中期研究成果。

互动协调机制的有用框架。那么，在一种全新的混合治理的构建中，地方政府的政策与创新如何以及在多大可能上为社会组织发展提供这种空间？本章以温州近几年的政策尝试作为地方政府创新的个案，来考察社会组织发展的政策依赖可能性与限度。因此，本章关注两个问题：其一，温州在推动社会组织发展方面的创新特征或者模式是什么？其二，地方政府的政策推进具有何种功能和局限？本章所采用的资料主要来源于以下几个渠道：①课题组对温州相关社会组织、温州地方官员和社区干部的访谈；②温州政府网站文件和相关资讯；③课题组在温州调研期间的各种见闻。

一 混合治理与社会组织发展

社会组织的发展必须考虑和其他治理主体的关系问题。对中国而言，面临的现实问题是如何在一个过去缺乏社会组织的环境里，不断吸纳社会组织参与到社会服务和治理体系中。这一现实难题很难由政府、市场与社会的三元分析框架来解释。因此，在三元治理主体的认识之外，我们还需要寻求一种新的治理理念，从而能够有效回答社会组织在中国社会治理的成长空间及社会组织与其他主体的动态调适问题。这方面，由西方学者提出的混合式供给模式的论述，有助于我们理解，在新时期的治理体系构建中，如何有效整合传统的政府、事业单位、国有公司和新兴的社会组织力量，从而使它们在同一个时空中不但相互共存，而且能通过一定的机制提高治理的效率。

有为数不多的研究提出了公共服务的混合式提供的论述，这些研究结论是本章提出的混合治理的理论依据。Warner 等人发现，在混合式提供中，某项公共服务并不单纯由政府或由市场来提供，而是各个部门都可能提供该类型的公共服务。比如，邮政系统中，可能既有公共部门，又有私营部门和非营利部门。根据他们对美国公共服务的数据分析发现，在完全公共提供、完全外包（包括城市间合作、外包给营利和非营利部门）和混合提供三种类型中，在 1992—1997 年，由混合提供到完全外包和由完全外包到混合提供的数量相当。而 1997 年后，混合式提供数量在增加。研究认为，混合式提供更能降低成本，也能增加市场竞争。[①] Joshi 等人的研究也得出了类似的结论："有些安排并不属于一些所谓的标准类型，而是所谓的混合的或杂合的。看上去有点四不像。但尽管其结构是怪异的，这些形式在很多常规服务提供方式失败的领域，效果非凡。我们将这些杂合现象用'制度化的合作生产（institutionalized co-production）'术语来表述。"[②]

本章将上述的这种混合式的提供，称为一种混合治理的格局。这种混合治理尽管在表面上与多中心治理相类似，但背后所强调的重心并不相同。首先，混合治理的前提是治理主体的多样化，即混合治理必须存在于一种政府、市场与社会的多中心治理格局中；其次，混合治理不止强调治理主体的多样化，混合治理用来描述这样一种治理格局：在多元的治理主体格局下，各主体在同一个领域通过竞争与合作共同存在，并且这种共同的存在能有效提高治理绩效。因此，相较于以往很多对治理的理解不同的是，如果说过去对治理的理解是如何去认识政府、市场和社会的作用，然后让它们各自发挥作用的话，混合治理认为实际上各种主体在实践中不可能明确划清各自治理领域的界限，在很多时候，各主体在同一个领域、同一个项目上，是共同存在甚至是相互竞争的关系。因此，如果说多中心治理强调的是治理主体的多元性和分散化，那么混合治理则强调治理主体在各领域的交叠、互嵌与竞争。

混合治理理念有助于理解现代治理的复杂性，而更为重要的是，混合治理对社会组织在未来中国的发展空间提供了一个全新的理念。因为既然各治理不但具有各自的优势领域，还有通过相互合作或相互竞争来改进公共服务的可能，那么未来的改革就不但要考虑什么服务交给市场、什么服务交给社会组织、什么服务交给政府，还要考虑如何为各主

---

① Mildred E. Warner & Amir Hefetz, "Managing Markets for Public Service: The Role of Mixed Public/Private Delivery of City Services", *Public Administration Review*, January/February 2008, pp. 155 – 166.

② Anuradha Joshi & Mick Moore, "Institutionalised Co-production: Unorthodox Public Service Delivery in Challenging Environments", *The Journal of Development Studies*, Vol. 40, No. 4, April 2004, pp. 31 – 49.

体的合作提供可能的制度框架，以及如何在一些领域推进各主体的跨部门竞争。这种理解有助于政府在推进改革创新的时候避免政策工具选择的单一化和绝对化，从而在一个更加广阔的视野来思考不同治理主体与治理创新的关系问题。

二　地方混合治理的探索:政策实践与社会组织发展空间

随着治理环境的日趋复杂和治理问题的不断叠加，温州的治理也经历了温州模式、新温州模式的变化与温州治理的新格局的建构。温州的政府在大胆认同混合治理的前提下，逐步在探索推进社会组织发展的政策创新体系上蹒跚前行。

（一）温州模式、新温州模式与温州治理的新格局

改革开放以来，温州人凭借自身的开创精神，创造了一个个市场经济发展的奇迹，形成了独特的温州模式。对于政府而言，温州模式的重要特征表现为政府在经济发展中的无为角色。很多时候，政府对民间的经济行为采取睁一只眼闭一只眼的态度，让那些不符合主流的事情和现象存在和发展，而非压制和取缔。这种当时地方政府和官员冒着极大政治风险的“无为”，成为温州市场经济发展的根本保障，极大激发了温州的经济活力，使得当时的温州创造了无数个中国市场经济发展的第一，形成了温州独特的私营经济发展模式。

但是，温州模式成功的背后，是遍地的小企业、小作坊。温州的低小散产业格局，在产业转型升级的今天，碰到了比其他地方更多的发展问题，由此引发了人们对温州模式的进一步讨论，如何在新一轮的转型升级中创造一个全新的温州模式，从而使温州继续引领中国经济发展的潮流，也成为温州地方政府和学界讨论的话题。以周德文为首的一批学者及企业界人士率先提出了“新温州模式”的概念，[①] 但是目前对新温

① 《“新温州模式”的前世今生》，凤凰网（http://finance.ifeng.com/news/hgjj/200808/0805_2201_697292.shtml）。

州模式的理解基本停留于企业自身层面，缺乏对政策体系的整体性思考。不过，新温州模式的提出表明过去被温州人引以为傲的温州发展模式遇到了瓶颈，温州需要反思传统模式的问题根源，从而寻找解决之道。这需要重新回到温州模式发展的原点，寻找温州发展的内在决定性因素。如前面所述，实际上从一开始，温州模式就不单纯是市场或者企业发展的问题，温州模式的成功离不开一个有意无为的有为政府。因此，在温州发展之初的政府介入模式，是温州发展最重要的环境保障要素。问题在于，政府的这种有意无为的行为路径依赖，导致后来政府并没有随着市场的发展而全面地调整政府的角色，尽管在20世纪80年代，针对温州的大量伪劣产品，温州市委、市政府积极加强了市场调控，规范市场行为，从而引导市场经济向健康的方向发展。但这种努力没能形成一个良性的政府与市场互动关系，政府职能的边界没能彻底厘清。后来温州发展中出现的诸多问题，实际上都与政府角色息息相关。一方面，本应由政府承担的大量服务职能存在诸多缺位或不到位现象；另一方面，本应由市场发挥主导作用的领域，在几十年的地方经济发展中，由于相应制度建设的缺乏，形成了某种程度的官商之间的相互庇护或者互生关系。因此，新时期的温州发展，应该在一个更为广阔的视野下，思考政府的角色定位和温州发展的整体环境。这种思考必须抛弃单纯经济的路径，而应该从制约发展的经济社会大环境，来寻找重塑温州发展新格局的未来路径。这种路径既是中央提出的科学发展观的地方实践，也是地方经济社会发展的现实需要。

近些年来，温州新一届政府领导班子也一直在努力构建这种地方发展的新格局，从而为新时期的温州发展注入活力。因此，这时期对政府角色的思考就不只是过去的有意无为，而是要思考政府如何通过积极作为来构建一种全新的发展环境。这种格局需要从政府、市场、社会的相互关系出发，来寻求地方的良性治理出路。温州市委书记陈德荣指出："温州这些年经济发展缓慢，转型升级步履维艰，其直接原因是投入不足，投入不足的主要原因是发展环境不佳，发展环境不佳的主要原因是制度创新不足。因此，改善温州的经济社会生态，需要发挥市场对资源配置的基础性作用，更要发挥政府在公共领域的'有为'作用，打造公共服务型政府，提供足够的发展空间和制度环境，以政府转型推动社会转型和经济转型。”①

（二）认同混合治理，创新社会组织发展政策体系

在地方新一届领导集体致力于构建地方发展新格局的思想指导下，温州开始了轰轰烈烈的政策创新与城市改造活动。经常来温州的人会明显感觉到最近温州城市的巨大变化，最直接的感受是城市变得越来越整洁有序了。在出租车上，司机会非常自豪地谈论这种城市更新。而这只是整个温州地方政府积极作为的一部分。实际上，如果稍加关注温州市委、市政府的相关活动和政策文件，就会发现温州在致力于构建一个地方创新发展的政策体系。温州政府在对既往温州模式反思的基础上，开始意识到在强政府大格局下，一个积极作为的政府是地方发展的必需。

这种创新体系也延伸到了对社会组织的扶持中。相对于过去我们对很多其他地方的很多调研而言，温州近些年来对社会组织的扶持具有整体性的特征。也即温州对社会组织的创新政策不是单一和零散的，而是整体全面的。

温州的社会组织政策创新体系非常适合用混合治理来描述。混合治理不是温州提出的治理概念，也不是温州在政策创新中有意识地采用的概念，但温州政策创新实践很好地契合了混合治理的发展格局。首先，温州政府层面充分认识到，一个健康的现代治理格局需要政府、市场与社会各司其职，有效发挥各自的作用。因此，政府需要厘清自身行为的边界，同时为市场和社会发展腾出足够的空间。其次，政策创新必须考虑既有体制的路径依赖，因此在政策推进中必须既要顾及已有制度的运行状况，又要考虑未来发展的战略方向。这需要非常智慧地处理政策的创新性和现实可行性的统一。温州社会组织方面的政策创新正是兼顾了这两方面，通过积极的创新实践，逐步形成了一种类似混合治理的局面。这种局面的一个重要特征，是在不彻底打破既有治理体系和公共服

① 陈德荣：《再造温州模式》，共识网（http://www.21ccom.net/articles/zgyj/dfzl/2012/0316/55649.html）。

务体系的基础上，通过增加增量，改革存量的方式，为社会组织腾出发展空间，使社会组织与其他治理主体同时存在，通过相互竞争、合作的形式，参与到社会治理和公共服务体系中。比如扶持民办教育的发展，努力出台政府购买服务的具体政策等方面的创新，实际上都是努力通过政府的扶持，将社会组织的服务嵌入政府的服务体系，从而形成一个政府、社会组织与事业单位竞争的服务市场。并通过相关管理体制的变革，形成一种各主体相互竞争与合作的治理局面。

具体而言，温州社会组织的政策创新体系，主要着眼于如下几个方面：

首先，作为一个创新体系，温州的创新体现出整体性的改革思路，即在推动社会组织发展方面，温州具有改革创新的系统性和整体性。正如民政部李立国部长所评价，“迄今为止在社会组织登记管理体制改革上、扶持社会组织发展上和促进社会组织发挥社会作用上，全国最先进、最完善、最有意义的一套文件”。尽管从每一具体的政策创新点而言温州都不是首创的，但温州的相关政策具有逻辑一致的整体性特征。其能够通过政策组合的方式，在政府公共服务体系构建的角度通盘考虑社会组织的发展和政策工具选择问题。这无论是2011年下半年市委、市政府出台的《关于促进社会组织参与社会治理的实施意见》，还是2012年推出的《关于加快推进社会组织培育发展的意见》等“1+7”政策文件，都显现出温州致力于探索构建政府组织、市场经济组织、社会组织既责任明确又配合协调的现代社会治理结构的决心。

其次，在整体性的改革思路下，温州努力在制度和政策层面为社会组织的发展提供尽可能多的空间。除政治类等少数社会组织外，温州积极探索推行社会组织直接登记制度，破除业务主管单位的束缚，并减免社会组织开办资金。在此基础上，为避免过去以业务主管单位为核心的管理体制带来的问题，在学习北京等地枢纽型社会组织①构建的基础

① 所谓“枢纽型”社会组织，是指由各级社会工作委员会认定，在对同类别、同性质、同领域社会组织的发展、服务、管理工作中，在政治上发挥桥梁纽带作用、在业务上处于龙头地位、在管理上经政府授权承担业务主管单位职责的联合性社会组织。

上，提出建立健全由人民团体、“枢纽型”社会组织承担业务主管单位职责，对社会组织进行统一分类归口管理模式。比如由工商联（总商会）管理工商类行业协会（商会），总工会管理职工维权类社会组织，团委管理青少年类社会组织，妇联管理妇女儿童类社会组织，侨联管理涉侨类社会组织，残联管理残障服务类社会组织，文联管理文学艺术类社会组织，社科联管理社会科学类社会组织，科协管理自然科学和科学技术类社会组织，体育总会统一归口管理体育类社会组织。今后，温州市政府职能部门原则上不再作为社会组织业务主管单位，要登记成立社团或民办非企业单位，业务主管都要归口到人民团体、“枢纽型”社会组织。据了解，温州市社会组织分类归口管理工作于2012年2月启动，完成260家市本级社会组织业务主管单位变更，由人民团体、“枢纽型”社会组织承担业务主管单位职责。

再次，通过相关政策创新，直接扶持社会组织发展。在这方面温州出台了一系列相关政策。包括：①实质性推动政府向社会组织购买服务。制定出台了《关于政府购买社会组织服务的实施意见》。将原来由政府直接举办的、为社会经济文化发展和人民日常生活提供服务的事项交给有资质有能力的社会组织来完成，并根据社会组织提供服务的数量和质量，按照一定的程序和标准进行评估后支付服务费用。具体采取“政府立项、公开招标（或委托）、合同管理、评估兑现”的契约方式，以契约为基础履行各自的权利和义务，向社会组织购买服务。并建立政府委托（授权）社会组织承担（协同）社会事务和管理机制。编制委托（授权）事项“年度目录表”，规范委托（授权）的操作程序。明确除法律法规另有规定的外，逐步将政府各部门行业管理与协调性职能、社会事务管理与服务性职能、市场监督与技术性等职能，通过委托、授权等方式依法转移给有资质有能力的社会组织承接，为社会组织发展和参与社会治理拓展空间。②大力培育扶持民办社会工作服务机构。为有效促进民办社会工作服务机构发展，发挥其在社会工作及人才队伍建设中的积极作用，制定出台了《温州市民办社会工作服务机构扶持暂行办法》。降低设立门槛：注册资金不少于1万元；对于综合性或优抚安置、减灾救灾、社会救助、社区服务、社会福利、慈善公益等类型的民办社会工作服务机构，取消业务主管单位的前置审批，申请人可直接向登记管理机关申请登记。③推动社区社会组织的发展。重点培育发展能够参与社区协同管理、提供社区公共服务、发展社区慈善事业的社会组织。以培育发展社区居家养老服务站（服务中心）和具有枢纽型社会组织功能的社区社会组织服务站（服务中心）等社区社会组织为突破口，有序引导符合登记条件的服务站（服务中心）登记为民办非企业单位。

在上述相关政策的基础上，温州的改革最终将社会组织的发展引入了一种混合治理的格局，即在社会组织发展有足够的成长空间的基础上，温州开始致力于引导社会组织竞争性参与地方公共服务体系的治理结构中。这方面温州创新具有鲜明的特点：政府不只是扶持社会组织的发展，而是要让发展起来或有潜力发展起来的社会组织，在一个竞争的环境中，让社会组织之间、社会组织与事业单位平等竞争，从而实现多主体同时提供相关公共服务，通过竞争来提高服务绩效。这方面温州推出了一系列政策创新：在行业协会发展方面，致力于打破行业组织垄断，引进“一业多会”竞争。按照非禁即入的原则，进一步放宽社会组织进入社会管理和服务各领域的限制，在用地、项目、税收等方面为社会组织的准入创造条件，以平等参与为原则，推动形成政府部门、企业和社会组织公平享用公共资源秩序和环境。这方面最具说服力的例证是教育和医疗卫生领域的改革。在教育方面，温州政府对民办中小学教育的实质性政策扶持。政府制定出台了《关于实施国家民办教育综合改革试点加快教育改革与发展的若干意见》1+9系列政策措施。其中《关于落实民办学校优惠政策的实施办法（试行）》，对登记为民办非企业单位的民办学校，明确凭法人登记证，经县级以上人民政府批准，可以行政划拨方式获得土地使用权；各项建设规费减免享有公办学校同等待遇；享有公办学校同等的税费优惠政策，不征营业税、企业所得税；等等。在医疗卫生方面，出台了社会办医综合改革“1+11”政策文件，推动民办医疗机构向高水平、规模化发展，形成公立、非公立医疗机构相互补充、相互竞争的良好局面。

尽管就每一项政策而言，温州的措施都难言是国内相关政策的创举。如果稍加检视，都可以在其他地方找到相关政策的创新原型。但是当我们将所有这些政策作为一个整体来考察的时候，可以发现一种混合治理格局式的系统政策推进恰恰是温州的特点。首先，温州政府是将社会建设作为一个整体来规划推进的。社会组织相关政策的推出正是温州整体治理格局改造的重要组成部分，这种格局也改变了过去我们对温州社会组织发展的理解。在过去，伴随着温州模式的主要是温州行业协会和商会的兴起，并在温州模式中扮演着重要角色。而现在的政策表明，后温州模式时期或者前面所述的温州新格局的构建中，应当不只行业协会商会发挥作用，在社会建设和公共服务领域，社会组织也应当有更大的参与和发展空间。因此温州在多个层面，希望鼓励社会组织的全面参与。其次，温州的政策推进比较接近混合治理式的竞争与共生模式。温州在推动社会组织发展方面具有自己的特色。与其他地方政府聚焦于诸如取消业务主管单位、创立社会组织的支持性组织，或者推动形成一种政府对社会组织的吸纳不同，温州的很多政策都强调社会组织在公共服务提供中的竞争性参与。包括通过向社会组织公开招标购买服务的政策、推动民办中小学平等参与义务教育竞争的政策，以及在其他一些诸如准备鼓励民办医疗机构与公立医疗机构竞争的政策等，这些政策是过去温州模式的市场竞争精神在新时期的延续。通过这些政策，将社会组织纳入整个政府公共服务体系之中，从而使社会组织与政府、与事业单位等诸多服务机构之间的竞争成为必然，政府诸多政策背后实际上认同了一种混合治理局面的发展趋势。

三　混合治理的意义与地方创新的限度：两个层面的反思

温州近两年出台的一系列政策，为推动地方社会组织的发展提供了广阔的发展空间，很多社会组织因这些政策而获益。民办学校获得了更加公平的竞争环境，社区社会组织有了更大的成长空间，很多公益类服务组织取得了更多的财政支持。而对社会组织管理体制的改革，也增强了社会组织的自主性，有利于构建政府与社会组织的良性互动关系。但另一方面，温州的社会组织政策创新是一种快速推进的政策模式。政策推进的高速度在社会组织的发展与管理中也导致了政策短期目标和社会组织发展之间的矛盾。正如前面所述，政策创新体系在短期内还难以促进基层社会组织的快速繁荣，政策似乎并不是无所不能的。因此，温州的政策创新提供了一个很好的思考社会组织政策创新路径与政策限度的样本。

（一）混合治理在目前社会组织政策创新中的意义

混合治理是一种认识社会组织角色的新视角。混合治理有助于我们反思，在理论上和中国的政策场景中，我们应当如何来认识社会组织的角色和地位，以及社会组织在政府主导的治理结构中应当扮演什么样的角色。

在理论认识方面，过去对社会组织的认识，基于不同组织功能差异化的失灵论一直占据着主导性的地位。即社会组织存在的价值是由于政府失灵的存在。韦斯布罗德（Weisbrod）指出，非营利部门（即我们所称的社会组织）的存在在于提供政府不能生产的公共物品。他指出："政府提供的公共物品只能满足一部分人而不是大多数人。因此，非营利组织可以填补政府不能提供的物品和服务的缝隙。"[①] 汉斯曼（Hansmann）则提供了关于社会组织优势的更为具体的理论解释：非营利组织的存在是防止契约失灵。当购买者和消费者不是同一主体时，契约失灵便发生。他从分析营利性组织的局限性入手，指出在提供复杂的个人服务、服务的购买者和消费者分离、存在价格歧视和不完全贷款市场等制度条件下，都会出现契约失灵现象。而如果这类商品或服务由非营利组织来提供，生产者的欺诈行为就会少很多。因为非营利组织受到了"非分配限制"。汉斯曼解释认为，营利性组织往往具有降低承诺服务的数量和质量的激励。而非营利组织则更值得信赖，因为它们被规则所限，不能分红。非营利组织没有足够的激励动力来提供更少或更低质量

① Weisbrod, B. A, "Toward a theory of the voluntary non-profit sector in a three-sector economy", In E. S. Phelps (Ed.), *Altruism, morality and economic theory*, New York: Russel Sage Foundation, 1975, pp. 197 – 223.

的服务，因为它们不能从这些行为中得到好处。①

但随着实践的不断发展，人们发现，社会组织存在的价值并不一定是为了弥补政府的失灵，也不一定是为了弥补市场的失灵。有时候社会组织可以和市场、政府平等竞争，而这种竞争可以提高相关公共服务的质量。实际上，世界各个国家公共服务都出现了这种政府、社会组织和市场竞争的混合式供给局面。因此，混合治理与其说是一种新的理论，不如说是认识创新实践的全新视角。混合治理超越了过去单纯的失灵论的认识，混合治理告诉我们，社会组织并不只有在政府无法发挥作用的领域才能存在，也就是说，社会组织不只是承担拾遗补阙的角色，社会组织很多时候可以通过参与政府与市场的竞争来改善公共服务绩效。

而就我们目前的政策环境而言，混合治理有助于解决在一个过去缺少社会组织的治理结构中，为社会组织发展提供可能空间的问题。这其中最主要的便是社会组织发展与事业单位改革的关系问题。众所周知，我们的公共服务体系中有一类非常特殊并占据重要地位的服务提供主体，那就是事业单位。在教育、医疗、科技、文化、体育等各个领域，事业单位扮演着最重要的角色。据统计，截至2005年上半年，全国有130多万个事业单位，职工总数达3400万之多。② 从功能来说，事业单位和很多社会组织（如民办非企业单位）是重叠的，也就是说，很多社会组织提供服务的领域，都有事业单位的存在。那么，社会组织与事业单位应当是一种什么样的关系？是此消彼长的关系还是相互竞争的关系？或是社会组织充当事业单位拾遗补阙的角色？抑或未来双方走向身份一体化？要回答这个问题，需要政府统筹的改革设计。鉴于目前的情况，事业单位处于明显的强势地位。很多因素使得事业单位不可能变为社会组织，社会组织也不可能变为事业单位。因此，事业单位与社会组织的长期共同存在是必然的。而它们的功能重叠也决定了它们存在相互

---

① Hansmann, H, "The role of nonprofit enterprise", *Yale Law Journal*, Vol. 89, No. 3, 1987. Hansmann, H., "Economic theories of nonprofit organizations", In W. W. Powell (ed.), *The nonprofit sector: A research handbook*, New Haven, CT: Yale University Press, 1980.

② Simon, Karla W., *Reform of China's Laws for NPOs-A Discussion of Issues Related to Shiye Danwei Reform*, 2005. http://www.iccsl.org/pubs/Aufsatz_ Simon.pdf.

竞争。但过去的政策实际上使得社会组织处于非常劣势的地位，各种政策使得社会组织不可能和事业单位平等竞争。因此，在政策设计中，需要通盘考虑事业单位、社会组织与政府的公共服务体系的相互关系，这其中最重要的是推动一个事业单位与社会组织平等竞争的制度框架——包括事业单位的改革和社会组织的公平竞争环境改善。温州的改革，正是这种公平竞争政策的统筹创新。虽然温州没有改革事业单位（实际上，事业单位改革需要中央层面统筹规划），但温州通过政策创新让社会组织公平参与竞争，在教育、医疗和社区服务等领域都推出了一系列政策，从而尽可能使得社会组织与事业单位站在同一竞争平台上。

因此，混合治理不只改进了对过去既有理论的一般性认识，也很好地回应了全球近些年治理变革实践的新趋势，而更有意义的则在于，混合治理为我们目前在一个缺少社会组织功能发挥的环境中探索如何通过政策创新推动社会组织良性发展提供了一种现实可行的路径。

（二）社会组织发展的政策创新限度

温州的社会组织政策创新体系，因为政策出台时间过短，而且诸如政府购买服务政策实际上还在探索完善的过程中，因此实际的政策绩效还难以测量。但仅就目前而言，我们依然可以通过微观观察发现，相关的政策目标和实际政策效果之间还存在一定的差距。在实际的调查访谈中，我们感觉到各种创新对基层社会组织的发展状况似乎并没有政策所宣传的影响力，从而给它们带来实质性的政策环境改变。在温州调查中，我们选取了民办培训机构、行业协会、异地商会、公益性志愿组织等进行座谈、访谈，并到一些社区观察社区建设和社区社会组织的成长。从这些座谈和访谈和我们观察的信息来看，一方面，在我们的访谈和座谈会中，很多社会组织感觉政府的扶持力度没有政策所规定的那样明显。比如很多社会组织表示到目前还没有获得政府的购买服务，可见购买服务还需要政府持续的努力来向基层的各种社会组织渗透。而另一方面，政府也是一肚子苦水，因为政府购买服务的前提是具有服务提供能力的社会组织的成长，所以即使目前购买服务政策真正完善了，依然会面临在很多社会服务领域找不到相关社会组织的尴尬。正如温州一位负责官员在座谈中所说的，目前的改革，是政府放权和社会承接之间的一种互动，而这两者应该说是政府放权走在社会承接前面。也即是说，即使政府有意识放权，社会组织也还没有足够能力来承接相关服务和职能。

而从政策创新而言，目前政府的政策创新几乎不可避免地会形成一种压力型体系和官员考核激励下的政策执行扭曲。因为当政府重视政策的时候，往往伴随着对下级的相关政策的指标考核，下级在一定时间段内必须完成上级规定的指标，这种指标化的优势不言自明，只是在具体政策中，往往形成下级为了应付这些指标而采取造假、做表面文章等诸多问题，并且政策的自上而下特征也使得越到基层政策出现扭曲的情形越多。过去有很多研究论及这一话题。在我们对基层社区的调研中，也同样感觉到基层类似的情形。在此我们先将温州社区近两年发展与建设的巨大成就放一边，而只将目光聚焦于这里所提出的问题。在对很多社区的走访中，我们明显感觉到一些优秀的典范社区，其背后依靠的依然是传统的组织体系和政府力量，而社区社会组织的发展依然处于起步阶段。这里有两个例证：第一个例证是我们走访的一个社区，当我们不断希望他讲讲社区社会组织参与治理的情形时，负责人好不容易将话题转到了他如何调动社区的一些特殊人群诸如老年人、轻微智障者来协助社区管理的案例。这个访谈使我们意识到实际上社区社会组织在社区治理中还处于可有可无的状态（当然这里所说的社区社会组织不包括社区居委会）。第二个例证则是在另一个社区，我们请对方介绍社区社会组织的发展时，他们认真地做了一个 PPT 来展示这些组织的活动，但我们进一步跟进了解发现，这些组织的登记成立时间是同一天，而且负责人也是同一个人，即社区的书记。而这种情形的背后是政府对社会组织的发展数量也有明确的指标，因此基层社会组织的快速成立并登记在这种政策要求下也就不足为怪了。这两个例证告诉我们，一方面可以说社区社会组织还有很大的发展空间，而另一方面不得不承认的是，自上而下的社会组织政策创新体系在型构基层社会的多元治理格局中，远没有政策所期望的那样能形成迅速直接的影响力。

因此，温州的政策创新提供了一个很好的思考社会组织发展的政府创新限度的案例。一方面不可否认，社会组织的发展需要一个强有力的政府政策体系来保驾护航。对于很多发展中国家而言，没有一个强有力的政府和政策体系的推动，社会组织难以有效发展起来。但另一方面必须强调的是，社会组织对政府的政策依赖并不是无限的，正如政府与市场的关系一样，政府与社会之间也需要保持一定的张力，因为政府并不是全知全能的圣者，很多时候，政府的良好政策意愿往往对社会组织的发展适得其反。不可否认，当下政府在任何领域都具有巨大的影响力，但这不表示政府可以实现任何希望达到的目标。[①] 这个判断在政府与社会组织的关系中也同样适用。政策对社会组织的推动具有自身的限度，自上而下的政策体系在很多时候似乎并不能完全渗透到社会组织之中。比如很多社会组织到目前为止都还不知道如何享受免税政策，对于近些年的一些创新政策大部分社会组织更是感觉陌生遥远。

因此，政府有必要谨慎运用自身的政策，避免政策产生适得其反的效果。尽管从目前地方创新实践而言，政策对社会组织发展的作用大部分具有积极意义，但不能因此认为政策都可以实现自己的目标。尤其越到基层，政策被扭曲的风险越大，当自上而下的政策要求与基层社会的实际发展不相吻合时，更容易出现基层社会的应付工作，而这种应付性的活动又往往会阻碍基层社会组织自身的发展，从而最终使政策目标和社会发展的实际越离越远。因此，如何在一个快速的政策变迁中，尽可能地调动更多力量的参与，让自上而下的力量和自下而上的社会发展有机整合，是未来在关于社会建设和社会组织发展的政策运用中需要更加注意的问题。

---

① 关于国家作用局限性的一个经典讨论，参见斯科特《国家的视角——那些试图改善人类状况的项目是如何失败的》，社会科学文献出版社 2012 年版。

第六章

求解城市化治理中的信任困境

内容提要： 信任和社会治理有着内在的逻辑联系。人们的信任对象和信任内容对社会关系和社会结构有着直接的影响。在多个研究信任的作者的实证调查的基础上，我们得出了当今中国城市化进程中信任结构和差序格局相一致的观点。针对各种严重社会问题的产生根源和解决前景，本章围绕团体信任、制度信任与社会治理的线索分析了双重社会的产生背景，展望了组织化社会的社会转型和社会治理新路径。

关键词： 信任；团体信任；制度信任；不成文规则；成文规则

根据国家发展和改革委员会的报告，2012 年中国的城镇化率达到 52.57%，与世界平均水平大体相当，城镇化取得显著成效。就算某些学者质疑的 52.57% 城镇化率并没有充分根据，那么改革开放 35 年后，中国社会已经从传统的乡村熟人社会转变为城市化的陌生人社会则已是明显的事实。这种社会结构的显著变迁意味着什么呢？发改委报告中的一个有趣之处在于，它在通常的城乡二元结构的观点之外，强调了城市内部二元结构的问题。[①] 这是怎么产生的，解决的路径又在哪里呢？

---

① 资料来源于新浪财经频道 2013 年 6 月 27 日徐绍史向全国人大的报告。

一　差序格局和信任结构

（一）依然存在的差序格局

费孝通将传统的乡村社会描绘为差序格局。“西洋的社会有些像我们在田里捆柴，几根稻草束成一把，几把束成一扎，几扎束成一捆，几捆束成一挑。每一根柴在整个挑里都属于一定的捆、扎、把。每一根柴也都可以找到同把、同扎、同捆的柴，分得清楚不会乱的。”① 费孝通说西洋社会是以人们参加各种团体组织起来的。这与梁漱溟所说的西方人的集团生活和公德发达的观点是一致的②，也与多元主义的“多重成员身份”的观点相吻合。家虽然是中国社会最重要的概念，但家的界限却很模糊，如费孝通所说：“这个‘家’字可以说最能伸缩自如了。‘家里的’可以指自己的太太一个人，‘家门’可以指伯叔子侄一大批，‘自家人’可以包罗任何要拉入自己的圈子，表示亲热的人物。自家人的范围是因时因地可伸缩的，大到数不清，真是天下可成一家。”③ 在家的基础上形成了差序格局。“我们的社会结构本身和西洋的格局是不相同的，我们的格局不是一捆一捆扎清楚的柴，而是好像一块石头丢在水面上所发生的一圈圈推出去的波纹。每个人都是他社会影响所推出去的圈子的中心。被圈子的波纹所推及的就发生联系。每个人在某一时间某一地点所动用的圈子是不一定相同的。”④

梁漱溟说中国人的人生是向内用力的。⑤ 个人建构以自己为中心的圈子，通过在圈子内努力构建和谐的人际关系而获得情感、社交、物质利益、信息等资源。跳出圈子和陌生人交往，并从中获得各种资源以满足个人的生存和发展的现象不是没有，而是要首先将陌生人尽可能地拉入自己的圈子以后才可能的。这样，虽然个人的交往范围潜在地是无限

---

① 费孝通：《乡土中国·生育制度》，北京大学出版社 1998 年版，第 25—27 页。

② 梁漱溟：《中国文化要义》，上海世纪出版集团 2005 年版，第 171—174 页。

③ 费孝通：《乡土中国·生育制度》，北京大学出版社 1998 年版，第 25—27 页。

④ 同上。

⑤ 梁漱溟：《中国文化要义》，上海世纪出版集团 2005 年版，第 171—174 页。

大的，但却并非是普遍主义的，同一个人在自己不同的圈子内对不同的交往对象完全可能有着不同的行为模式。从网络社会学的视角看，个人通过动态发展变化的不同的圈子形成了一个圈子状的社交链条，无数个这样的圈子链条形成了错综复杂的网状社会结构。在这样的网状结构中，那些处于多个相互交叉的圈子形成的结构洞位置上的人，具有较高的社会地位，或者用更符合中国现实情况的话说，这些人是具有很好人脉而可以左右逢源的人，办起事来往往顺风顺水。

（二）中国社会现有的信任结构

信任在当今是从哲学到社会学、法学、心理学、管理学、政治学等学科都在研究的热点课题。虽然不同学者从不同的理论视角出发对信任的定义有不同的侧重，但都强调了信任与不确定性、风险和预期的关系。因此，这里从约定论的意义理论角度，给信任下一个这样的定义：信任是信任者和被信任者之间的一种预期上的稳定、可靠或确定的关系。从行动观点看，社会实践中的不确定性是绝对的，这正是人们努力认识风险和寻找各种规避风险的办法，以从不确定性的深渊中获得不同程度确定性的根本原因。信任就是一种从不确定性中获得部分确定性的社会关系建制，信任者通过对风险的认识，以自愿承担一定的风险对被信任者给予信任。

信任关系是人与人之间的社会关系。从理论上说，信任结构应该反映差序格局的社会结构。实际的情形究竟是否如此呢？我们需要结合一些实证研究和调查资料来进行检验。

在符平对进城务工的农民工的信任结构的调查中，农民工从高到低的信任对象依次是家人、亲戚、老家朋友、老家邻居、中央政府、同城市务工的外地朋友、务工所在城市的政府、家乡的政府、务工所在城市的市民、初次接触的陌生人。[①] 尽管符平调查研究的对象仅限于农民工，但农民工的信任结构却具有普遍性。信任较高的对象和农民工以外

① 符平：《中国农民工的信任结构：基本现状和影响因素》，《华中师范大学学报》2013年第2期，第33—38页。

的城市居民的信任对象是相同的。这说明了家族伦理顽强的生命力，即使农民工离开乡土社会，他们也仍然对交往频率大大降低的初始的家人、朋友、同乡等保持较高的信任水平。比较有趣的是对中央政府的信任排列在务工所在地政府和家乡政府之前。考虑到中国的中央政府没有法国或日本式的在地方直接执行中央政策和立法的国家行政机构，而是依靠各级地方政府尤其是基层政府来实施政策和立法，农民工对中央政府的这种高水平信任就更令人不解了。符平将此称为逆差序格局。根据差序格局的原理，个人以自己为中心形成的社会圈子是建立在现实的交往基础上的，信任水平也是根据圈子内的人在外推的波纹上的位置而发生从高到低的变化的。对政府的信任则出现了逆差序格局。“农民工的信任结构总体上体现出差序格局的特征，对与自己有着血缘和地缘，接触较多的对象表现出较高程度的信任。……他们表现出很低程度的市场信任，而且除了中央政府以外，对政府信任范畴中的其他对象亦表现出较低程度的信任度。”[①] 陈福平也认为存在着亲属间信任、朋友间信任、熟人间信任和社会信任的信任由强到弱的变化，信任结构依然在差序格局的社会结构中再生产出来。这和符平的观点是一致的。但陈福平的调查对象并不限于农民工，而是包括了城镇居民。因此，问题就是，如果说传统的乡土熟人社会中的农民在进城务工后将差序格局在城市社会中再次复制出来的话，那么城市中的社会结构和信任结构是否也仍然是传统的差序格局呢？陈福平没有回答这个问题，这是由于其论文主题逻辑造成的。不过，他指出了一个值得注意的现象，他在论文中提出并自以为验证了的一个假设是：“市场社会存在着两种力量，在推进普遍信任的同时，也增强了关系路径和普遍信任之间的矛盾。”[②] 由于他对普遍信任既没有提出明确的检验指标，也没有有力的实证支持，所以他关于普遍信任的分析是理论性的，假设多于实证。为了弄清楚城市居民的信任状况，我们需要继续寻找实证资料。

---

① 符平：《中国农民工的信任结构：基本现状和影响因素》，《华中师范大学学报》2013年第2期，第33—38页。

② 陈福平：《市场社会中社会参与的路径问题：关系信任还是普遍信任》，《社会》2012年第2期，第86—101页。

马华维、姚琦设计了“上级信任问卷”，以依赖和表露两个维度测量企业中下级对上级的信任状况。他们的调查表明，华人企业中下级在表露维度中，更多地是向上级汇报工作和披露可能使自己处于不利地位的信息，而不是西方企业中的下级能够和上级平等地进行观点和意见的交流。在依赖维度上，下级工作的展开严重依赖上级的资源和信息支持，且下级对上级工作能力之外的公正的道德品质也非常渴望，成功地树立起这种形象的上级往往得到下级较大程度的信任。① 申明浩在《家族主义、控制形式与信任关系——家族企业的三维分析框架》一文中也运用差序格局的理论分析民营企业中的信任关系和结构。在民营企业的治理上，他将信任和控制联系起来。申明浩认为出于控制的需要，民营家族企业的股东根据关系、忠诚、工作能力将企业员工进行分类，经营核心（亲、忠、才）、事业辅佐（亲、忠、庸）、恃才傲物（亲、逆、才）、不肖子弟（亲、逆、庸）、事业伙伴（疏、忠、才）、耳目眼线（疏、忠、庸）、防范对象（疏、逆、才）、边缘人物（疏、逆、庸）。这种分类从控制角度看是一目了然的，企业主出于控制的需要，也对亲、忠、才、庸、逆等给予不同程度的信任。② 有趣的是对人才的既要控制又要任用的心态。如果人才不是那么恃才傲物，甚或有逆反之状，那么这种听话的人才是最受欢迎了；而如果不那么听话，则甚至要成为防范对象和边缘人物了。对人才的这种信任状况使得职业经理人在专业主义和家族伦理的忠诚上左右为难。作为下级的职业经理人如果对企业主过于听话，则根本无法进行专业的企业管理，而如果根据科学管理逻辑进行内部治理，则要冒失去企业主信任的危险，后者的不信任缘于对企业失去控制的恐惧。这是企业内部的信任状况，而在企业外部是什么情况呢？鄢章华等在《供应链信任传递机制及其均衡研究》中对中国企业之间的供应链管理状况进行了实证研究。他们的研究表明企业之间的信任关系的建立取决于信息共享、遵守契约、初始信任和长期稳定关

---

① 马华维、姚琦：《企业中的上级信任：作为一种行动意愿》，《心理学报》2012 年第 6 期，第 818—829 页。

② 申明浩：《家族主义、控制形式与信任关系——家族企业的三维分析框架》，《山西财经大学学报》2008 年第 3 期，第 82—88 页。

系等一系列因素。[①] 但中国企业供应链合作和管理的落后与对初始关系的依赖恰恰说明了能够建立信任合作关系的企业得益于企业领导人之间偶然的特殊信任关系；而信息不透明和契约精神的不足是信任和合作的最大障碍，甚至导致基于初始信任已经建立合作的企业关系破裂。吴剑琳在《建立虚拟企业合作伙伴信任关系的途径》中指出，多个企业要建立战略合作联盟的条件中，除了企业核心能力的互补之外，重要的是信息共享和克服机会主义，信息不对称产生的机会主义问题会使遵守联盟战略和秉持合作精神的企业受到利益损害。[②] 中国企业之间的供应链管理、虚拟企业战略联盟的发展相比西方发达经济体是落后的，在市场经济中中国企业之间的重复建设、过度竞争、价格战等严重影响了企业的核心竞争力。吴英案[③]的冰山一角暴露出来的一个信任方面的问题是，民营企业在外部关系上也仍然严重依赖人格化的特殊信任来获取各种资源。无论是吴英还是那些被高利率诱惑的人，都是被一个初始的亲缘和地缘信任网络在利益冲动裹挟下进入一个非法吸收公众存款案中的。

刘春晖等在《主题情景和信任特质对大学生信任圈的影响》中对当代大学生在借钱和（交流个人）负面信息两个主题情景中的信任状况进行了调查。调查结果表明，在借钱问题上，大学生的信任对象依然反映出传统的差序格局，也就是信任水平是在父母、祖父母、夫妻/情侣、兄弟姐妹、朋友、熟人等之间由高到低变化的。在与人交流诸如考试不合格、遭受羞辱之类的负面信息方面，信任结构出现了变化，对父母的第 1 位的信任，随着主题情景的转换，降低为第 3 位，最好的朋友则从第 5 位上升为第 1 位。[④] 对同学、关系一般的朋友的信任也明显上升，大学生对专业心理咨询师的信任也高于亲戚、熟人甚至兄弟姐妹。在中国文化中，父母兄弟姐妹虽然很亲和值得信任，但对于负面

---

① 鄢章华等：《供应链信任传递机制及其均衡研究》，《管理科学》2010 年第 6 期，第 64—71 页。

② 吴剑琳：《建立虚拟企业合作伙伴信任关系的途径》，《经济管理》2007 年第 17 期，第 60—63 页。

③ 资料来源于中金在线网站 2012 年 5 月 22 日的新闻稿。

④ 刘春晖等：《主题情景和信任特质对大学生信任圈的影响》，《心理发展与教育》2013 年第 3 期，第 255—260 页。

信息的交流的确不大常见，并且这一点儿没有城乡差异。只有大学生对专业心理咨询师表现出较高的信任水平反映了其接受高等教育后的认知范围的扩大，对专业人员的信任是典型的认知信任，这明显不同于其他人群。

梁江和王娜在《政府型制度信任——对天津和乌鲁木齐两市社会信任状况的抽样调查》中，先是根据“你认为大部分都是可以信任的”和“应当小心上当受骗”的问题进行了抽样调查，以此估计出来的结果表明天津市的社会不信任水平为57.1%，乌鲁木齐的社会不信任水平为56.4%。考虑到问题设置和受访者的误会等因素，这个结果还是说明了社会信任水平总体较低。在受访者的信任影响因素中，他们的调查指出，天津市民中对机构和制度的信任、教育水平、认同域是前三位的因素；乌鲁木齐市民中生活满意度、对机构和制度的信任、认同域是前三位因素。[①] 他们的调查中的一个突出缺点是将对机构和制度的信任这个本身是信任内容的要素作为影响因素来估计信任状况。不过，有意思的是他们的调查数据指向天津市民对机构和制度的信任水平高于乌鲁木齐市民，尽管对机构和制度的信任的测量是很含糊的。

综上所述，虽然现在的农村社区面临着传统联系纽带的弱化和社会资本的下降，但仍然可以得出结论说，农村社会结构仍是费孝通所说的差序格局。对于城市社会来说，虽然城市的社会结构显然更加复杂，但信任结构却将差序格局再生产出来，城市市民的信任对象、信任内容和信任程度与农民和进城务工的农民工并没有表现出明显区别，无论是对大学生的信任调查还是对企业内外部信任状况的调查和对城市市民的信任调查，都支持了这一观点。

二 团体信任和制度信任

团体信任是以团体为媒介的信任，是介于特殊信任和普遍信任的中

① 梁江、王娜：《政府型制度信任——对天津和乌鲁木齐两市社会信任状况的抽样调查》，《公共管理评论》2004年第12期，第55—72页。

间状态，一个社会只有拥有相当水平的团体信任，普遍信任才成为可能。基于亲缘、地缘及先赋道德和惯例的特殊信任是以交往主体的面对面的现实交往和熟悉为媒介而形成的，因此与以团体作为媒介并将交往对象范围扩大到没有现实交往的陌生人的团体信任是有明显差异的。团体信任的产生必须以团体成为独立的实体为前提。这意味着成员需要清楚地识别出团体的宗旨、目标、运作方式、成员和团体的关系等，团体独立于成员正是以成员相互之间以团体的宗旨、章程等媒介进行交往和组织集体行动以实现集体目标为必要条件。

制度信任是以制度为媒介的信任。制度信任意味着什么？我们首先要明白制度的含义。制度的要素包括规则、组织、实施机制等。本章中说的制度既包括政治制度，也包括社会制度。制度的一个首要特征在于规则的普遍性，规则规范和调节的对象范围是普遍的、可以应用于将来发生的事务之上的。因此，对制度的信任，简单地说就是在不确定的状况中，通过对制度的规范和调节产生的预期后果来计划和安排当前的进程以产生可欲目标的心理态度及行为方式。任何大规模的人类社会都离不开制度。但有制度并不意味着人们信任制度。在社会和国家已经具有各种制度的前提下，信任制度需要满足一定的条件。第一，制度是一个社团甚或一个民族的共同的认识和行动的规范框架。一个团体的章程是所有成员认识团体目标、共同利益的认知和评价依据，是解释团体集体行动得失成败的规范依据。国家的政治法律制度也符合全社会共同的认识和行动的规范框架，公共利益、公共政策和政治过程及行为可以依据制度来进行识别、实施和评价等。第二，制度的普遍性决定了不信任者不能在道德和利益上比信任者有更高程度的满足。简而言之，信任制度的人不能吃亏，否则必将发生劣币驱逐良币的现象，信任者向不信任转变。第三，信任者具有制度解释权，在实践状况中根据对制度的解释而推论出的具有说服力的观点被社会中的强者和国家统治阶层接受，后者相应调整其态度和行为方式。简而言之，制度面前人人平等，信任者可以援引制度捍卫权利、利益和说服强者和统治者改变不合理的态度和行为。

特殊信任、团体信任和普遍信任之间的一贯脉络是人的认知范围的扩大，从狭隘的血缘、地缘的认知对象扩大到同一团体的成员，再扩大到以制度为纽带联系起来的大量的陌生人。由此我们或许可以理解荷兰法学家克拉勃为什么将国家这一概念界定为一个由法律组成的制度网络的观点[①]，也能更好地理解马克斯·韦伯的政治民族的概念。任何个人的交往范围都是有限的，因此，如果个人的情感、道德、信任等的认知对象仅局限于与自己有实际交往的人身上的话，那么个人与没有实际交往的陌生人就缺乏联系的媒介，那么相互陌生的人们遭遇时就更容易发生冲突，而不是妥协、合作、双赢或多赢。城市社会中，任何人的实际交往对象范围都是有限的，广交朋友、积累人脉的传统社交方法根本无济于事。只有在普遍的客观的联系纽带作为城市社会中陌生人之间共同的信仰、价值、道德、规范等的条件下，陌生人之间遭遇时才能根据共同的联系纽带经过探索和试错寻找到共同的认识和规范框架，将行为从冲突导向妥协和合作。把居民、领土、主权、政府等要素作为国家概念的内容并没有错误，但将国家视为普遍的制度网络则对当下的城市化进程中的中国社会更有意义。国家是普遍制度的重要供给者。如果国家供给的各种制度能够成为人们之间的普遍的交往媒介，那么在陌生人相遇时就可能因为拥有对相同制度或制度体系的共同认识和评价而成为熟悉的陌生人。如果他们都认为制度可以信任，那么就可以根据制度来计划和安排生活了，在一次性接触的场合也可能因为熟悉而缓和冲突、导向妥协和合作。国家不是制度的唯一供给者。一个拥有团体信任的组织化社会可以内生出社会道德、价值观、惯例、规范，也可以在利益集团的既冲突又合作的无休止的讨价还价过程中内生出协调的政策和制度安排，国家只需尊重社会的创造性，经过法定程序赋予其效力即可。如果国家在社会整体层面供给统一协调社会各部分之间的权利、利益、情感、道德、习惯、价值等的制度安排并被信任，如果社会各个子系统又都组织起来并相对独立自治，那么社会自身就既能在各个子系统领域协调，又可能在相互冲突时或者创造新的制度安排，或者以国家层面的统一制度安排作为共同的认识和规范框架。这样，社会秩序和社会的创

① 克拉勃：《近代国家观念》，吉林出版集团有限责任公司2009年版，第7—23页。

造、发展，国家的统治和社会治理就有机协调起来了。

托克维尔说："人只有在相互作用之下，才会使自己的情感以及思想焕然一新，才会使自己的胸怀更加宽广，才会使自己的才智更好地发挥出来。……在规定人类社会的一切法则中，有一条法则是：如果人类打算文明下去或者是走向文明，那就需要使结社的艺术随着身份平等的扩大而逐渐发展和完善起来。这条法则好像是最正确和最明晰的。"① 也许正是美国人对结社艺术的娴熟运用才孕育了其一直为之自豪的"新英格兰乡镇精神"。从托克维尔游历美国至今，美国的社会结构发生了巨大变化，从一个农业国家变成了一个工业和后工业国家，这种结社艺术当今的表现如何呢？或许我们从怀特的《街角社会》的描写中可见一斑。"（俱乐部）第二次会议还批准了一份由奇克·莫雷利和托尼·卡迪奥起草的章程。章程规定了每年选举一次俱乐部的行政人员，对于入会费、会费、惩罚和委员会的任命均有规定。"② 科纳维尔的意大利人社区俱乐部的目标是提高成员的社会地位和改善科纳维尔的状况。在追求这一目标的过程中，俱乐部成员既有良好的合作，也有矛盾分歧和重大的冲突。有些冲突严重到创始成员被开除、俱乐部的集体活动停止。成员有进有出、俱乐部的集体活动有成功和失败、财政状况时好时坏等等，但在俱乐部的发展存续过程中，章程和根据章程规定的规则处理俱乐部公共事务一直是俱乐部的治理方式，尽管内部的非正式的小团体自始至终都存在着。"与女青年会的姑娘们交往使俱乐部事务中出现了一次危机……（对欧内斯特未经批准招待姑娘们的 3 美元从俱乐部库存中支付的动议）这项提议以 8 比 7 获得通过。……汤姆·斯卡拉宣布这一程序是违反章程的。要拿出钱来，俱乐部必须得到主任和执行委员会的批准。"③ 在意大利人社区俱乐部中，见不到建立在亲缘关系之上的人际信任，可以看到朋友之间因为地缘、情感、价值观、职业、社会地位等因素影响而结成的具有较高信任水平的非正式的小团

① 托克维尔：《论美国的民主》，湖南文艺出版社 2011 年版，第 390 页。

② 怀特：《街角社会》，商务印书馆 1994 年版，第 90—138 页。

③ 同上。

体，并在俱乐部之外从事娱乐等。非正式的交往、小团体的存在和较高的信任水平与俱乐部的正式规章制度虽有冲突，但没有严重到影响其效力的地步。事实上，从怀特的写实中发现，有好几次，朋友之间违反原先的支持承诺转而支持那些根据俱乐部的章程和正式规则推论出的有说服力的观点的成员的提议和人事安排。朋友之间的背信行为确实造成了一些问题。遭到背叛的成员有离开俱乐部的，有对原先的朋友感情疏离的，但俱乐部整体上并没有受到大的影响，甚至连重要的创始成员、多次担任俱乐部主任的奇克离开后也是如此。怀特对意大利人社区俱乐部的描写是美国社会的一个缩影，它印证了上面的理论假设。俱乐部之类的团体信任得以建立的必要条件是俱乐部成为独立于成员的实体，而要成为独立的实体就必须依靠正式的制度和规则体系进行内部治理，且可以包容非正式规则、惯例、亚文化等的冲击的正式制度和规则必须具有实际效力。

在罗伯特·达尔的多头政体制度安排中，组织化社会是一项重要内容。“为了得到各种各样的权利……公民还有权组成相对独立的团体或组织，包括独立的政党和利益群体。”① 在关于多元主义的定义中达尔直接将社会的组织和自治规定为必要条件。“若一个国家（a）是多头政体意义上的民主国，并且（b）重要的组织都是相对自治的，那么它就是多元主义民主国家。”② 虽然达尔也对如杜鲁门描述的一个人通常属于多个集团而使社会高度组织化后导致的固化政治不平等、歪曲公共议程、让渡最终控制表示了担忧，但他还是认为一个组织化的自治社会是民主的必要条件。“在大型政治体系中，独立组织有助于防止统治，产生相互控制。国家政府中相互控制的主要替代品是等级制。仅用等级制来治理大如国家的体系，这意味着那些控制国家政府的人的统治。而独立组织则有助于限制等级制和统治。”达尔在《民主理论的前沿》中则说得更明白：“另一种社会控制方法是个人、政党（或两者兼之）之

① 达尔：《民主及其批评者》，吉林人民出版社 2006 年版，第 305 页。

② 达尔：《多元主义民主的困境——自治与控制》，吉林人民出版社 2006 年版，第 5 页。

间不断的政治竞争。选举和政治竞争并不以任何颇具规模重要意义的方式造成多数人的统治，但是却极大地增加了少数人的规模、数量和多样性……不是多数人的统治，而是多重少数人的统治——中，我们一定会找到专制和民主之间的某种基本差异。"① 根据多元主义的理论和利益集团的现实活动情况，我们可以得出这样的推论：一个社会越是由各种各样的具有相对独立性的自治组织或团体组成，那么这个社会就越是能够自主地协调人们的观念、态度、利益等的冲突，这些冲突一方面固然对社会和谐造成困扰，另一方面却同时使各个组织在共同的信仰、道德和宪政框架的约束下，经过破坏性创新、试错、妥协和协商等形式内生出使社会秩序恢复均衡和和谐的各种社会制度安排，不依赖于国家统治的各社会组织，因此在共同的社会制度安排下能够自主地组织集体行动和供给必要的公共物品，降低了对国家的依赖，同时防止了国家对社会的直接控制。笔者认为这是十分温和与价值中立的观点。即使是非民主国家，社会自治有助于降低对国家的依赖和防止国家对社会的渗透及控制这一原理也同样适用。社会越是一盘散沙，就越是依赖国家对社会的控制来维持最低限度的公共秩序。国家权力的无孔不入和无所不在的控制反过来使得社会既难以组织有效的集体行动供给各种公共物品，也不可能有一个像组织化社会中各个集团不断讨价还价而建构出的客观的言论和观点市场——借助于这个市场，国家层面的公共政策既得以追求公共利益为目标，也同时接受动态的市场检验。而正因为既缺乏一个组织化的社会，也缺乏一个客观的言论和观点市场，历史上所有的卫护者统治国家中，不管统治阶层公共政策的出发点有多么美好，也不管统治者主观上是多么愿意向社会授予权力，都会造成社会实践难以检验公共政策和社会不能承受权力归还而不得不接受国家直接控制和统治的结果。这样的国家和社会的互动导致政治统治和社会治理的双重难题，社会秩序的维持以社会的静止为代价，国家和社会在环境变迁时很容易走向互损逻辑。晋愍帝统治下的"国家"和西晋社会就是这样的例子。当他的大臣向他报告说有很多老百姓流离失所、衣食匮乏时，他说："何不

① 达尔：《民主理论的前沿》，东方出版社 2009 年版，第 122 页。

食肉糜？”据说晋愍帝是个傻瓜，但这不重要，重要的是他主观上是愿意让老百姓过着有肉吃的好生活的，但事实却是百姓和统治者的双受伤，西晋朝廷很快就崩溃了。

三 当今中国社会治理的困境

（一）特殊信任和互害社会

食品安全问题成为焦点之后一个新名词不知不觉地流行起来了，它就是互害社会或互害型社会。要理解它的含义，最好看看新闻周刊网站上的这样一段话。“毒酒，苏丹红，染色馒头，瘦肉精，三聚氰胺，地沟油，废皮革胶囊……人们一方面下毒，一方面也中别人的毒。……你被告知，千万不要得罪餐厅服务员，因为他会转身吐口水在菜里作为报复。你不能得罪医生，不能得罪老师，不能得罪中介，不能得罪的哥，不能得罪送奶员，不能得罪快递，不能得罪老板，不能得罪同事，不能得罪前台，不能得罪合作伙伴……最后，你得罪的是你的亲人和自己。……你觉得你占了便宜，我觉得我占了便宜，最后大家都是受害者。为数众多的伤害循环链，组成了当今社会的某种特殊生态。”① 这是新闻稿件中的话语，是用煽情的象征性符号写成的，但与流行情绪是高度吻合的。看到这儿，关于社会信任的问题，真的不用再做什么装模作样的社会调查就可以得出的一个结论就是，中国社会是缺乏团体信任和制度信任的，否则这样的非理性的流行情绪根本不可能会出现在一个言论新闻自由仍受到行政管制的社会中。面对这种状况，公众通常的反应仍然是情绪性的，什么世风日下、人心不古、道德滑坡、法制不健全等。但事实远不是这么简单。

随着工业化进程的增速，城市化也大幅度增长，几亿人离开农村、涌向城市，陌生人社会出现了。另一方面打破计划经济藩篱实行市场经济制度后，原来的城市社会结构发生了显著的变化。在计划经济体制下，城市中有劳动能力的居民几乎百分百就业，工作的单位不仅仅是劳

① 资料来源于中国新闻周刊网2012年6月18日的新闻稿。

动者谋生的地方，它同时也是一种社会关系建制。单位的家属院不仅是职工生活和休息的场所，也是职工及其同居亲属娱乐、社交的社会空间。单位为职工提供理发、洗澡、幼儿入托、夜校培训等社会化服务的同时，也解决职工之间的各种矛盾冲突，甚至深入到职工家庭成员关系之中，最明显的例子就是单位领导为家属解决职工的生活作风问题。从政治社会学的视角看，计划经济时代的单位是政治、经济、社会和文化、娱乐的混合物，使得国家和社会几乎完全同构而没有差别，但也因此将每一个职工都明确地定位于政治和社会的等级分类体系当中，社会结构和社会秩序因此得以建构和形成。正因为城市居民被明确和稳定的政治和社会等级分类体系清晰地一一定位，所以产生了与现在相比很高的确定性和安全感，社会信任也由此产生。但这种信任仍然是特殊信任，而非团体信任和制度信任。当时的单位建制决定了几乎没有组织非经济社会团体的必要，更不用说政治性社团了。皮之不存，毛将焉附？它也不是制度信任。因为公有制企业中的非正式关系和规范与根据分工和合作的工业经济逻辑制定的正式的规章制度有巨大的冲突，才导致了公有制企业的低效率。职工之间的亲缘、地缘、朋友、业缘等非正式关系和行为规范往往在效力上超过了企业的正式规章制度的效力，否则计划经济并不意味着低效率。如果这是站得住脚的，那么我们可以说，计划经济时代社会秩序的和谐是建立在特殊信任之上的。信任和和谐不是因为团体信任和制度信任内生了组织化社会和民主政治，而是因为计划经济体制将每个城市居民像螺丝钉一样分配和固定在经济、社会和政治位置上后产生的确定性和对未来的稳定预期。

具有讽刺性的是社会主义市场经济时代社会流动性的增加被视为具有正面价值，但各种社会问题也因为流动性导致的不确定性和安全感的降低而产生。社会信任因此也成为无源之水。当然，问题不在于流动性本身，而在于流动的依据、评价标准等。中国社会的流动性是很复杂的，连梁漱溟也曾经在这个问题上犯了错误，他认为像“朝为田舍郎、暮登天子堂”的现象是社会流动性的标志[①]，殊不知这正是政治和社会

① 梁漱溟：《中国文化要义》，上海世纪出版集团2005年版。

体制畸形的产物。在一个等级观念和等级制度突出的社会里，这种高流动性恰恰说明建构政治社会等级体系的制度网络的无效，否则刘邦和朱元璋之类的最底层人物不可能在一代人的时间内就蹿升到权力和财富的最顶峰位置上。这里并不打算就社会流动性继续展开，只想说明流动性意味着人的社会位置变化的可能性，这种可能性使得人们在财富和权力的阶梯上争相攀爬，但如果在竞争财富和权力时缺乏制度的调节和规范，那么社会流动性的增加就可能同时意味着失范和无序。这对当今的情况也是适用的。改革开放和市场经济给人们创造了空前的社会位置变化的机会，但政治和社会的制度化建设的滞后使得各种钻空子、不诚信、不守约、无序竞争的现象层出不穷，以至于出现了互害社会。

虽然流行情绪惯于指责道德滑坡和法制不健全，但我们还是要指出问题并非道德和法治问题，即便是道德和法治问题，也是旧道德和旧法治向新道德和新法治转型的问题。真正的问题是社会关系和社会结构问题。城市社会中人们信任的仍然是亲人、朋友和有现实交往的熟人，而对更多的陌生人则既冷漠也不信任。就道德而言，因为社会结构仍然是差序格局，所以人们的道德意愿和道德实践产生了巨大的鸿沟。在儒家文化的熏陶下，一般人都是那种不好不坏而有道德意愿的人，但在实践中就会频繁发生主观上的“人敬我一尺，我敬人一丈”的道德意愿与遭遇时的不讲理和暴力冲突的矛盾。究其实，我们的道德仍然是传统道德，说得多做得少，道德教育和道德规范没有告诉人们在面对实际冲突时该如何取舍。在面对现实的取舍时，内心并没有天人交战的道德困惑和冲突，而是将原则和规范扔在一旁，事后再包装成道德的或者表示愧疚。从社会学的视角看，如果一个社会是有组织的，那么组织的内群体规范会成为客观的精神压力，这种压力往往成为社会道德的实施机制，强迫组织成员做出和群体规范导向一致的行为，包括道德行为。西方人的道德水平如果是高的，那么不是因为他们是特殊的人类，而是每个人都在很多双眼睛的同时注视下生活。中国社会自古至今都是缺乏组织的，道德规范是先验的和非社会化的，个体在实践中需要做出道德选择和决定时是孤立的，道德原则和规范与实行行为分离的道德评价既是事后的，也明显社会化不足，只要圈子中的熟人对一个人有着较高的道德评价，个人纵使对陌生人有着不道德行为，也可以获得道德上的自我满足。所以，这里有一个并不大胆的断言，即使道德水平仍像传统社会一样高，互害社会仍然会出现。说到底，现代城市社会的各种社会问题的解决需要社会关系的重建和社会结构的转型。

总而言之，计划经济时代的和谐与信任是因为社会位置的固定和定位的清晰，差序格局仍然存在，只不过被掩盖了，所以在改革开放和社会主义市场经济建设中出现的各种社会问题仍然意味着社会需要转型。

（二）制度的碎片化和双重社会

就当今时代而言，中国社会治理的最大困境也许就在于人们对制度的不信任或低水平信任。政治和社会制度的首要要素是规则，正式规则以成文的概念和术语的形式存在。成文规则是可以大规模社会学习和在人与人之间比较精确地传递意义的原则、观念、价值和规范的表达。中国社会自古至今从不缺乏各种成文规则，但制度化水平是一直成问题的。为什么会出现这种情况呢？答案还要在社会关系和社会结构中寻找。差序格局中人们信任的是亲属、朋友、地方性的习俗等，乡土社会中人们交往时的规则选择和行为评价是人格化的，没有与交往对象分离。张三认为李四是个好人的原因不是因为别的，是李四多次帮助了他。张三对李四的这种人格化的评价因此决定了只能在张三自己的亲属、朋友之间的小圈子内才能获得一致性认同，这种认同不可能传递给与李四没有多少交往的人，更不用说那些李四曾经伤害过的人了。这样，李四多次帮助张三的事实在乡土社会中就会产生不同的社会评价，张三认为李四是好人与王五认为李四是坏人、麻六认为李四是无所谓好坏的人的评价就可能同时存在。如果说古代农业社会在基层还存在着所谓的乡绅自治，因而对同一个人的不同社会评价至少在基层还不会导致严重的社会问题的话，那么在现代的陌生的城市社会中就只有存在一个客观的成文规则的行为评价体系，并使根据成文规则形成的社会评价一致，人们才会有确定性和安全感，才会放心地大胆与陌生人交往。然而拥有成文规则并不等于人们信任规则。我们很难弄清楚自上而下的成文规则体系为什么一直处于很低的信任水平上。但可以发现差序格局将普遍的成文规则在一个个圈子中肢解而将其碎片化的现象。差序格局实在是太顽强了，不管“上面”的规则是什么，不管规则表达了什么价值和目标，差序格局中的人们仍然信任人格化规则，仍然根据人格化规则处理与亲属、朋友、熟人等的关系，与陌生人或者不交往，或者并不援引和依赖成文规则交往。无数个自以为心地善良的好人与陌生人的交往是抱着与处理亲属、朋友、熟人之间的关系相同的规范和准则进行的，结果是陌生人的无止境的误解和对善良的没有底线的利用，陷入典型的囚徒困境中。要冲出这种困境，正如博弈论指出的，就一定要消除个人根据工具理性思维逻辑产生的最优策略的存在条件，转而根据公共理性，援引公共制度来计划个体行为和协调不同主体的行为。但历史上和现在一直存在的问题是，普遍的社会制度和政治制度难以内化在人们的心灵中，不能成为人们在现实交往中共同的行为调节和约束规范。中国法制史中有很多亲属之间的诉讼例子，它的吊诡之处就在于朝廷和儒家伦理都要求人们修身齐家的背景下，不仅亲属之间无力根据正式规则自主地解决彼此的冲突，而且官府也在清官难断家务事的事实约束下无力解决。笔者猜想这是因为不成文规则治理下的乡土社会对正式的自上而下的成文规则的陌生与正式的成文规则治理下的上层政治社会对不成文规则的陌生造成的。后一种陌生不是成文知识意义上的陌生，而是默会知识意义上的陌生。这种双重规则体系和彼此陌生造成了政治社会和民间社会的疏离，在不接触的条件下，似乎都是自足自洽的，而一旦接触就不可避免地出现问题，或者是民间非理性地抗拒正式规则，或者是政治社会对民间社会的无情压制。这种双重社会的现象在今天仍然存在。一方面党和国家自上而下地出台了无数的规章制度，另一方面民间社会通行的仍然是缘于差序格局之上的私人情感、道德、地方习惯和价值。正式的规章制度在贯彻执行时尽管经过不遗余力的宣传动员，但仍被无数个上有政策下有对策的偏方行为折扣得效力无影无踪。像食品安全之类的严重社会问题的产生绝不是因为国家没有正式的法律制度，也不是因为各个食品生产和服务企业没有正式的规章制度，而是因为实践中这个行业的人们仍然以非正式规则来处理问题，而且主观上人们依然具有道德意愿，但问题愣是从正式规则和非正式规则的冲突缝隙中的机会主义温床中产生，这个温床不停地为一个缺乏组织的社会中的各个单打独斗者提供自以为有便宜可占的最优策略。

四 小结

关于信任的社会调查证实当今的中国社会结构在城市化进程中仍然是差序格局。城市居民、企业、农民工和农民的信任结构并没有实质性的差别，信任的对象依然是亲人、朋友、熟人，信任的内容依然是传统的感情、道德、习俗等。城市是一个陌生人社会。处于工业和后工业社会中的陌生人之间即使不相互接触和交往，也会产生各种外部性而相互影响。这就意味着陌生人之间需要以各种普遍性的交往媒介联系起来，借助于普遍的交往媒介，陌生人即使没有现实的交往，也能够合理地计划和安排各自的工作和生活，同时对社会整体没有伤害。普遍性的交往媒介中最重要的是团体和制度。但团体和制度要成为人们的联系纽带必须首先得到人们的信任。中国社会治理的困境就在于，一方面有着无数的成文规章制度，另一方面人们因为对这些成文规章制度的不信任而在实践中仍然按照传统的情感、道德和惯例来处理与熟人和陌生人之间的关系，导致互害社会的产生。我们一定要摆脱“只要人人都献出一点爱，世界将变成美好的明天”的诗话诱惑，也一定要跳出“只要每个官员都是焦裕禄、孔繁森，老百姓就会很好过”的政治神话。当今各种严重社会问题的出现是在人们仍然带着道德意愿的背景下产生的，只不过人们信任的仍然是传统社会结构中的各种人格化规则，而对引导人们解决社会问题的正式的国家和社会的规章制度则不信任，严重的社会问题正是从民间社会的人格化规则与政治社会的正式成文规则之间的巨大裂缝中产生的。要弥合这条裂缝，唯一的出路在于差序格局向组织化社会转型。组织化社会既因为各个团体内部的治理内在地需要正式成文规则，也因为多元利益团体之间的无休止的讨价还价而内在地需要正式成文规则。内在的需要会将正式成文规则内化在人们的意识中，实践中也会不断地再生产出来。西方发达国家和中国的历史文化的差异虽然很大，中国的社会建设虽然也需要立足于自身的国情，但组织化社会则是价值中立的，是中国社会建设和社会管理完全可以学习和借鉴的。中国要真正成为一个强国，实现中华民族的伟大复兴，就一定要走出双重社会的格局，使包容人格化规则的成文规章制度体系成为社会治理的首要价值选择和行为规范。

第七章

城市化、可再生能源与治理
——基于太阳能板的案例

内容提要：本章关注城市化进程背景下的能源治理问题。笔者对全国照明计划作了介绍，并以此为背景，对位于巴西东北部的自治市进行了调查分析，[①] 试图向读者证实：能源问题作为一项战略，能够改善城市状况，也有助于减少农业人口流动并提高原有城市人口的生活质量。

关键词：可再生能源；城市化；治理；巴西

一　引言：理解城市化

工业革命为城市化的进程提供了新的发展维度，使其有了更多空间和思想上的结构重组。随着工业社会的到来，出现了事实上的领土分裂现象，这种分裂与人口迁徙息息相关。

然而，需要注意的是，城市化进程的影响并不局限于人口领域。毕竟，经济和环境都在城市化的深刻影响之下，重建了各自的关系并产生出新的习惯和风俗。我们不应忘记，技术革命加快了城市化进程，这无疑在改变城市居民的处境方面发挥了重要作用。因此，贫民窟等一

---

① 本项调查研究是一项志愿者研究成果，与美洲巴伊亚州、宾夕法尼亚州合作伙伴委员会项目有关，所属"圣弗朗西斯科河之下：文化，认同和发展"项目。笔者要感谢里贾纳·索萨（Regina Souza）教授和伊丽莎白·奇蒂（Elizabeth Kiddy）教授的帮助。

些不合时宜的社会现象和环境现象属于城市问题中经济和政治失调的表现。

快速而激烈的城市化不仅造成了城乡之间生活条件的失衡，而且造成城市内部生活条件的失衡。这也就导致了迁移运动的进行、就业不足的增加、贫民窟的产生以及享有更好生活条件的民主化的缺乏。

城市化进程给国家提出了难题，尤其是对合法性问题的质疑，因为国家不能满足人口的需要。因此，各国政府力图通过寻求有效的治理策略和提升治理能力，以增强社会制度的合法性。

巴西的城市也正尝试着解决城市化进程中出现的矛盾和问题。它们处理这些问题的一个显著方法是采用一种经济模式，这种经济模式在20世纪50年代是一种生成大都市区过程的模式；而现在，这种模式将中型城市的发展提升与大城市重要性的略微降格相结合。

城市化进程的基本特征之一，是国家应该通过投资教育和公共卫生事业、推动技术的广泛应用，以改善市民的生活质量。为了保证农村人口留在农村，巴西政府投资家庭农业并创建诸如“全国照明计划”（Luz para Todos）的项目。

本章力图呈现的正是“全国照明计划”这一项目的经验。此项目在巴西东北部地区这一收入分配严重不均并且处于高水平的贫困的地区实施。本章旨在对国家如何在能源问题的社会治理上发挥作用提供论证，证实了国家由于考虑到能源问题对生活质量至关重要，从而在使农民留在农村这一问题上发挥了重要作用。

二　圣弗朗西斯科河谷地区背景概述

圣弗朗西斯科河是真正属于巴西的最大河流，它的源头和入海口均位于巴西境内。其河谷涵盖的面积比奥地利、葡萄牙、意大利和希腊四国的总和还要大。圣弗朗西斯科河长达2700公里，流经五个州，其河谷由巴西五个州超过500个城市组成。

圣弗朗西斯科河河谷面积639.219平方公里，其62.5%位于巴西东北部地区，其56.8%包含在“干旱的多边形”区域内，52.6%是半干旱地区的组成部分。因此，谈论与巴西东北部地区、干旱的多边形地区、半干旱地区相关的问题也就是在谈论圣弗朗西斯科河谷的问题。①

然而，使圣弗朗西斯科河谷如此特殊的原因并不仅仅在于圣弗朗西斯科河的延伸范围以及其源头和入海口均位于巴西境内的事实。这一民族融合的河谷还有着其他截然不同的、相矛盾又相调和的特征。

圣弗朗西斯科河是常长不断流的。除此之外，它拥有的水电容量足够几个大坝的建设。在这一河谷，有全世界知名的联邦机构和大学。在过去的十年里，由于水果出口公司的创建以及葡萄酒产量的增长，这一河谷已经经历了一定变化。然而，尽管拥有这些特点，圣弗朗西斯科河谷仍是众所周知的高度贫困地区。

圣弗朗西斯科河谷是一个需要政策来促进发展的贫困地区。当地存在不合理的收入分配、文盲、日益恶化的环境，多个地区缺乏水资源、公共卫生服务和学校，诸多现状不断证明，这一河谷需要投资。

事实上，对圣弗朗西斯科河谷进行开发和投资的历史并不是新近才有的。在巴西被发现两百年之后，美国国会就已经开始讨论是否需要在该地区投资。到 19 世纪，美国开始对圣弗朗西斯科地区，尤其对这一河流提供导航的可能性进行详细的研究。20 世纪初，第一座巴西水力发电站正式在圣弗朗西斯科河谷落成。20 世纪下半叶，联邦政府加大了投资力度，致力于增加这一地区的现代性。因此，对建设大坝和水力发电站的投资也更为可观。1945 年，圣弗朗西斯科水电公司建成。1979 年，索布拉迪纽水力发电站正式建成，它拥有全世界最大的人工湖。20 世纪 80 年代，其他两个水力发电站也相继落成；其中一个是新光（Xingó）水电站，它是这一地区最大的、最现代的发电站，负责提供圣弗朗西斯科水电公司总电量的 30%。②

这些建筑改变了当地的景况，但是并没有使所有人都满意。尽管政府已经声明，这些建筑是为了投资的需要，但是很多人并不赞同发生的

① VALE DO SÃO FRANCISCO. Aspectos Macroeconômicos. Available at: http://www.valedosaofrancisco.com.br/Municipios/AspectosMacroeconomicos.asp Accessed: August, 2009a.

② VALE DO SÃO FRANCISCO. Cultura e História. Disponível em: http://www.valedosaofrancisco.com.br/Cultura/Historia.asp Accessed: August, 2009b.

这种转变，因为他们的生活被完全改变，尤其是被索布拉迪纽水力发电站改变了。茹阿泽鲁和彼得罗利纳两座城市（the cities of Juazeiro and Petrolina）坐落的河谷北部地区就发生了重大的改变。这一区域已成为灌溉果树栽培的中心。多种不同的水果从这里出口至欧洲和北美。值得强调的是，圣弗朗西斯科河谷的葡萄园不仅雇用了大约 3 万人，而且与世界其他地区不同，这里的酿酒葡萄每年收获两季半。在圣弗朗西斯科中部区域的希克希克（the city of Xique - Xique），人们对联邦当局宣称拉丁美洲最大的灌溉项目将马上建成充满了期待。当局提出该项目将对这一地区带来的转变，不断增强人们对于这种期望的合理性的信心。

圣弗朗西斯科河的伟大之处是不可否认的。这就是为什么说它看起来似乎是一个悖论——生活在其边缘或者其河谷内部的人们仍在遭受缺水问题。这一问题由很多因素造成，例如气候、环境恶化、有效政策的缺失以及政策执行的不到位。据世界野生动物基金会（the World Wildlife Fund）2008 年所言：①

> 圣卡塔琳娜州（Sertão）东北部地区是世界上人口最密集的半干旱地区之一。卡廷加与那些其他国家的拥有相同特点的区域之间的不同在于，在这些其他区域，人们往往待在有水的地方；然而，在巴西，人们无处不在，他们尝试着通过与气候作斗争来保证自己的生存。②

水资源的短缺（或说水资源的无效分布）是造成当地贫困的关键原因。这一问题也影响到小业主，因为干旱使土地不能利用，不能用来种植某些作物或者饲养牛类。

---

① WWF Brasil. Ameaças. Available at：http：//www. wwf. org. br/natureza _ brasileira/biomas/bioma_ caatinga/bioma_ caatinga_ ameacas/index. cfm. Accessed：Abril 2010.

② Original text：“O Sertão Nordestino é uma das mais populosas regiões semiáridas do mundo. A diferença entre a Caatinga e áreas com as mesmas características em outros países é que，nas outras regiões as pessoas ficam onde há água. Contudo，no Brasil，o homem está em todo lugar，tentando garantir sua sobrevivência na luta contra o clima”.

依照撒托斯（Santos）的观点[①]，灌溉是这一地区与贫困和干旱作斗争的众所周知的主要途径；而电力的缺乏又阻碍了灌溉的发展，因为电力才能使水泵和其他设备的使用成为可能。即使该地区已经存在发电厂，但后勤问题、不同的利益和成本效益问题都不支持广泛平等的电力供应方式，则问题依然无法解决。这一情形使家庭农业受难，并且造成了这一地区高度的贫困。此外，它还使教育、通信、医疗以及其他各类服务的提供完全无法实现。

三　圣弗朗西斯科中部各市在普及电能中推进城市化

位于圣弗朗西斯科中部的城市巴拉（Barra）和希克希克[②]，距离巴伊亚州首府大约600公里。这两个城市均有超过4.5万名居民，它们的经济以渔业、农业和商业为基础。希克希克和巴拉是两个相邻的市，都是由自治市集合而成的，只是地理位置上被圣弗朗西斯科河隔开；不同的是，希克希克相比巴拉更具活力。

从2008年开始，名为“*Opará*：可再生能源和区域发展”的研究项目已经主要集中于希克希克和巴拉两个城市开展。[③] 这项研究分析了已经开始进行的可再生能源项目是如何实现的，以及它与区域发展之间的关系怎样。这一研究有六个目标：

(1) 确定在这一区域是否存在一项促进可再生能源发展的措施；

(2) 确认这一区域是否有已经配置好的可再生能源的来源，

---

① Santos, Nicia M. da S., “Energia solar para a irrigação no semi-árido baiano: o caso da Associação dos Produtores e Horticultores do Açude do Rio do Peixe”, Capim Grosso (BA). *Bahia Análise e Dados*, *Salvador*, Vol. 16, No. 1, June, 2006, p. 38.

② 下述论述基于对巴拉和希克希克两个城市的调研，参见：MOUSINHO, Maria Cândida A. de M. Médio São Francisco: energias e desenvolvimento e interseções com demais questões culturais. Relatório da visita técnica aos municípios de Xique-Xique e Barra. 2008。

③ 此处补充说明：*Opará* 是 Tupi-Gurani 印第安人给河流起的名字，意味着江海。

并对其进行鉴定；

(3) 分析技术的应用与区域发展之间的关系，观察研究联合国确立的“千年目标”实行情况；

(4) 确定与这些科学技术发展相关的主要问题；

(5) 验证教育、经济和可再生能源之间的关系；

(6) 确定为项目的发展在这一地区创建网络的可能性。

这一研究中运用的最重要的方法论程序是技术考察和访谈。事先明确在这一区域是否存在一种可再生能源激励政策，明确这些能源究竟包括哪些，辅之以相关理论材料的阅读。

在包括希克希克和巴拉两个城市在内的区域，可再生能源领域的相关投资处于初级阶段。尽管东北部之外其他地区的公司以及外国公司已经查究了在这一地区发展风力发电、太阳能和生物质能等项目的可能性。但巴西唯一采取的行动是由联邦政府进行的关于电力使用权的普及和电力能源应用的国家项目（“全国照明计划”项目）。

从 2003 年启动的“全国照明计划”项目由巴西矿业和能源部负责协调，巴西中央电力操作运转，并由当地能源公司执行。本项目的一个目标，就是将电力能源送往那些原先难以到达的地区。这将结束许多巴西人不能使用电能的情况。因此，可以说，这一项目的目标公众是农村人口。

根据这一项目执行者巴伊亚州电力公司的说法，针对哪些地区将接受“全国照明计划”项目的帮助，事先制定了一些最基本的标准，尤其是符合大部分标准的城市在此项目中才拥有优先权[①]。其中的一些标准包括：环境保护区的存在；家庭农业模式以及以手工业作为家庭重要收入来源的现状；低人类发展指数；由在两个城市之间小岛上的传统社区开展的、以实物采集为主的活动。此外，公立学校和卫生站没有使用电力的权利。希克希克和巴拉的优先资格即是因为它们符合大部分

① COELBA. Luz para Todos. Available at: http://www.coelba.com.br/aplicacoes/menu_secundario/luz_para_todos/index.asp Accessed: October, 2010a; November, 2013.

标准。

联邦法律将电力能源使用权的普及义务化。这项义务连同建成长距离、高成本网络的可能性[①]，已经使当地的执行公司将家居的光伏发电系统列为电气化项目的一部分。

从2004年3月到2010年10月，已经在巴拉市的四个社区和一个岛上安装了242套太阳能板。在希克希克，已经在31个社区安装了683套太阳能板，这其中有30个社区是岛屿[②]。巴伊亚州电力公司外包了太阳能板的安装服务。外包商是一个总部设在希克希克的公司，此公司有能力运用"新"技术解决社区可能存在的问题。截止到2013年，希克希克共安装了2225套太阳能板，巴拉安装了6041套。[③] 这套太阳能装备由以下几个部分组成：屋顶上的面板、一个放电池的箱子、一个充电控制器、三盏灯和两个插座。在一些房子和公共建筑里，电池箱往往悬浮在离地面1米高的位置，以避免受圣弗朗西斯科河可能发生的洪水的影响。同时，还可以给这套装备安装三个电子管，一个14寸彩色电视机、一个卫星信号接收器和一个小的AM/FM收音机。

根据2010年巴西矿业和能源部的说法，[④] 巴西的无电区分布地图显示，还没有使用电力资源的家庭主要集中在人类发展指数较低的地区。这些家庭的收入低，并且其中90%的家庭的收入低于所有三项最低工资水平，其中80%的家庭位于农村区域。

当然，谈到发展就涉及谈论卫生、教育、住房、休闲、饮食、生态、通信、政治……所有这些都是贯穿能源领域的主题。毕竟，能源是多学科性的，需要满足不同的生活标准，并保持经济的全球竞争力。

在我们去这一河谷搜集研究所需数据的行程期间，基本是遵循了太阳能板安装的阶段。我们也走访了第一个和最近一个接受这次电力分配

① COELBA. Luz para Todos. Available at: http: //www. coelba. com. br/aplicacoes/menu_secundario/luz_ para_ todos/index. asp Accessed: October, 2010b.

② COELBA, 2010b.

③ COELBA. Luz para Todos. Available at: http: //www. coelba. com. br/aplicacoes/menu_secundario/luz_ para_ todos/index. asp Accessed: November, 2013.

④ MINISTÉRIO DE MINAS E ENERGIA. Programa de Eletrificação Rural. Available at: http: //luzparatodos. mme. gov. br/luzparatodos/Asp/o_ programa. asp. Accessed: October, 2010.

的社区。这些社区能够证明由那些太阳能板引发的一系列转变。2008年，我们与当地居民谈论了他们所经历的那些变化。我们在 Ilha do Guaxinim 社区采访的儿童之一曾说："因为有了电灯，我们能在晚上学习和玩耍。"帕萨任社区的一位做手工艺产品的妇女兴奋地说："我们能在晚上聊天时工作，这也提高了我们的收入。"①

面对我们听到的种种表现，可以归纳出一些可能产生的社会影响：当地社会互动的增多；学生表现的改善；通过口述历史挽救当地风俗、传统；收入的增长。除此之外，还有对这些地区发展的其他方面产生的直接影响。

（一）联合国千年发展目标的城市化和民主化理念

能源代表发展，对于人类确乎重要，它能为与人类生活休戚相关的方方面面提供好处。因此，能源和发展议程唤醒了各国寻求高质量生活的共识。

联合国千年发展目标包括 8 个国际发展目标，由联合国所属 191 个国家共同承诺在 2015 年实现。千年发展目标的创建整合了 20 世纪 90 年代各种峰会达成的国际协议，如果它的承诺在规定期限内得以实现，将切实提高全球生物多样化，改善不同地区的生活质量。

2000 年，当国际社会致力于消除极端贫困的时候，世界上 1/3 的人们依然在每天不到一美元的生活线上挣扎。据估计，千年发展目标的实现就意味着，到 2015 年，超过 50 亿的人能够摆脱极度贫困，超过 30 亿的人们不再挨饿，3 亿个孩子不会在 5 岁前死亡。千年宣言签署后的 10 年，消除贫困方面的进展是显著的。10 年前确定的许多负面指标，比如婴儿死亡率，已经显著减少；更多的孩子得以走进学校。有数据证实，许多国家都为在 2015 年实现千年发展目标而不断

---

① Mousinho, Maria Cândida A. de M. Médio São Francisco: energias e desenvolvimento e interseções com demais questões culturais. Relatório da visita técnica aos municípios de Xique-Xique e Barra. 2008.

努力。[①]

在巴西，联合国的千年发展目标被称为“改变世界的八种途径”。它们旨在消灭极端贫穷和饥饿；普及小学教育；促进两性平等并赋予妇女权力；降低儿童死亡率；改善孕产妇保健；防治艾滋病毒/艾滋病、疟疾和其他疾病；确保环境可持续发展并推进全球发展伙伴关系。

事实上，巴西千年发展目标的实现仍然存在许多挑战。不平等仍然存在。因此，为了推动实现千年发展目标，巴西等类似国家在千年发展目标各种相关领域都创设了政策。就巴西案例而言，该国家实现千年发展目标的承诺已经得到国际社会公认。正如在千年发展目标的国家监测报告中谈道：[②]

> 它还指出，巴西在千年发展目标上的丰富经验一直是南南合作动力的一个关键因素，因为巴西国内面临的挑战和相应策略方法的创新，一直与其他国家尤其是亚非拉国家高度相关。[③]

千年发展目标中“确保环境的可持续性”的主要策略是，将可持续发展原则纳入国家政策和程序，扭转环境资源损失。这个目标也关注能源领域的股票。

在巴西，这一目标通过联合国建立的指标来衡量进展，但是，巴西还创建了自己的指标。表7—1表明，巴西为促进目标的实现而在能源领域创建的指标和主要政策。

① INSTITUTO DE PESQUISA ECONÔMICA APLICADA（IPEA）. Objetivos de Desenvolvimento do Milênio-Relatório Nacional de Acompanhamento. Brasília：Ipea，2010，p. 10.

② Ibid.，p. 11.

③ Original：“Cabe salientar também que a rica experiência brasileira relativa ao cumprimento dos ODM tem sido uma referência importante para a dinâmica da cooperação Sul-Sul，já que os desafios internos do Brasil e as estratégias e instrumentos desenvolvidos para enfrentá-los têm se mostrado altamente relevantes para outros países，em especial da América Latina，África e Ásia.”

表 7—1　　千年发展目标的能源指标和政策

千年发展目标：确保环境的可持续性		
目标：将可持续发展原则纳入国家政策和程序，扭转环境资源损失。		
千年发展目标指标（能源领域）	巴西指标（能源领域）	巴西政府的主要倡议（能源领域）
能源使用量（每千克油）每 1 美元 GDP 的 PPP 人均二氧化碳排放和其他温室气体排放 物质净化的臭氧消耗量 使用固体燃料的人口比例	国内能源供给 农业、工业、交通运输业和服务业中的能源使用强度 每 1 美元 GDP 的二氧化碳排放量 国内能源供给的二氧化碳排放 二氧化碳、甲烷、氧化亚氮、氮氧化物和一氧化碳 CFCs、PCA（吡咯烷酮羧酸）、甲基溴、哈龙、CTC 和 HCFC 的消耗	国家空气质量控制计划和机动车尾气污染控制计划 巴西消除对臭氧层物质生产和消费的国家项目（PBCO） 国家有关气候变化的规划（PNMC） 社会性电费 全国照明计划 国家生产和使用生物柴油计划（PNPB） 替代能源 能源效率

资料来源：Objetivos de Desenvolvimento do Milênio-Relatório Nacional de Acompanhamento-Brasília：Ipea，2010，pp. 148 - 149.

正如表 7—1 中提及，“全国照明计划”是巴西政府为了早日实现千年发展目标的举措之一，巴西因此在分配电力能源使用权上的民主化和鼓励经济增长缓慢地区的城市化方面进一步强化了立场。毋庸置疑，这意味着农村人口向人群更为密集、人均收入更高的城市迁移的现象将不断减少，避免了较为显著的社会边缘化进程和身份隔阂。

巴西国内45%的能源供应量来自可再生能源（见图7—1），高于全球平均值和发达国家平均值。近年来，巴西政府一直鼓励欧陆国家在巴西进行可再生能源的投资，但是目前的投资仍然处于关注石油和煤等一次能源的阶段。

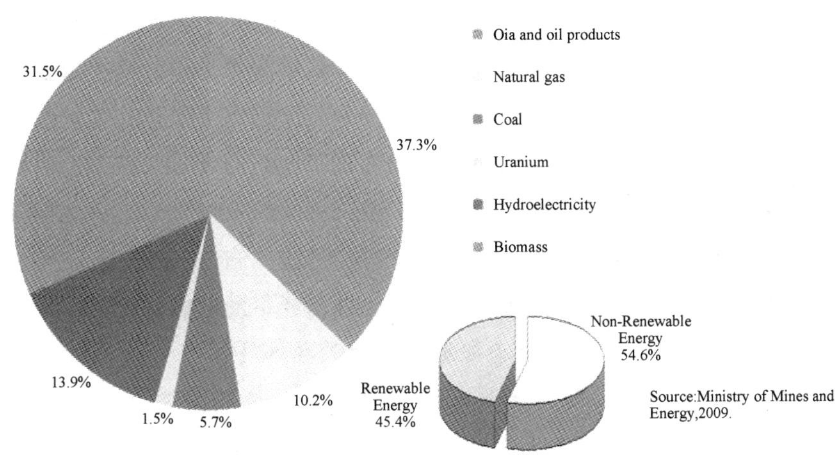

图7—1　2008年巴西国内能源供应的各能源比例

资料来源：Objetivos de Desenvolvimento do Milênio-Relatório Nacional de Acompanhamento-Brasília：Ipea，2010，p. 128.

一般而言，能源包含在所有人类活动之中并成为目标实现的关键因素，是城市化发展进程中的主要催化剂和导体。可再生能源投资确实影响整个城市结构，通过不断创造出新的生产系统空间来改变城市发展动力的配置。

（二）希克希克市和巴拉市的千年发展目标

尽管到2015年实现这些目标还有一段距离，但希克希克和巴拉已经意识到一些社会问题，即它们的人口随着太阳能板的到来在一点点逐步减少。目前并不存在官方的统计数据，下述这些由太阳能板带来的转变的例子是由居住在当地的人提供的。

关于基础教育，使用或拥有太阳能板的学校甚至改变了它们曾经采用的一些教学方式。这些学校在晚上安排了课程，并且也得以更为灵活地设置课后的正式时间表；孩子们有机会接触试听资源，这为他们提供了新的学习形式；除此之外，需要强调的是，资源的供给（甚至是非常基本的资源供给）都直接有助于改变居住在周边地区的居民为了寻求更好的教育资源而向市政中心转移。

关于促进两性平等并赋予妇女权力，我们可以提及手工艺品的例子。在 Passagem da Barra 社区，大部分妇女从事陶器工作，生产诸如烹饪锅和水球之类的家用物品。所有的陶瓷物品上都有手工艺品艺术家的精细绘画。据这些妇女说，太阳能发电提高了她们的收入，因为她们现在能够利用晚上的时间去学校。然而，鉴于她们的销售目标，将她们的产品运往市场所产生的高成本尚为一个有待解决的问题。

关于公共卫生，由太阳能板产生的能源已经帮助人们摆脱了原始的照明方式：油灯。这种改变非常重要，因为油灯往往产生高污染的烟雾，从而引起一些呼吸道问题；儿童和老年人是这种烟雾的主要受害者。

在巴西，以使用柴火为主的人群比例在 20 世纪 90 年代早期已经急剧下降，在 21 世纪初略微上升，到 2003 年以后又再次下降，自 2005 年开始急速下降。柴火烹饪在农业传统较强的巴西东北部和南部等地区最为常见（见图 7—2）。

技术人员伊曼纽尔博尔赫斯（Emanuel Borges）于 2010 年在希克希克和巴拉市的实地调研中证实了这一信息：

> 太阳能资源改善了住在河边的人们的生活。在过去，当地居民晚上使用蜡烛或者柴油灯，并呼吸产生的烟雾，这损害了他们的身体健康。太阳能被他们称为“上帝的保佑”。①

① Mousinho, Maria Cândida A. de M. Médio São Francisco: energias e desenvolvimento e interseções com demais questões culturais. Relatório da visita técnica aos municípios de Xique-Xique e Barra. 2008.

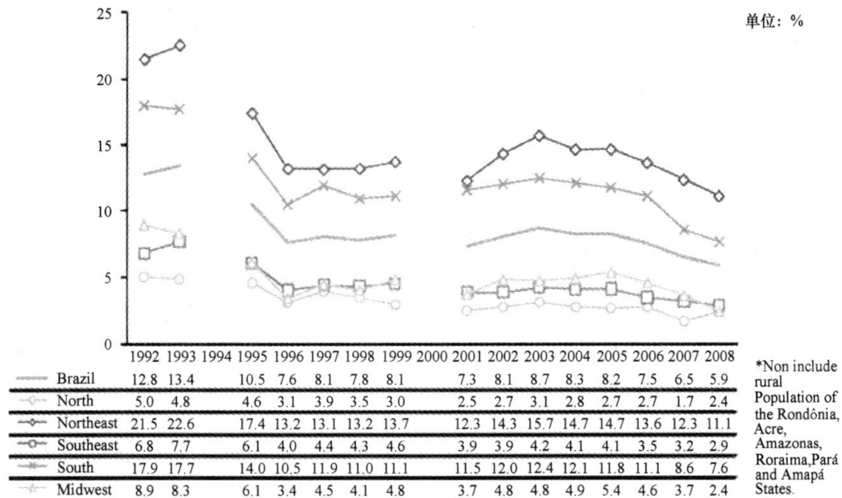

	1992	1993	1994	1995	1996	1997	1998	1999	2000	2001	2002	2003	2004	2005	2006	2007	2008
Brazil	12.8	13.4		10.5	7.6	8.1	7.8	8.1		7.3	8.1	8.7	8.3	8.2	7.5	6.5	5.9
North	5.0	4.8		4.6	3.1	3.9	3.5	3.0		2.5	2.7	3.1	2.8	2.7	2.7	1.7	2.4
Northeast	21.5	22.6		17.4	13.2	13.1	13.2	13.7		12.3	14.3	15.7	14.7	14.7	13.6	12.3	11.1
Southeast	6.8	7.7		6.1	4.0	4.4	4.3	4.6		3.9	3.9	4.2	4.1	4.1	3.5	3.2	2.9
South	17.9	17.7		14.0	10.5	11.9	11.0	11.1		11.5	12.0	12.4	12.1	11.8	11.1	8.6	7.6
Midwest	8.9	8.3		6.1	3.4	4.5	4.1	4.8		3.7	4.8	4.8	4.9	5.4	4.6	3.7	2.4

图 7—2　1992—2008 年以木材作为主要烹饪燃料的巴西家庭居民比例

资料来源：Instituto de Pesquisa Econômica Aplicada（IPEA）. Objetivos de Desenvolvimento do Milênio-Relatório Nacional de Acompanhamento. Brasília：Ipea，2010，p. 128.

当照明不再由柴油和煤油做燃料时，对能源的需求开始转向使用当地森林里遗留下的木材做燃料来满足，但这些木材无疑是不够的。

如上所述，千年发展目标中的一个目标是确保环境的可持续能力。因此，值得注意的是，受益于“全国照明计划”项目的人们和其他的参与可再生能源项目实行过程的人们起初并没有意识到太阳能板和它们对环境的重要性之间的直接关系。在“全国照明计划”项目的官方网站上，这一点是显而易见的。这预示着政府进行此项目的目的是“将能源作为这些社区社会经济发展的载体，为减少贫困和增加家庭收入做出贡献”①。据卡尔森（Karlsson）② 的观点，这就是为什么我们可以说大多数与能源问题相联系的大的项目都反映一种经济方法，却很少注意到问题的社会和环境方面。

① MINISTÉRIO DE MINAS E ENERGIA. Programa de Eletrificação Rural. Available at：http：//luzparatodos. mme. gov. br/luzparatodos/Asp/o_ programa. asp. Accessed：October，2010.

② Karlsson，Sylvia I. Governing Earth Symptoms or the Earth System? 2007.

尽管对社区研究充满好奇，但关于什么是可再生能源，以及它们与环境问题的联系的公众认识（例如，对于可再生能源的类型学、可能产生的污染指数，以及可再生能源与全球变暖、农业等之间关系的认识），仍然处在初级阶段。

区域的发展与政策和区域的一体化是直接相对应的。这种观点也要求不断增加具备一定技术的国家和地区与设法拥有这些技术的国家和地区之间的交流对话。鉴于社会和空间动态的速度使事物之间的位置更远或更近，在没有国家有形之手监督之下单纯依靠市场自身的整合是不充分的。

全球化增加了小型经济实体发展的可能性，就像圣弗朗西斯科河流域的这两个城市一样。它也有助于提高小城市自身对于可再生能源需求的认识，使当地的人们间接地感知这一过程。

因此，没有边界的治理确乎有必要存在，这是一种“用许多个人的和机构的、公共的和私人的方法的总和来管理他们共同的事务”[①] 的模式。这是因为，“没有足够的全球治理，国家有可能会退到保护性壁垒之后，并再次形成持久冲突的条件”。[②]

四　小结

毋庸置疑，城市化进程将国家必须面对的一项挑战揭示出来，即农村地区和城市地区两个本不应该被分离的部分现在被当作两个事物来看待。

本章的分析表明，能源是城市化进程的内在诉求，特别是当能源被看作是改善生活质量的实现途径时，这种诉求更趋显著。此外，这也引发了关于投资可再生能源的意义大讨论。可以说，公共卫生系统和教育系统的改进为可再生能源的投资提供了便利和普及途径，这种投资又进

① The Commission on Global Governance, *Our Global Neighbourhood*, Oxford: Oxford University Press, 1995, p. 4.

② Barnett Michael, Raymond Duvall, *Power in Global Governance*, Cambridge University Press, USA, 2005, p. 1.

一步促进了全球市场的互动和整合。

巴拉和希克希克这两个城市属于城市化进程中的典型例子，它们既寻求发展，但又想让它们的居民有办法留在自己原有的土地上，从而避免向大城市中心的移民运动。国家扮演的角色在这个城市化治理过程中意义重大，其政策的落实可以弥合区域间的不平等，并有助于平衡地区治理系统，使治理系统合法化。

附原文

Urbanization, Energy and Governance: the Example of Solar Energy Plates

Maria Cândida Arrais de Miranda Mousinho *

Abstract: This chapter tackles the energy issue in the context of the urbanization process. It brings especially the "Light for All" program and also, in that context, presents the results of a survey① conducted municipalities located in the Brazilian Northeast region. Furthermore, this chapter seeks to provoke the reader to reflect on the energy issue as a strategy to improve urban areas and help to keep populations in their regions with better quality of life.

Keywords: Renewable energy, urbanization, governance, Brazil

1 Introduction

The Industrial Revolution caused the advent of new dimensions for the process of urbanization with a myriad of spatial and ideological configura-

---

* PhD student at the Post-Graduation Programme in Energy and Environment (Federal University of Bahia-Brazil) and Professor at the Federal Institute of Education, Science and Technology (IFBA). Volunteer of the Partners of Americas Bahia/Pennsylvania Committee. (玛利亚·康吉达，巴伊亚联邦大学能源和环境专业研究生项目博士，联邦教育、科学和技术学院教授，美洲巴伊亚/宾夕法尼亚委员会志愿者。)

① The referred survey was fruit of a volunteer research linked to the Partners of the Americas Bahia-Pennsylvania Committee and under the project Sao Francisco river: culture, identity and development. I would like to thank the professors Regina Souza and Elizabeth Kiddy.

tions. The arrival of the industrial society brought along with it a fragmentation of territories, a fragmentation connected to migration movements.

However, it is important to note that the effects of the urbanization process are not limited to a demographic dimension. After all, the economy and the environment are deeply affected, recreating relationships, producing new habits and customs. We should not forget that the technological revolution undoubtedly played an important role in the urban human condition since it sped the process of urbanization. Therefore, social and environmental exclusions, such as the ghettos, are economic and political issues that are part of urban incongruence.

Fast and intense urbanization caused a lack of equilibrium in life conditions not only between urban and rural areas but also within urban areas. This is what provokes migration movements, the increase in underemployment, the creation of slums and the lack of democratization of better life conditions.

The process of urbanization poses questions to the State, especially the question of legitimacy because of the fact that the State cannot attend to the needs of the population. Thus, governments seek to adopt strategies of governance and governability that strengthen their legitimacy as a social institution.

Brazil tries to deal with the contradictions and questions that arise from the process of urbanization. One way to deal with them was the adoption, in the 50's, of an economic model that generated a process of metropolization, which, nowadays, is mixed up with the growth of medium-size cities and the slight decrease of the importance of the big cities.

One of the essential characteristics of the process of urbanization that the State claims to assume is to provide its citizens with an improvement in the quality of life by investing in education and in public health, and with a democratization of technologies. To keep rural populations in rural areas, the Brazilian Government invested in family agriculture and created programs such as "Luz para Todos" ("Light for All").

It is the experience of the program "Luz para Todos" that this work presents. That program was implemented in the Northeast of Brazil, which is a region with a very uneven income distribution and high levels of poverty. The objective of this work is to provide evidence of the role of the State in keeping rural populations in rural areas by considering the energy issue essential for life quality.

2 Brief contextualization of the Northeastern region of Brazil

The São Francisco River is the largest genuinely Brazilian river: its source and its mouth are within the boundaries of Brazil. Its valley encompasses an area which is larger than Austria, Portugal, Italy and Greece altogether. It is 2700 km long, runs through five states and its basin comprehends over 500 municipalities in five states.

62.5% of the 639.219 km^2 of the São Francisco Valley belong to the Northeast, 56.8% are included in the Polygon of Droughts, and 52.6% are part of the semiarid region. Therefore, to speak of issues related to the Northeast, to the Polygon of Droughts and to the semiarid region is the same as to speak of issues related to the São Francisco Valley (VALE DO SÃO FRANCISCO, 2009a)①.

However, it is not just the extension of the São Francisco River and the fact that its source and mouth are within the borders of Brazil that make the São Francisco Valley so unique. The valley of the river of the national integration has distinct, contradictory and conciliatory characteristics.

The São Francisco is perennial. Besides, it has hydro capacity enough for the construction of several dams. In the valley there are worldwide known federal institutions and universities. In the past decades the valley has underg-

① VALE DO SÃO FRANCISCO. Aspectos Macroeconômicos. Available at: http://www.valedosaofrancisco.com.br/Municipios/AspectosMacroeconomicos.asp Accessed: August, 2009a.

one changes due to the creation of fruit exporting companies and the growth of wine production. Nevertheless, despite all these characteristics, the São Francisco Valley is well known for the high levels of poverty.

The São Francisco Valley is a poor region that needs policies to promote development. Some facts evidence such a need: bad distribution of income, illiteracy, environmental degradation, lack of water in several places, lack of health public services and schools. The valley needs investments.

The history of exploration and investments in the San Franciscan Valley is not new. Two hundred years after the discovery of Brazil, the Congress discussed the need to invest in the region. In the 19th century, detailed studies began to be carried out about the San Franciscan region, especially about the possibilities the river offered for navigation. In the beginning of last century, the first Brazilian hydroelectric power plant was inaugurated in the valley.

In the second half of the 20th century, investments were intensified by the Federal Government, contributing to give the region more modern traits. Thus, investments in the construction of dams and hydroelectric power plants were more substantial. In 1945 the Hydroelectric Company of the São Francisco was built. In 1979 the Sobradinho hydroelectric power plant was inaugurated-it has the world's largest artificial lake. In the 1980s, two other hydroelectric power plants were inaugurated. One of them was the Xingó plant, the largest and the most modern in the region, responsible for the generation of 30% of electric power produced by Chesf (VALE DO SAO FRANCISCO, 2009b)①.

These constructions have changed the local landscape, which have not pleased all segments of the population. Although the government stated the need for those investments, many people did not appreciate the transformations that took place because their lives were completely changed, particular-

① VALE DO SÃO FRANCISCO. Cultura e História. Disponível em: http: //www. valedosaofrancisco. com. br/Cultura/Historia. asp Accessed: August, 2009b.

ly by the Sobradinho hydroelectric power plant.

An important change took place in the northern area of the valley, where the cities of Juazeiro and Petrolina are located. This area has become a center of irrigated fruit farming. From that center different kinds of fruit are exported to Europe and North America. It is worth highlighting the São Francisco Valley vineyards, which not only employ about 30 thousand people but also, unlike the rest of the world, produce two and a half wine grape harvests every year.

In the region of the middle São Francisco, in the city of Xique-Xique, there is an expectation about what the federal authorities claim to be the largest project of irrigation in Latin America, which will soon be inaugurated. The expectation is justified by the transformations the project can provoke in the region.

The greatness of the São Francisco River is undeniable. That's why it seems a paradox to say that the population that inhabits its margins or in its valley still suffers the problem of scarcity of water.

This problem is due to several factors such as the climate, the environmental degradation, the lack of efficient policies or of the implementation of policies. According to the World Wildlife Fund (WWF, 2008)①:

> The Northeastern Sertão is one of the most populated semiarid regions in the world. The difference between the Caatinga and the areas with the same characteristics in other countries is that, in these other regions, the people stay where there is water. In Brazil, however, the man is everywhere, trying to guarantee his survival in the fight against

① WWF Brasil. Ameaças. Available at: http: //www. wwf. org. br/natureza _ brasileira/biomas/bioma_ caatinga/bioma_ caatinga_ ameacas/index. cfm. Accessed: Abril 2010.

the climate①.

The scarcity of water (or the inefficient distribution of water) is a key-reason for the local poverty. This problem also affects small property owners because the drought does not favor the use of the land for the development of certain crops or for raising cattle.

According to Santos (2006, p. 38)②, irrigation, a well known element in the fight against poverty and drought in the region, is hindered by the lack of electric power to enable the use of water pumps and other equipment. Even with the presence of power plants in the region, issues of logistics, divergent interests and cost-benefit issues do not favor a democratic supply of electric power. This situation victimizes family agriculture and contributes to the high levels of poverty in the region. Moreover, it makes education, communication, health and other kinds of service are totally unfeasible.

3 Process of urbanization: democratization of electric energy in the municipalities of the middle São Francisco

Barra and Xique-Xique are located in the Middle São Francisco and are about 600 km distant from the capital of the state of Bahia. Each of them has over 45 thousand inhabitants and their economies are based on fishing, agriculture and commerce. Xique-Xique is more dynamic than Barra. They are neighboring and integrated municipalities, geographically separated by the São Francisco River.

① Original text: "O Sertão Nordestino é uma das mais populosas regiões semiáridas do mundo. A diferença entre a Caatinga e áreas com as mesmas características em outros países é que, nas outras regiões as pessoas ficam onde há água. Contudo, no Brasil, o homem está em todo lugar, tentando garantir sua sobrevivência na luta contra o clima".

② SANTOS, Nicia M. da S. Energia solar para a irrigação no semi-árido baiano: o caso da Associação dos Produtores e Horticultores do Açude do Rio do Peixe, Capim Grosso (BA). Bahia Análise e Dados, Salvador, Vol. 16 No. 1, June, 2006, pp. 37 - 50.

Since 2008, the research project entitled *Opará*: renewable energy and regional development has been conducted focusing on Xique-Xique and Barra. (By the way, *Opará* is the name that was given to the river by the Tupi-Guarani Indians and that means *river-sea*.) This study analyzes how the implementation of renewable energies has been carried out and what is its relation to regional development. It has six objectives:

a) Identify if there is a policy for the promotion of renewable energy in the region;

b) Verify if there are sources of renewable energies already installed in the region and identify them;

c) Analyze the relation between the implementation of these technologies and the development of the region, observing the Goals of the Millennium established by the United Nations;

d) Identify the main problems related to the development of these technologies;

e) Verify the relation between education, economy and renewable energies;

f) Identify the possibilities for creating networks for the development of projects in this area.

The most important methodological procedures used in the study were the technical visits and the interviews. The reading of theoretical material also allowed to previously identify if there was a policy of incentive for renewable energy sources in the region and to identify which were these sources.

In the area that encompasses the municipalities of Barra and Xique-Xique, the investments in the field of renewable energies are incipient. Although companies from regions other than the Northeast and foreign companies have inquired about the possibilities of developing projects in the area of wind power, solar energy and biofuels, the only action has been taken by the federal government with the National Program of Universalization of the Access and Use of Electric Energy ("Luz para Todos" Program) .

Launched in 2003, the "Luz para Todos" Program, coordinated by the Ministry of Mines and Energy and operationalized by Eletrobrás (Brazilian Energy Company) and executed by energy local companies, has the goal of taking electric energy to places which are difficult to reach. This will end the exclusion from access to electric energy many Brazilians face. Therefore, it can be said that the target public of the program is the rural population.

According to the Company of Electricity of the State of Bahia (COELBA), which executes the program in this state, some basic criteria were defined to determine which areas are to be assisted with the "Luz para Todos". Preferably the municipalities that met most criteria would have priority in the program (COELBA, 2010a)①.

The eligibility of Xique-Xique and Barra is due to the fact that they meet most of those criteria. Some of them are: the existence of environmental protection areas; the presence of family agriculture and of handicraft as important sources of family income; low human development index; activities of food-gathering, carried out by traditional communities in the islands located between both municipalities. Furthermore, public schools and health stations there do not have access to electricity.

There is a federal law that turned obligatory the universalization of access to electric energy. This obligation together with the possibility of high costs of the longer distances of the networks (COELBA, 2010b)② have made the local executing companies use the domiciliary photovoltaic systems as part of the electrification program.

In Barra, from March, 2004 to October, 2010, 242 kits of solar

① COELBA. Luz para Todos. Available at: http://www.coelba.com.br/aplicacoes/menu_secundario/luz_para_todos/index.asp Accessed: October, 2010a.

② COELBA. Luz para Todos. Available at: http://www.coelba.com.br/aplicacoes/menu_secundario/luz_para_todos/index.asp Accessed: October, 2010b.

plaque were installed in four communities and on one island. In Xique-Xique, 683 kits were installed in 31 communities, 30 of which were islands (COELBA, 2010b). Coelba outsources the service of installation of the plaques. The outsourcer is a company headquartered in Xique-Xique which is also able to solve problems the community may have with the "new" technology. Until 2013, 2225 kits were installed in Xique-Xique and 6041 in Barra (COELBA, 2013)①.

The kit is composed of a panel on the roof, a box where the batteries are put, a charge controller, three lamps and two sockets. In some houses and public buildings the battery box is suspended about one meter from the ground to avoid possible floods of the São Francisco River. With the kit it is possible to install three bulbs, a 14″ color TV set, a satellite dish and a small AM/FM radio.

According to the Brazilian Ministry of Mines and Energy (2010)②, the map of electric exclusion in Brazil revealed that the families without access to electric energy were mainly in localities with a lower index of human development. These families have a low income and about 90% of them had an income lower than three minimum wages and 80% lived in a rural area.

Of course, talking about development is to talk about health, education, housing, leisure, food, ecology, communications, politics... All these are themes that go through the energy area. After all, energy is multidisciplinary, necessary to maintain different standards of life and to keep the economy within the context of global competitiveness.

During the field research, it was possible to follow all the phases of installation of the solar plaques. We also visited the first and the most recent communities that received this kind of electric distribution, where we could

① COELBA. Luz para Todos. Available at: http://www.coelba.com.br/aplicacoes/menu_secundario/luz_para_todos/index.asp Accessed: November, 2013.

② MINISTÉRIO DE MINAS E ENERGIA. Programa de Eletrificação Rural. Available at: http://luzparatodos.mme.gov.br/luzparatodos/Asp/o_programa.asp. Accessed: October, 2010.

witness several transformations provoked by those solar plaques. In 2008, we talked to local citizens about the changes they were experiencing. "We can now study and play at night because of the light", said one of the children we interviewed in the community of Ilha do Guaxinim. "We work at night while we talk, which increases our income", celebrated one of the women who make handicraft products in the community of Passagem①.

In face of all the manifestations that were listened to, it is possible to derive some social consequences: increase of the interaction in the local society; improvement in students' performance; survival of local traditions through oral history; income growth. Besides, there have been other direct impacts on the development of those places.

3.1 The Millennium Development Goals (MDGs) reinforces the idea of urbanization and democratization of energy

Energy is development and, of course, it is crucial to the human being because of the benefits it provides in all areas related to life. Thus, the energy and development agenda evokes the agreement made by different countries in search of a better quality of life.

The Millennium Development Goals (MDGs) are eight international development goals which 191 countries affiliated to the United Nations have agreed to achieve by 2015. The MDGs was created to synthesize international agreements from various summits over the 90's and if its commitments met within the prescribed period will improve the quality of life in the most diverse and distinct regions of the planet.

Then, in 2000, when the international community committed itself to eradicate extreme poverty, one in three people in the world lived on less than a dollar a day. It was estimated that achieving the Millennium Development

---

① MOUSINHO, Maria Cândida A. de M. Médio São Francisco: energias e desenvolvimento e interseções com demais questões culturais. Relatório da visita técnica aos municípios de Xique-Xique e Barra. 2008.

Goals (MDGs) would mean that by 2015, over 500 million people would come out of extreme poverty, over 300 million would not be hungrier anymore and 30 million children would not die before completing five years. Ten years after the signing of the Millennium Declaration, the progresses in this direction are significant. Many of the negative indicators identified at the beginning of the previous decade experienced significant reductions, including infant mortality. Also more children are enrolled in school. The data confirm that many countries are on the path that will enable the achievement of the MDGs by 2015 (IPEA, 2010, p. 10)①.

Despite of they are the same in any part of the World, in Brazil, the MGDs are known as the "Eight Ways to Change the World". They want to eradicate the extreme poverty and hunger; to achieve universal primary education; to promote gender equality and empower women; to reduce child mortality rate; to improve maternal health; to combat HIV/AIDS, malaria and other diseases; to ensure environmental sustainability and develop a global partnership for development.

In fact the achievements there are still many challenges. Inequality persists. Thus, to facilitate the achievement of MDGs, countries like Brazil have created policies in various related fields to the Millennium Goals. In the Brazilian particular case, the commitment of this country to achieve the MDGs was recognized by the international community as the National Monitoring Report on MDGs said (IPEA, 2010, p. 11)②:

> It also noted that the rich Brazilian experience on the MDGs has been a key to the dynamics of South-South cooperation reference, since the internal challenges of Brazil and the strategies and tools developed to

---

① INSTITUTO DE PESQUISA ECONÔMICA APLICADA (IPEA). Objetivos de Desenvolvimento do Milênio-Relatório Nacional de Acompanhamento. Brasília: Ipea, 2010, p. 10.

② Ibid., p. 11.

address them have been highly relevant to other countries, particularly in Latin America, Africa and Asia①.

With regard to the MDG "Ensure environmental sustainability" the main strategy is to integrate the principles of sustainable development into country policies and programs as well as to reverse the environmental resources losses. Within this goal are also concentrated stocks in the energy field.

The progress of that goal is measured through indicators established by the United Nations, but, in the Brazilian case, this referred country has also created its own indicators. The table below (Table 1) shows the indicators and major policies developed in Brazil in the field of energy, which seek to promote the achievement of targets.

Table 1 The Millennium Development Goals, Indicators, Policies and Energy

MDG: Ensure Environmental Sustainability		
Goal: Integrate the principles of sustainable development into country policies and programs and reverse the environmental resources losses.		
MDGs Indicators (energy field)	Brazilian Indicators (energy field)	Main Initiative of the Brazilian Government (energy field)
Energy use (kg oil equivalent) per \$ 1.00 of GDP PPP; *Per capita* emissions of CO2 and other greenhouse gases;	Domestic energy supply; Intensity of energy use in the agricultural, industry, transportation and service sectors;	National Programme for Control of Air Quality (Pronar) and Program of Air Pollution Control from Motor Vehicles (Proconve);

① Original text: "Cabe salientar também que a rica experiência brasileira relativa ao cumprimento dos ODM tem sido uma referência importante para a dinâmica da cooperação Sul-Sul, já que os desafios internos do Brasil e as estratégias e instrumentos desenvolvidos para enfrentá-los têm se mostrado altamente relevantes para outros países, em especial da América Latina, África e Ásia".

续表

MDG: Ensure Environmental Sustainability		
Goal: Integrate the principles of sustainable development into country policies and programs and reverse the environmental resources losses.		
MDGs Indicators (energy field)	Brazilian Indicators (energy field)	Main Initiative of the Brazilian Government (energy field)
Consumption of ozone scavenging substances; Proportion of the population that use solid fuels.	CO_2 emissions per dollar of GDP; CO_2 emissions for domestic energy supply, CO_2, methane, nitrous oxide, nitrogen oxides and carbon monoxide carbon; Consumption of CFCs, PCA, methyl bromide, halons, CTC, HCFC.	Brazilian Elimination Program of Production and Consumption of Substances that Deplete the Ozone Layer-PBCO National Plan on Climate Change-PNMC Social Electricity Tariff Light for All Program National Program for Production and Use of Biodiesel-PNPB Alternative Energy Sources Energy Efficiency

Source: Instituto de Pesquisa Econômica Aplicada (IPEA). Objetivos de Desenvolvimento do Milênio-Relatório Nacional de Acompanhamento. Brasília: Ipea, 2010, pp. 148 - 149.

As it is possible to follow in the table above, the "Luz para Todos" program (Light for All) is one of those Brazilian Government initiatives that tries to promote the meet of the MDGs and therefore reinforce the Brazilian position to democratize the use of electricity and to encourage the urbanization process in areas with lower economic growth. This, it would imply, undoubtedly, in the decreasing of the migration to urban areas where the averaged concentration of inhabitants and income is higher, avoiding a larger process of social marginalization and a non-promotion of the identity territories.

Brazil has about 45% of the domestic supply of energy originated from renewable sources (Fig. 1) which is above of the global and developed countries averages. Investments in renewable energy in Brazil, a country with continental dimensions, has been encouraged by the government over the recent years, but is still incipient, considering sources like oil and coal.

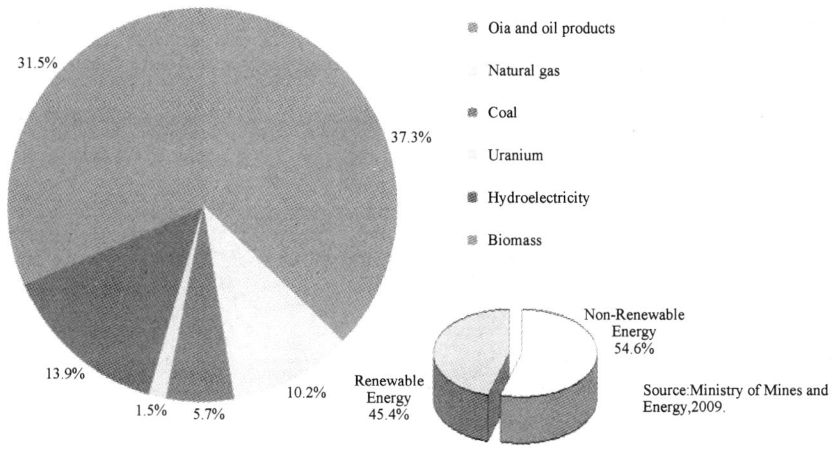

Figure 1. Domestic Energy Supply by Source-Brazil, 2008.

Source: Instituto de Pesquisa Econômica Aplicada (IPEA). Objetivos de Desenvolvimento do Milênio-Relatório Nacional de Acompanhamento. Brasília: Ipea, 2010, p. 128.

The energy sources are, in general, the main activator and conductor of the urbanization and development process, since they are embedded in all human activities and are crucial to the fulfillment of all of them.

Investing in renewable energy reflects undoubtedly throughout the urban structure by changing the configuration of social dynamics which creates and recreates spaces of the production system.

3.2 Xique-Xique and Barra municipalities in the MDGs context

Although far away from achieving those goals by 2015, Xique-Xique and Barra see some of the social problems their populations have reduce little by little with the arrival of the solar plaques. There are no official statistic data to support that, examples of the transformation carried out by the solar plaques were given by the people who live there and who we interviewed.

As for basic education, the schools with solar plaques even changed some formats they used to adopt. There are classes in the evening and more flexibility for the "after class" formal schedule. The children have access to audio-visual resources, which offer them new forms of learning. Besides, it is important to highlight that the supply of energy (even the very basic supply of energy) contributes directly to reduce the tendency of the population residing in the peripheral areas to migrate to the municipal centers looking for better education.

As for the promotion of gender equality and women empowerment, we can mention the case of the handicraft. In the community of Passagem da Barra, most women work with pottery, producing home items such as cooking pans and water pitches. All pottery items have details painted by the handicraft artists.

The generation of solar energy, according to those women, has made their income increased because they can now go to school in the evening. However, given the sales goal they have, the costs to transport their products to the markets is a problem yet to be solved.

As for public health, the energy generated by the solar plaques has helped the populations to get rid of a primitive form of illumination: the oil lamp. This change has been very important because the oil lamp produces a highly polluting smoke that causes several breathing problems. Children and the elderly were the smoke main victims.

In Brazil, the proportion of people that has used predominantly wood in the stove down sharply in the early 1990s, has risen slightly in the early

2000s, has fallen again after 2003 and has accelerated declined since 2005. The cooking with wood stoves in Brazil is most commonly used in regions with strong peasant tradition, such as the Northeast and the South.

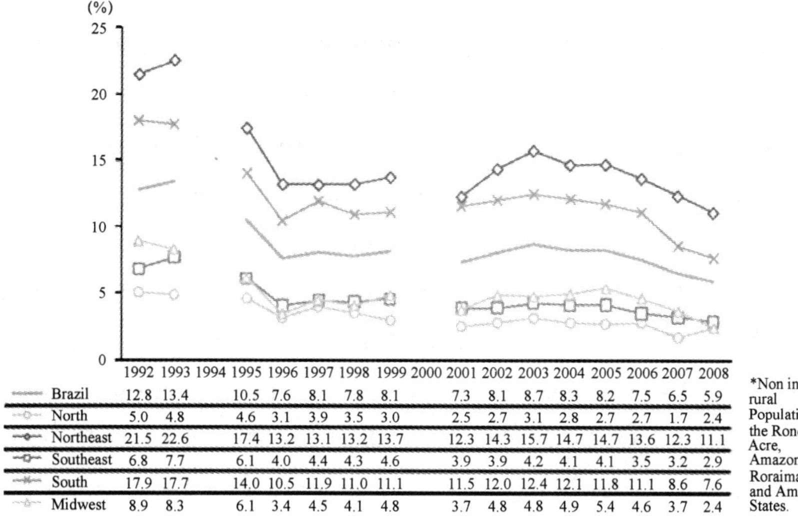

	1992	1993	1994	1995	1996	1997	1998	1999	2000	2001	2002	2003	2004	2005	2006	2007	2008
Brazil	12.8	13.4		10.5	7.6	8.1	7.8	8.1		7.3	8.1	8.7	8.3	8.2	7.5	6.5	5.9
North	5.0	4.8		4.6	3.1	3.9	3.5	3.0		2.5	2.7	3.1	2.8	2.7	2.7	1.7	2.4
Northeast	21.5	22.6		17.4	13.2	13.1	13.2	13.7		12.3	14.3	15.7	14.7	14.7	13.6	12.3	11.1
Southeast	6.8	7.7		6.1	4.0	4.4	4.3	4.6		3.9	3.9	4.2	4.1	4.1	3.5	3.2	2.9
South	17.9	17.7		14.0	10.5	11.9	11.0	11.1		11.5	12.0	12.4	12.1	11.8	11.1	8.6	7.6
Midwest	8.9	8.3		6.1	3.4	4.5	4.1	4.8		3.7	4.8	4.8	4.9	5.4	4.6	3.7	2.4

*Non include rural Population of the Rondônia, Acre, Amazonas, Roraima,Pará and Amapá States.

Figure 2. Percentage of residents in private households that predominantly use wood as fuel in stove-Brazil, 1992/2008

Source: Instituto de Pesquisa Econômica Aplicada (IPEA). Objetivos de Desenvolvimento do Milênio-Relatório Nacional de Acompanhamento. Brasília: Ipea, 2010, p. 128.

In Xique-Xique and Barra, during the field research the technician Emanuel Borges confirmed this during an interview in 2010:

> The solar energy came to bring an improvement in the life of the people who live by the river. At night they used candles or lamps fueled with diesel oil and were harmed by the smoke, which harmed the health of the inhabitants. This energy, according to them, was "a bless from God"①.

---

① MOUSINHO, Maria Cândida A. de M. Médio São Francisco: energias e desenvolvimento e interseções com demais questões culturais. Relatório da visita técnica aos municípios de Xique-Xique e Barra. 2008.

When the light was not generated by diesel oil or kerosene, the need for energy started to be satisfied by the use of wood taken from what was left from local forests, which were definitely not much.

As it was mentioned, one of the Millennium Development Goals is to search for environmental sustainability. Thus, it is worth noting that the people who benefit from the "Luz para Todos" Program and the other people who participate in the process of implementation of renewable energy sources are not initially aware of an immediate relationship between the solar plaques and their importance to the environment. This is evident on the official site of the "Luz para Todos" Program, which informs that the objective of the government with the program is "to use energy as a vector of social and economic development of those communities, contributing to the reduction of poverty and the increase of family income" (MINISTÉRIO DAS MINAS E ENERGIAS, 2010)① . That's why we can say, following Karlsson (2007)②, that the majority of the big projects connected to the energy issue have reflected an economic approach with little attention to the social and environmental aspects of the issue.

Despite the curiosity of the communities studied, the collective awareness about what are renewable energies and their connection to environmental issues (e. g. typology, index of generated pollution, global warming, and relation with agriculture) is still elementary.

The development of a region is directly proportional to the integration of policies and areas. This attitude also requires an increase in the dialog between regions and/or countries which have certain technologies and the regions and/or countries which seek to have these technologies. The integration

---

① MINISTÉRIO DE MINAS E ENERGIA. Programa de Eletrificação Rural. Available at: http://luzparatodos.mme.gov.br/luzparatodos/Asp/o_ programa.asp. Accessed: October, 2010.

② KARLSSON, Sylvia I. Governing Earth Symptoms or the Earth System? 2007.

of markets itself is not sufficient without the visible hand of the State, given the speed with which the social and space dynamics makes places more distant or nearer to each other.

Globalization increases the visibility of small economies like these two cities by the São Francisco River. It also helps to give visibility to the needs of small cities, which makes their populations indirectly aware of this process.

Therefore, the presence of governance without borders is imperative since it is the "sum of many ways individuals and institutions, public and private, manage their common affairs" (COMISSION ON GLOBAL GOVERNANCE, 1995, p. 2)① . This is so because "Absent an adequate supply of global governance, states are likely to retreat behind protective barriers and re-create the conditions for enduring conflict" (BARNETT; DUVALL, 2005, p. 1)② .

4 Conclusion

The process of urbanization, undoubtedly, brings to the surface the challenges that the State must face since it presents the rural area and the urban area as two things that cannot be dissociate from each other.

The analysis presented here shows that energy is inherent to the process of urbanization, particularly when energy is conceived as a means to reach the improvement of life quality. Furthermore, it provokes a discussion about the meaning of investments in renewable energies, which provides accessibility and democratization through the improvement of, say, the public health system and the educational system and which promotes interaction and integration of global markets.

The municipalities of Barra and Xique-Xique are typical examples of two

① The Commission on Global Governance, *Our Global Neighbourhood.* Oxford: Oxford University Press, 1995, p. 4.

② Barnett Michael, Raymond Duvall, *Power in Global Governance*, Cambridge University Press, USA, 2005, p. 1.

places that are seeking development, but that want their inhabitants to have the means to remain in their territories, thus avoiding migration movements to big urban centers.

The role of the State is relevant and the implementation of policies can mitigate regional inequalities and contribute to balance the system and legitimize it.

结 语

城市化治理难题破解

在问题积重累牍、改革步入深水的中国国内，直面当下城市化进程中不断涌现出的各类社会治理难题，并提出有效应对举措，是推进国家治理能力现代化的一项紧要步骤。我们通过对今日中国处于城市化不同阶段的地区的社会治理突出难题进行案例剖析和研究性解读，提出了相应的政策建议和理论思考：

（1）一些改革注意从统一政策框架出发，并从经济欠发达地区推进，阻力较小。

（2）要达到解决城乡二元结构问题的根本目标不在于如何延长“人口红利”，而应立足于缩小传统农业生产方式和现代化工业生产方式的差距。

（3）人的城市化尤其需要注重转移人口在城市获得归属感和心理认同。

（4）制度化治理机构治理能力的弱化，非制度化组织对治理的干扰，会造成治理改革效率低下，建议以法制和制度作为治理的基石，以鼓励不同社会组织积极参与作为治理的民主性和透明性的保证，以保障发展公民权作为社区治理的准则。

（5）加强基层党组织在社区治理中的领导能力，有利于提高协调控制村改居社区改造出现的各类难题的能力。

（6）农村基层党组织必须以组织建设创新推动社会治理创新，推动社会治理能力向现代化方向发展。

（7）坚持社会治安综合治理的理念、民主法治的思路去应对虚拟社区新问题，一定能对社会治理有所创新。

(8) 混合治理为我们目前在一个缺少社会组织功能发挥的环境中，探索如何通过政策创新推动社会组织良性发展提供了一种现实可行的路径。然而，社会组织的发展和混合治理的多主体良性互动是一个渐进的发展过程，需要理性认识地方政府在推进社会组织的发展中政策运用的作用和限度。

(9) 政府有必要谨慎运用自身的政策，避免政策产生适得其反的效果。越到基层，政策被扭曲的风险越大。如何在一个快速的政策变迁中，尽可能地调动更多力量的参与，让自上而下的力量和自下而上的社会发展有机整合，是未来在关于社会建设和社会组织发展的政策运用中需要更加注意的问题。

(10) 当今的中国社会结构在城市化进程中仍然是差序格局。民间社会的人格化规则与政治社会的正式成文规则之间的巨大裂缝导致了中国社会治理的困境。弥合这条裂缝的出路在于差序格局向组织化社会转型，使包容人格化规则的成文规章制度体系成为社会治理的首要价值选择和行为规范。

(11) 城市化未必意味着人口向城市特别是大城市迁移，通过可再生能源的投资运用、邻近地区的互助合作等途径，提高当地生活质量，也能达到城市化的目的。

通过始终紧扣“城市化进程中的社会治理”这一主题开展研究，我们得以取得新的理论发现：既有的城市化理论未必适合当代中国的城市化进程。全球范围内政府对于城市化采取的三种态度，或阻碍、控制城市化，或放任自由城市化，或积极主动推进城市化。然而，中国当今的城市化与国外大为不同，全球化浪潮对城市化的影响非常可观，中国又存在人多地少、外贸依存度高、农村人人有地等特殊国情，加之尊重城市化内部发展规律和人为主动推进城市化过程之间的矛盾关系，当前的中国政府需要在尊重把握生产力与生产关系客观规律及时调整生产方式的同时，以审慎的态度助推城市化。

书稿课题研讨侧记

一 “城市化进程中的社会治理”课题改稿研讨侧记

2013年11月17日，“城市化进程中的社会治理”课题改稿暨研讨会举行。“城市化进程中的社会治理”原课题组成员、其他论文作者和部分受邀专家共35人参加了研讨会。本次会议不仅紧扣当下覆盖全国的城市化进程这一改革热点，而且注意观察吸收各地城市化和治理研究的成果和突出情况，不仅课题组成员包含外单位和外地研究人员，课题特邀作者和受邀参会专家也有一大部分来自其他单位和地区，并对这一议题抱持浓厚兴趣和代表性观点，以期丰富和改进课题成果。会议议程分为两个部分——以“城市化进程中的社会治理”为主题的学术研讨和“城市化进程中的社会治理”课题组改稿研讨。

11月17日上午是主题学术研讨会阶段。9点会议正式开始。课题负责人陈承新主持会议，首先简要汇报了课题组近一年来所开展的调研活动情况以及遇到的一些困难和不足。紧接着，主持人宣布进入问题研讨环节，与会者就“城市化进程中的社会治理”这一主题各抒己见，展开了激烈的学术争鸣。第一，与会者讨论了对于城市化的不同理解。有学者认为，在工业化基础上必然是城市化；有学者阐释了城市化和城镇化、逆城市化之间的区别；有学者坚持中国的城市化是国家推动的发展；还有学者坚持认为中国现阶段的城市化进程实质是城镇化过程，关键的问题在于农村的城镇化、农业的现代化和农民的城镇化。第二，部分与会者介绍了当地的社会治理案例。例如，有学者介绍了浙江、江苏等中国东部发达地区治理城市化问题的特色举措和治理理念，包括对社会公共安全的治理问题、对城市网络的变革管理问题。令人印象深刻的是，来自河南的几位同志介绍了河南部分地区在村改居过程中的社区治理案例，并着重讨论了其中制度化和非制度化治理组织之间的合作与对立的有趣现象。第三，与会者就各地的社会治理案例和相关的理论问题进行了研讨。有学者以西南少数民族地区的社会治理为例，探讨了城市化进程中社会信任与社会治理的相互关系；有学者对于城市化进程中法律的社会治理功能问题发表了自己的看法；有学者还讨论了利益冲突和协调的第三方社会治理模式问题。讨论较为热烈，原定11点结束的研讨会又额外延续了半个小时。与会者在简餐中继续作了交流。

11月17日下午是课题组改稿讨论阶段，下午1点半正式开始。基于上午的热烈讨论意犹未尽，主持人宣布下午的议程首先继续就本主题进行补充研讨。在场的部分作者和受邀专家就当下城市化治理重点究竟是经济、治理结构等客观因素的现代化、城市化还是民众意识、理念、地方文化等主观因素的现代化、城市化进行了辩论；也对如何提高社会治理绩效各抒己见。讨论会的第二个环节是“城市化进程中的社会治理”课题组改稿研讨会，主要以作者介绍各自的论文或报告、其他同志进行现场意见反馈为主要形式，每一位课题组成员都在讨论中收获了大到结构调整、理论革新，小到文法错误纠正、段落调整等各方面意见和建议。最后，原定下午5点半结束的会议时临6点才收尾。

通过本次会议，课题组成员对于城市化进程中的社会治理这一问题有了更为全面和深入的认识，大家普遍反映，改稿会穿插主题研讨的方式既新鲜生动又拓展了问题的深度和广度，收获不小。课题负责人与大家约定会后半个月合理安排好时间，抓紧改稿，之后再聚即为定稿会。

二　“城市化进程中的社会治理”课题定稿研讨侧记

2013年12月14日，“城市化进程中的社会治理”课题定稿研讨会举行。“城市化进程中的社会治理”全体课题组成员、其他论文参与者和部分受邀专家共12人参加了研讨会。本次会议紧紧围绕当下覆盖全国的城市化进程和改善社会治理的改革热点，而且注意结合前不久刚刚公布的十八届三中全会决定新动态，观察吸收各地城市化和治理研究的成果和突出情况。课题组成员包含外单位和外地研究人员，课题的参与者和受邀参会专家也有部分来自其他单位和地区，并对这一议题抱持浓厚兴趣和代表性观点，以期丰富和改进课题成果。会议议程分为两个部分——以“城市化进程中的社会治理”为主题的学术研讨和“城市化进程中的社会治理”课题组修改定稿研讨。鉴于上一次课题改稿会时间不够用、讨论不充分的经验教训，这次定稿研讨会缩减了参会人员，并安排两天会期，以期对课题现有的初步成果充分交流，提高研讨质量。

12月14日是主题学术研讨阶段。上午9点会议正式开始。课题负责人陈承新主持会议，首先简要回顾了课题组近一年来所开展的调研活动情况、课题改稿会上取得的讨论成果以及遇到的各种困难和不足。本课题组基于今日中国的城市化不同阶段同时空呈现的特征，尽量利用有限可调度资源，选取覆盖面尽可能广的调研点。江苏镇江和山东临沂属于我国东部地区，在当地调研发现的网络管理新思维和基层党组织功能实现方式的转变问题都属于城市化程度较高情况下出现的新问题应对。河南属于我国中部地区，在其X市的村改居社区难题也对于行政力量主导推行城市化所带来的治理挑战具有一定的代表性。云南开远属于我国西部地区经济发展水平一般的样本，其先行的户籍制度改革则给其他地区提供了落后地区如何推进改革的崭新思路。此外，巴西城市化中的新能源治理问题的调研也为“城市化进程中的社会治理”这一主题调研提供了域外经验的参照，丰富了这一主题的内涵。

接着，会议进入问题研讨环节，与会者大部分结合课题调研的案例，围绕“城市化进程中的社会治理”这一主题各抒己见，展开激烈的学术争鸣。户籍制度改革是直接关涉城市化的重要一环，与会者一起讨论了这类调研案例。有学者指出，影响我国城市化进程的户籍制度，牵涉到2亿甚至更多移民的生存状态和生活品质。一些地方开始实施户籍积分制，很大一批人仍被挡在市民化的大门之外。云南开远围绕"创新农村社会管理和公共服务"的试验主题，先行先试得以展开，通过统一设定户改政策框架、创新社会治理内容和方法，开远户改在缩小城乡差别、完善户籍体系、保障农民权益、激发社会活力等方面取得了初步成效，但还存在政策措施落实不到位、农户入城积极性不高等问题和外部各省政策不统一造成的改革桎梏。课题组研究发现：第一，一些改革从经济欠发达地区推进阻力较小。第二，作为全面深化改革和推进城市化进程中的关键一步，户籍制度改革步伐的迈出只是开始，解决城乡二元结构的根本目标应立足于缩小传统农业生产方式和现代化工业生产方式的差距。第三，人的城市化是户籍制度改革最终成功的标志，人的城市化，不仅是农业转移人口与城市居民一样享有在城市户籍之上的医疗、教育等各种社会福利制度，更是指转移人口在城市获得归属感和心理认同。有学者提出，在户籍、福利等制度严重阻碍城市化的情况下，我国城市化仍然神速，那么，一旦放开户籍管制以及政府主动推进城市化之后的态势，不言而喻。又有学者指出，户籍制度需要着重解决两个方面的问题，一是城乡公民待遇逐步并轨，二是跨地区移民待遇的携带。

会场讨论较为热烈。午餐及稍作休息后，与会学者继续讨论课题组涉及的其他调研案例。中部地区河南 X 市的村改居难题代表了部分地区由行政力量推动城市化所带来的困境，包括土地的城市化超过人的城市化以及许多非城非乡的村改居社区。有学者借此提出了全球范围内政府对于城市化采取的三种态度：阻碍、控制城市化，放任自由城市化以及积极主动推进城市化。X 市村改居社区治理中，制度化治理机构治理能力的弱化，非制度化组织对村改居社区治理的干扰，造成村改居社区治理效率低下。要实现村改居社区的有效治理，首先，地方政府要以法制和制度作为治理的基石，提供必要的支持和帮助，以利于推动协商民主制在村改居社区的发展，保证村改居社区的公开、公平与公正。其次，要激发社区社会组织的活力，让其积极参与到社区治理中来，通过不同社会组织对村改居社区治理的参与，提高治理的民主性和透明性。再次，保障农民公民权利的实现及进一步发展。最后，也即最重要的是加强基层党组织建设。基层党组织是党执政治国的重要基础，加强村改居社区党组织在社区治理的领导能力、协调控制能力对村改居社区来说至关重要。通过这些新的举措，实现村改居社区的良善治理，为城市化的健康发展打下坚实的社会基础。有学者借此对于尊重城市化内部发展规律和人为主动推进城市化过程之间的矛盾关系作了探讨。

东部地区的镇江和临沂回答了城市化快速推进过程中，如何创新互联网管理和社会管理的新问题，与会者对此各抒己见。农村基层党组织是贯彻落实党的方针政策的战斗堡垒，在城市化进程中发挥着推动农村发展、全面服务群众、预防和化解社会矛盾等功能。在推进城市化、提高社会治理现代化的过程中，农村基层党组织也面临着极大的挑战：村集体经济的薄弱制约了村级事务的正常开展，党组织引导和推动农村经济发展的能力面临挑战；农村社会结构发生显著变化导致利益整合的难度加大；行政村设置的撤并调整限制了党组织覆盖面的扩大；基层党组织自身也存在思想认识不到位、组织设置和队伍结构不合理等问题；村民委员会对党组织的权威带来影响，其他社会组织替代党组织的部分功能，宗族、宗派、宗教和黑恶势力给基层党组织带来极大工作压力。农村基层党组织要应对城市化带来的挑战，积极稳妥地推进城市化进程，提高社会治理能力，必须以党组织建设创新推动社会治理的创新。处在长三角与环渤海两地的“经济洼地”的山东临沂通过民营主力、大城市拉动、产业集群带动、文化强势推动等特色途径，走出了一条有地方特色的发展道路，其基层党建工作也通过创新治理体制，强化利益表达和综合功能，扶持落后农村党组织、强化服务功能，及时调整自己的功能向服务型党组织转变；通过推行党组织自身在组织设置、教育管理、服务体系的网格化，增加党组织覆盖面；加之及时反映和协调处理群众各方面各层次利益诉求，推动社会治理能力向现代化方向发展。与会者对该调研对象的创新点和浙江宁波以及福建等地的类似做法进行了比较和理论研讨。

12 月 15 日上午，会议继续对剩余的几个案例展开讨论，提供意见。互联网的快速发展，深刻改变了我国的社会舆论环境和信息传播格局，给政府的执政理念和管理方式带来了新的挑战。镇江市在创新网络管理实践中进行了一系列示范性探索与尝试，包括：科学构建网络管理制度体系，积极探索用网管网新模式；出台互联网应急预案，建立突发事件应对机制；发挥网络凝聚民心的积极作用，创新拓展网络互动平台；培育积极向上的主流群体，因势利导扶持自发性的网络活动。鉴于虚拟社会综合治理格局尚未真正形成，互联网信息安全管理立法严重滞后于互联网发展，虚拟社会已经成为维护社会稳定的主战场，互联网监管力量严重不足，网络参与主体多元化但各主体自律性严重不足，维护信息网络安全的技术挑战日益严峻，违法犯罪活动大肆向网上蔓延等挑战，课题组建议以利用促管理、寓管理于运用，实现网络安全管理理念的转变；建立更高效的统一领导工作协调机制；加快推进互联网管理地方立法，构建互联网诚信体系；开展虚拟社会综合防控体系建设，建立信息共享平台；实施分级预警预案，建立突发事件处置机制；加强社会组织的建设和引导，填补网络监管权力真空；推进互联网管理向基层社区延伸，搭建网上服务平台；加强网络安全管理队伍建设，加大网络安全执法力度。这种网络管理模式有否普适性，与会者展开了争论。对于政党化媒体、舆论设置性权贵等网络新现象，与会者也展开了讨论。

巴西的康吉达教授在与课题组交流之后，表示出主动参与案例交流的兴趣和热情，虽然定稿会无法参加，但依然赐稿研讨。巴西同样正面临着城市化中诸多社会治理问题的挑战，同时又对诸多问题中的环境治理问题有过多项创新性举措。调研选取巴西东北部地区自治市的太阳能板项目为对象展开，巴拉和希克希克是两个仅隔一条圣弗朗西斯科河的自治市，两市又都是典型的寻求地方发展又希望居民留在本地的自治市，都倾向于采取措施避免人口流动到大城市。而城市化使得城市和农村的问题互相交织不可分割，当可再生能源被视为改善生活质量的必然途径之一时，可再生能源就成为城市化过程的内在要求。这进一步引发了可再生能源的投资途径的讨论，可再生能源可以通过投资当地的公共卫生系统和教育系统获得，能源投资也能促进不同地域市场之间的相互作用和整合。巴西这一案例说明，城市化未必意味着人口向城市特别是大城市迁移，通过再生能源的投资运用、邻近地区的互助合作等途径，提高当地生活质量，也能达到城市化的目的。有学者提醒，中国当今的城市化与国外大为不同，全球化浪潮对城市化的影响非常可观，中国又存在人多地少、外贸依存度高、农村人人有地等特殊国情，欧美经验适宜参考不宜参照。

当日下午是课题组修改定稿阶段，主要由部分课题组成员参加。基于前一阶段的热烈讨论，主持人宣布下午的议程首先由课题组成员对之前的讨论和意见提出自己的理解和回应。其次，以作者介绍各自的论文或报告、其他同志进行现场意见反馈为主要形式。

通过本次会议，课题组成员对于城市化进程中的社会治理这一问题有了更为全面和深入的认识，也从其他人身上得到很多有关报告撰写和思路对接等方面的启发。会议结束后，课题负责人将负责课题成果的整理修改。

后　记

在中国真正进入全面深化改革阶段，如何跨越一个个治理藩篱，以完善和发展中国特色社会主义制度，推进国家治理体系和治理能力现代化？直面当前城市化进程中不断涌现出的各类社会治理难题，并提出有效应对举措，是跨越治理藩篱的一项重要内容和突破口。另一方面，各地在应对城市化中的社会治理的过程中也探索了不少创新性举措和实效机制。这些举措和机制是否真正切实有效？身处全面深化改革特殊时期，各地在探索城市化中的社会治理新思路的过程中有否遇到具有普遍性征状的治理难题？为此，在 2013 年一整年里，以城市化治理难题求解为主题，课题组先后组成 8 个调研组奔赴浙江、山东、河南、云南等地，轮番开展案例调研，参加调研 120 人次，调研涉及市县 12 个，并走访了大量工厂、村庄、商店、学校、居民家庭 20 户，访谈 56 次；同时也查阅了大量统计资料、历史档案和国内外相关研究成果。本书在此基础上加工修改而成，既对今日中国处于城市化不同阶段的地区的社会治理突出难题进行了案例剖析和研究性解读，也同时注意关注域外城市化中社会治理的新动态。

本书付梓之际，首先感谢云南红河哈尼族彝族自治州州委州政府、云南开远市委市政府、山东临沂市委组织部、山东临沂市住建委、山东临沂兰山区委办公室、山东临沂沂水县委组织部、山东临沂苍山县委党校、山东临沂临沭县委组织部、河南 X 市农委、河南 X 市民政局、河南 X 市统计局、河南 X 市金牛山管理区、河南 X 市飨堂社区、河南 X 市红星社区、河南 X 市肖家河社区、江苏镇江市互联网信息办公室、江苏省社会科学院、浙江省民政厅、浙江温州市民政局、浙江温州市瓯海区民政局等有关单位给予课题组的指导和帮助！感谢“江苏加强信息网络管理与社会安全稳定应对机制研究”课题组和“社会组织管理的社会机制”课题组的大力支持！感谢许志毅在调研准备过程中的积极联系和调研过程中的观点贡献！感谢后应斌、李俊伟、陈秋圻、文武、王应有、凌霄等各界朋友和因种种原因无法知晓姓名或隐去姓名的热心人士向课题组提供的诚挚帮助和便利，他们为本书的调研做了大量准备和服务工作，保证了调研工作的顺利有效进行，使得这一研究的书稿写作成为可能。

真心感谢课题组每一位成员的认真参与和辛勤劳动！全书的具体写作和分工情况如下：

导　论：陈承新

第一章：陈承新

第二章：麻雪峰　陈承新

第三章：李荣田　陈承新

第四章：林　海　陈承新

第五章：汪锦军　张长东

第六章：刘　林　陈承新

第七章：康吉达（陈承新、郭雪婉译）

结　语：陈承新

文献整理：陈承新

修改统稿：陈承新　林　海

感谢周石丹等同人的热心建议和受邀参与研讨学者的智慧火花！尤其感谢我所学术委员会给予的支持鼓励和我院对于国情调研的重视和支持！

调查研究中，我们惊叹于各地跨越城市化治理藩篱所付出的创造性努力和成果，也忧心于深化改革时期跨越城市化治理藩篱中潜藏的制度和文化根源。衷心希望本书能对日益突出的城市化挑战和社会治理现实问题研究提供有益参考。因研究时间、经费和能力有限，书中纰漏在所难免，恳请批评指正！

陈承新

2013 年 12 月 15 日